Hans Veigl

re

k

l Minirock

erman

Die Deutsche Bibliothek – CIP-Einheitsaufnahme

Veigl, Hans:
Die 50er und 60er Jahre : geplantes Glück zwischen
Motorroller und Minirock / Hans Veigl. –
Wien : Ueberreuter, 1996
ISBN 3-8000-3629-0
NE: Veigl, Hans: Die 50er und 60er Jahre

AU 0295/1

Umschlagfotos: Gerhard Benesch, Wien; Fritz Kern/ORF, Wien; Votava

Gesamtherstellung: M. Theiss Ges.m.b.H., A-9400 Wolfsberg
Printed in Austria
1 3 5 7 6 4 2

Inhalt

Land im Aufbau

Vom öffentlichen Alltag in windstiller Zeit

Am 22. März 1950 notiert der Schriftsteller Heimito von Doderer in sein Tagebuch: »Man sitzt zwischen den Mauer-Resten seines Lebens und gut ist's, wenn man über diese hinausschauen kann; aber, wie viele führen ihr Dasein bis an's Ende im dichten eigenen Hause. Viele auch zwischen Trümmern ihrer selbst, die aber genügen, um die Sicht zu sperren.« Das eigene, das freie Haus, schließlich die an die Alliierten gerichtete Forderung nach »freier Herr im eigenen Haus« war zur gängigen Metapher geworden in jenen Jahren, in denen es schien, als hätte man die Trümmer großteils beseitigt und den Blick in eine hoffnungsvollere Zukunft geöffnet. Dabei wird, besonders ab 1955, die Befreiung des Jahres 1945 lediglich als eine Art Grundsteinlegung zum »Eigenheim Österreich« (Wolfgang Kos) gesehen, der eigentliche Gründungsmythos der jungen Republik wird nunmehr in die Gegenwart der fünfziger Jahre hinein verlegt.

Die gängige Allegorie der Industriekultur vom fortschrittsoptimistischen »Land im Aufbau« beinhaltet noch einen weiteren Aspekt: Niemand – und seit den Wahlen vom 9. Oktober 1949 mit den wieder umworbenen stimmberechtigten ehemaligen Nationalsozialisten tatsächlich niemand mehr – durfte ab nun zwischen Trümmern seiner selbst abseits stehen. Sozialer Konsens trotz faktischem Lohnstopp durch Lohn-Preis-Abkommen und politische Aussöhnung der Großparteien bei gleichzeitigem Totschweigen des austrofaschistischen Vorspiels lautete die allumfassende Ideologie der entstehenden »Konkordanzdemokratie« (Anton Pelinka). Zwar existierte in den Parteien noch eine gewisse Lagermentalität – die Wahlkämpfe jener Jahre mit Rückgriffen auf Hahnenschwanz und Roter Katze beweisen dies –, doch löst sich die Geschlossenheit des jeweiligen Milieus langsam auf und wird auf eine höhere Ebene verlagert. Integration der Nationalsozialisten, Verständigung der großkoalitionären politischen Gegner, um keine Gräben aufzureißen, die doch Gräber waren, und eine daraus resultierende Entpolitisierung wurden nun zu wichtigen Bestandteilen des neuentstandenen Österreichbewußtseins. Geeint durch den »Lagerstraßenmythos« schritt man Hand in Hand über die Trümmer hinweg in eine hoffnungsvolle, sonnenumstrahlte Zukunft. Der verbliebene Feind stand links und außerhalb des Versöhnungsbogens.

»Ab nun«, schrieb der Schriftsteller Robert Menasse über diese »große Synthese«, »wurde es Mode, Kritik an der Gesellschaft durch Kritik an deren ›Extremen‹ zu ersetzen. Der unpolitische Überbau hatte sein politisches Bewußtsein gefunden.«

Festtage und Denkmäler

Festtage dienen der eigenen Identität und bestärken das Gefühl der Zusammengehörigkeit. Im Frühjahr 1950 feiert Österreich den 140. Todestag von Andreas Hofer und den 40. von Karl Lueger. In Wien wird im Juni das Strandbad Gänsehäufel wiedereröffnet und am Graben eine erste

Das Wiener »Gänsehäufel« öffnet seine Pforten.

WIENER HERBSTMESSE 1950

100.000 Besucher am ersten Tag im Messepalast und auf dem erweiterten Rotundengelände

Die Wiener Herbstmesse 1950 bot schon am Eröffnungstag das gleiche Bild wie ihre Vorgängerinnen in den letzten Jahren. Der Messepalast und das Ausstellungsgelände im Prater, durch Erweiterungen vergrößert, zeigten den zahlreichen Besuchern — schon am Eröffnungstag wurden rund 100.000 gezählt — die Bemühungen des österreichischen Wirtschaftslebens, mit den anderen Nationen Schritt zu halten und die unleugbaren Fortschritte, die dabei festzustellen sind, beweisen die Richtigkeit der österreichischen Wirtschaftspolitik. Die internationale Bedeutung der Wiener Messe, vor allem aber das Vertrauen des Auslandes zu Österreich wird in der bedeutsamen Vermehrung der Aussteller aus dem Ausland offenbar, aus 13 Nationen sind 443 Aussteller gekommen. Zum erstenmal scheint auch der österreichische Fischereiverband durch eine Fischereischau auf, dessen idyllische Teichanlage mit tausend ausgesetzten Fischen einen gern besuchten Anziehungspunkt für die Messebesucher bildet.

Nach der Eröffnung der Wiener Herbstmesse 1950 besichtigte Bundeskanzler Ing. Dr. Leopold Figl in Begleitung des Präsidenten der Wiener Messe A. G., Minister a. D. Eduard Heinl, das Rotundengelände.

Der Ansturm auf den Messepavillon der **Nährmittelfabrik Ed. Haas** beweist immer aufs neue die Beliebtheit aller mit **Haaspulver** hergestellten Mehlspeisen.

Neonbeleuchtung installiert. Die Wiener Frühjahrsmesse versucht den dringenden Bedarf an lebensnotwendigen Gebrauchsartikeln abzudecken, allerdings, wie die WIENER ILLUSTRIERTE schreibt, mit »in den meisten Fällen noch immer zu schwer zu bezahlenden Preisen«. So zeigt die Nährmittelfirma Haas in »künstlerisch hochwertigen Dekorationen den Weg von PEZ-Peppermint und der PEZ-Box über Kontinente und Meere in die fernsten Länder«. Die Firma Josef Huber's Erben bringt die in Österreich neuartige Trikotwäsche »Dexa«, »wie sie im Auslande schon längst mit Begeisterung getragen wird«, zur Ansicht. »Wohn- und Herrenzimmer, Tische und alle Arten Möbel in bester Ausführung, gestützt auf lange Erfahrung und großes handwerkliches Können«, bietet die Möbeltischlerei Oskar Weghuber, Wien XII, an.

Wie überhaupt der Traum vom bürgerlichen Wohnen – vor dem Hintergrund von rund 200.000 zerstörten Wohnungen – zu den Leitmotiven jener Wiederaufbaujahre gehört. 1950 startet die Gemeinde Wien ihr erstes Nachkriegs-Wohnbauprogramm. Im August des folgenden Jahres wird die Per-Albin-Hansson-Siedlung am Wiener Laaerberg eröffnet. Das Projekt »Soziale Wohnkultur« (SW), getragen von Gemeinde, Handels- und Arbeiterkammer sowie Gewerkschaftsbund, läuft an und soll für die Produktion einfacher und billiger Möbel für Kleinwohnungen sorgen. »Wir wohnen schöner und billiger durch Zweckmäßigkeit«, heißt es in einem Vortrag von Architekt Oskar Riedel im Sender Rot-Weiß-Rot. Serienprodukte

Die neue Per-Albin-Hansson-Siedlung am Wiener Laaerberg

Die Eßküche, wie sie sich wohl viele Frauen wünschen. Hier liegt der Eßplatz unmittelbar neben dem Arbeitsplatz, wodurch die vielen Wege des Tischdeckens und -abräumens bedeutend verkürzt werden. Dieser Wunsch läßt sich aber nur erfülllen, wenn die Küche groß genug ist. Der kleine Plan rechts unten zeigt, wie geschickt sich die Wohnecke einbauen läßt.

Die Arbeitsküche. Sie ist verhältnismäßig klein, denn hier kommt es darauf an, daß der Hausfrau jeder unnötige Schritt erspart wird. Viele Abstellflächen geben den Ellbogen Bewegungsfreiheit, Hängeschränke helfen den Raum ausnützen und halten das Nötige griffbereit. Der eigentliche Arbeitsplatz liegt direkt unter dem Fenster. Aufn.: Chmel (3)

aus Sperrholz und Furniere zeigt die Werkbundausstellung im Kunstgewerbemuseum am Stubenring als Leistungsschau des Wiederaufbaus, »Alles eingebaut«, lautet die Zauberformel für die kleine Wiederaufbauwohnung. Der Einbauschrank und das Bett, das man an die Wand klappt, sowie eine für die Ein-Raum-Wohnung gedachte eingebaute Waschnische, deren Türen man wie bei einem Einbauschrank öffnet, tragen den engen Verhältnissen Rechnung. Auch DAS BLATT DER HAUSFRAU propagiert im September 1951 Küchentische mit Einschiebeplatten und animiert mit Schreibbrettern am Couchende den geschickten Heimwerker zum Selbstbasteln. In der Wiener Sezession werden im April 1950 Pläne für das »moderne zeitgenössische Wohnhaus« gezeigt, »die auf die Lebensvorgänge der Bewohner weitestgehend bedacht sind, denn das klare Gesicht des modernen Hauses«, so die Veranstalter, »ergibt sich aus seiner sinnvollen inneren Raumaufteilung«. »Noch ist von einer deutlichen Geschmacksänderung in bezug auf Einrichtungsgegenstände bei uns nicht viel zu bemerken«, klagen die Blätter im März 1951 und führen als Grund an: »Die verhältnismäßig hohen Preise und die gleichzeitige lebhafte Nachfrage nach Möbeln erlauben jedoch eine durchgreifende Modernisierung noch nicht recht.« Wohnen, ob in Untermiete oder im Gemeindebau, im Siedlungs-, Reihen- oder Einfamilienhaus, wird als Schicksalsfrage für Millionen Menschen empfunden, wobei eine »gewisse Normierung immer wiederkehrender Bauelemente« die »unerläßliche Voraussetzung aller Bemühungen um eine Kostenherabsetzung« darstellt. Ein Satz, der bald das architektonische Erscheinungsbild des Landes grundlegend verändern wird.

Auch die Sprache verändert sich in jenen Jahren, eine Grammatik des Politischen entsteht, deren alltagskulturelle Codes erst erlernt werden müssen. »Befreiung« oder das Wort »Partisan« etwa, aus der Kriegszeit am Balkan in die Zweite Republik hineingewandert, wurde nun negativ auf jene Österreicher angewandt, die im Verband der jugoslawischen Volksarmee gegen den Nationalsozialismus gekämpft hatten, während die Umschreibung Widerstandskämpfer oftmals denen überlassen blieb, die auf einen Sieg des Westens gesetzt hatten. Dies mußte im März 1951 auch der unterdessen seit 141 Jahren tote Andreas Hofer erleben. Im Salzburgischen wollte ein Kommerzialrat eine Statue des Freiheitshelden auf der Stirnseite seines Hauses aufstellen und suchte bei der Sicherheitsdirektion um Bewilligung seiner patriotischen Tat an. Der Salzburger Sicherheitsdirektor teilte jedoch dem Gesuchsteller nach reiflicher Überlegung mit, daß »hieramts einem solchen Wunsche nicht entsprochen werden könne«, weil nämlicher Andreas Hofer »österreichischer Partisan« gewesen sei. Die Lage war ernst in einer Zeit, in der die Tiroler Standschützen in den Zeitungen als »die Waffenträger der Nation« bezeichnet wurden, sodaß schließlich das Innenministerium vier Ministerialbeamte per Dienstauto von Wien nach Salzburg entsandte, um an Ort und Stelle die Causa zu begutachten. Die Beamtenkommission entregistrierte schließlich den Partisan Andreas Hofer und erklärte ihn von neuem zum österreichischen Freiheitshelden.

Hintergrund derartiger Provinzpossen stellte die tiefverwurzelte Angst vor einer kommunistischen Machtübernahme nach den Vorfällen von Prag, Budapest und den Unruhen vom Herbst 1950 hierzulande dar. Es war Österreichs Außenminister Karl Gruber, der inmitten des Korea-Krieges die geheime Wiederaufrüstung des Landes tatkräftig mit US-Hilfe förderte und im August 1950 seinen Kollegen im Ministerrat den Vorschlag gemacht hatte, auch alpine Schützenkompanien und die Freiwilligen Feuerwehren als Kern einer bewaffneten Abwehrmacht aufzubauen. (Günter Bischof)

Historische Denkmäler beinhalten Kontinuität und Identität und werden zu Symbolen des Wiederaufbaus: Zwar ist der Neuguß der Pummerin im Oktober 1950 mißlungen, doch werden laut GROSSER ÖSTERREICH-ILLUSTRIERTEN im September desselben Jahres die Denkmäler von Johann Nestroy, Pfarrer Kneipp und der Pallas Athene restauriert. Ende des Jahres erhält, nach der Oper im Juli, das brennende Wahrzeichen Wiens des Jahres 1945, der Stephansdom, sein neues Dach, bestehend aus 250.000 Glasurziegeln. Die wiederhergestellte Schönheit des Albertinischen Chores steht damit in deutlichem Gegensatz zu den grauen Ruinen der den Domplatz umschließenden Gebäude.

Laut ARBEITER-ZEITUNG vom 19. September 1950 beschließt erst jetzt der Wiener Stadtsenat, das Landesernährungsamt mit den ihm untergeordneten Karten- und Verrechnungsstellen aufzulösen. Die Leitprodukte des täglichen Lebens heißen nun etwa »Imbo«-Kaffeewürfel, mit 40 Prozent Bohnenkaffeeanteil, Ed.-Haas-Backpulver, Lockenwickler »Lillon«, Radion (»wäscht wirklich weiß«), Darmol oder Scherk-Rasierwasser; Knorr reduziert das Rind auf den Würfel, der »mehr bietet, als er kostet«, während Konkurrent Maggi eine »in fünf Minuten fixfertige« Nudel- und Fleckerlsuppe »in Friedensqualität« konzipiert. »Österreicher rauchen Donau«, eine Zigarettenmarke, deren Absatz um beachtliche 50 Prozent gestiegen ist, und amerikanische Filme werden nunmehr in deutscher Sprache vorgeführt. Dank European Recovery Program, kurz ERP-Hilfe, gelangen dreiundvierzig neue

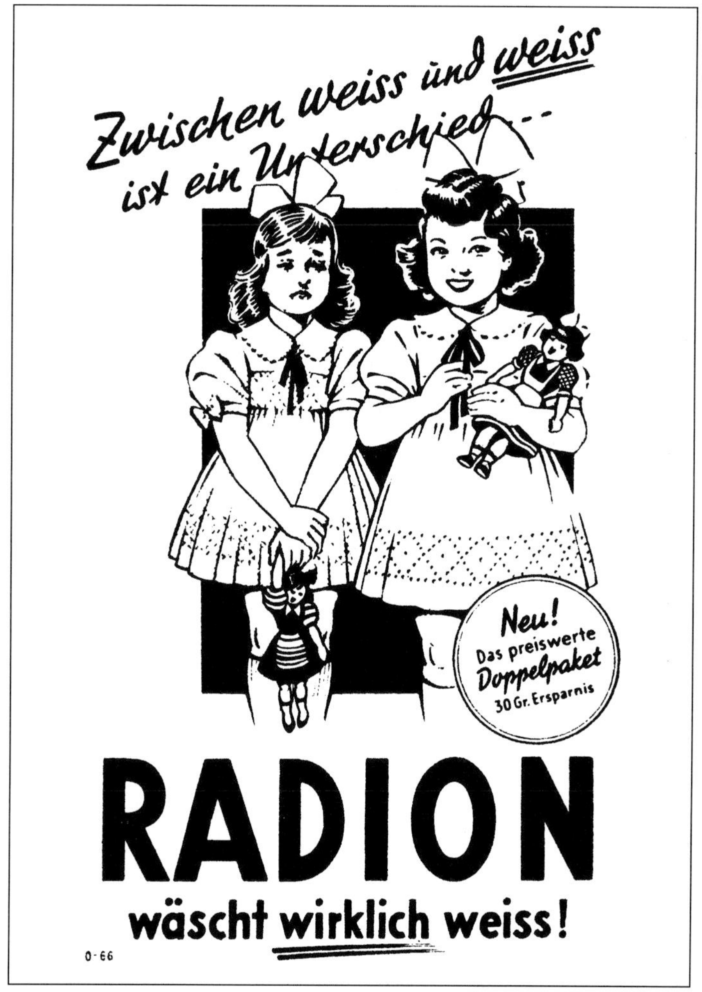

Straßenbahngarnituren in Wien zum Einsatz, und der Valentinstag wird erstmals am 14. Februar 1950 unter zustimmender Anteilnahme der vereinigten Blumenbinder gefeiert; ein Brauch, der aus Amerika zu uns gelangt ist, wo der Festtag mit gleichnamigen Massakern begangen wird. Während die US-Streitkräfte in Lehrfilmen neue Methoden auf dem Gebiet der Land- und Forstwirtschaft anbieten, Walt Disneys Zeichentrickfilm »Aschenbrödel« alt und jung begeistert, empfiehlt das US Information Center die Bücher von Dallin (»Zwangsarbeit in Sowjetrußland«), Koestler (»Sonnenfinsternis«), Fischer (»Das sind die Russen«) und Deane (»Ein seltsames Bündnis«). Dies alles verhindert freilich nicht, daß Ende September/Anfang Oktober, nach Bekanntgabe des vierten Lohn-Preis-Abkommens, in Wien und anderen Städten Österreichs Demon-

Dank ERP wirbt Micky Maus für neue Märkte.

strationen losbrechen, »die jedoch«, wie es in einigen Zeitungen eilig hieß, »ohne Auswirkung auf die ruhige Gesamtlage blieben«. Im Staatsdienst erfolgen fünfprozentige Personalkürzungen, Wissenschaft sei Sache des Volkes, erklärt Bundespräsident Renner und schlägt Begabtenförderung für Minderbemittelte vor – und derer gibt es viele. Professor Willy Schmieger, Sportreporter aus den Tagen des Wunderteams, stirbt im Oktober, ihm folgt im Dezember Karl Renner nach. Die Winterarbeitslosigkeit droht auf 200.000 Beschäftigungslose anzusteigen, Polizei und Gendarmerie werden mit Volkswagen ausgerüstet und seit April 1948 bereits aus US-Beständen aufgerüstet. Der Werkelmann verschwindet langsam aus den Straßen Wiens. »Lautsprecher und Schalldose«, beklagen die Wiener Blätter, »übertönen den Klang des Leierkastens immer lauter, die Jugend unserer Tage verrenkt ihre Glieder lieber nach wilden Rhythmen, als einem Walzer oder einer Polka zuzuhören«. Die Männer tragen nach wie vor Hüte, und die Politiker unter ihnen bevorzugen, wohl um den Ernst der Lage hervorzuheben, schwarze Kleidung mit silberner Krawatte bzw. Trachtenanzüge bei Spatenstich, Eröffnung, Gleichenfeier oder beim Durchschneiden rotweißroter Bänder unter ständiger Anwesenheit der regierungsnahen Austria Wochenschau. Der Wiener Friseurkongreß wieder beschäftigt sich mit der neuartigen Kreation eines »Wiener Lockenkopfes« für Damen, wobei die Möglichkeit besteht, den Nacken herzförmig auszuschneiden. »Die Art der jetzigen modernen Frisur entspricht«, so deren Schöpfer, »den Vorteilen der Kaltwasserwellen.« Die Vorteile derartiger Frisuren, »einfach, kurz und doch fraulich«, entsprechen jedoch vor allem den Bedürfnissen der berufstätigen Frau. »Man kann endlos über die Frage debattieren«, debattierten dann endlos die Zeitungen über die Frage, »ob es wünschenswert ist, daß Frauen erwerbstätig sind. Wie immer man sich jedoch zu diesem Problem stellt, eines steht fest: die Frau ist aus dem Berufsleben nicht mehr fortzudenken.«

Frauenrollen und Männerwünsche

1951 waren 35 Prozent aller Frauen berufstätig; im Laufe der fünfziger Jahre wird die Zahl der werktätigen auf Kosten der Hausfrauen weiter ansteigen. Dieses weibliche »Zusatzeinkommen« wird dann die Teilnahme der privaten Haushalte am Wirtschaftswunder erst ermöglichen. »War für das Waschen und Schwemmen schon ein großer Kräfteaufwand erforderlich«, erläutert im Jänner 1950 DAS BLATT DER HAUSFRAU wenig ermutigend richtiges Wäschewaschen, »so ist das Auswinden der gespülten

Besen-Gymnastik

So macht Arbeiten Spaß, meint »Das Blatt der Hausfrau« im Jänner 1950.

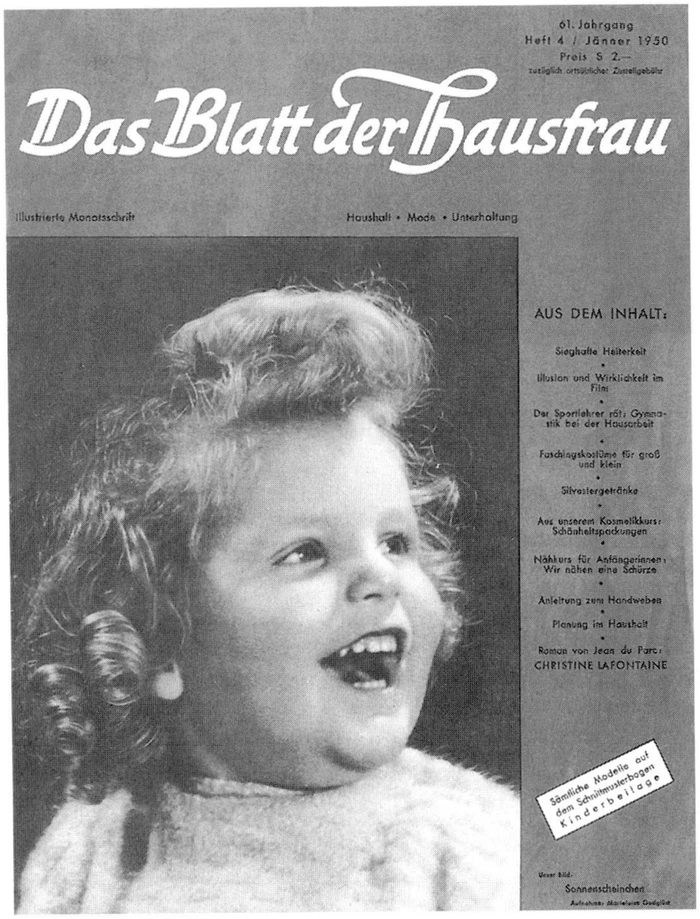

Wäsche erst recht anstrengend.« 1950 stand lediglich in 3.000 österreichischen Haushalten eine Waschmaschine, die Technisierung und Rationalisierung des Eigenheimes soll aber ab nun den Zeitaufwand für die anfallende Hausarbeit verringern. Am Endes des langen Jahrzehnts werden es dann 230.000 Waschmaschinen sein. (Ingried Bauer)
Einbauküchen und zeitsparende Haushaltsgeräte werden Anfang der fünfziger Jahre immer öfters als Kompensationsmittel für die berufstätige Frau angeboten, neben »Einkaufen – ein Vergnügen« gestalten vor allem Elektrogeräte, die »modernen Heinzelmännchen«, zumindest in der Werbung das Frauenleben unbeschwerter. Seit etwa Elektra-Bregenz mit ERP-Hilfe einen neuen Kühlschrank produziert, »dessen Kosten verhältnismäßig niedrig sind«, bahnt sich auch für Österreich eine neue Ära an: »das Zeitalter des voll elektrifizierten Haushalts, in dem die Hausfrau Zeit und Kraft für wichtigere Aufgaben gewinnt« – so

Die neue Hausfrau braucht neue Elektrogeräte.

etwa die, an der Erhöhung des Familienbudgets mitzuwirken, um beispielsweise einen Elektra-Bregenz-Kühlschrank anschaffen zu können. »Wer spricht noch vom Waschtag«, wird noch rhetorisch in einem Werbetext im April 1951 gefragt, »wenn die Aufgabe der Hausfrau nur mehr darin besteht, die Wäsche in die Maschine zu werfen, das Kabel an die Leitung anzuschließen und dann die reine Wäsche zum Trocknen aufzuhängen? Die elektrische Waschmaschine kennt keine ausgelaugten Hände.« Doch plagen die umworbene Hausfrau vorerst noch andere Sorgen. Im Sommer 1951 protestieren Hunderte Frauen in der Wiener Großmarkthalle gegen die hohen Fleischpreise, eine Folge der Liberalisierung des Fleischverkaufs, die Behörden verordnen daraufhin die Einführung zweier fleischloser Tage in der Woche sowie die Abgabe von Pferdefleischkonserven aus amerikanischen Beständen. Das Wiener Schnitzel blieb nach wie vor ein Luxusartikel.

In dieser gesellschaftlichen Dynamik der frühen fünfziger Jahre ist es vor allem, wie der Sozialhistoriker Reinhard Sieder unterstreicht, die familiäre Sehnsucht nach Ruhe und Ordnung, die zu einer Stabilisierung, zu einer Restauration der Familien- und Eheverhältnisse unter männlicher Hegemonie führt. 1950, als das Idealbild von der Komplementarität der Geschlechter wieder hochgehalten wurde, schrieben diesbezüglich die ÖSTERREICHISCHEN MONATSHEFTE, daß »die naturgesetzliche männliche Dynamik, die auf den Fortschritt und die ewige Bewegung gerichtet ist, ihre Vervollkommnung und wohltuende Beschränkung findet in der statisch-mütterlichen Art der Frau, die das ausgleichende, ruhende und in die Tiefe reichende Prinzip darstellt«. Dem Normalisierungsprozeß folgte somit ein massiver Normierungsprozeß. Es ist also kein Zufall, daß, wie Peter Huemer nachwies, das Korsett in der Frauenmode der fünfziger Jahre eine ungeahnte Renaissance feierte. Verlorengegangen, so die Historikerin Ingrid Bauer, sind die Selbständigkeitserfahrungen der Trümmerfrauen dennoch nicht. Die Geschlechterbeziehung blieb »als Arrangement erkennbar«, und das Mitmachen der Frauen innerhalb der später so genannten »Fassadenfamilien« war »vielfach nur ein taktischer Preis für erhofftes Nachkriegsglück«.

Im Winter des Jahres 1951 erwägt der sozialistische Justizminister Otto Tschadek eine Eherechtsreform. Das Kernproblem stellt dabei die Gleichstellung von Mann und

Frauenbilder in der Werbung

»Familienglück – das spricht aus diesem Bild.«

Illustrierte Frauenwelt

Frau dar. In einer Zeit, »wo die Frauen sich nicht nur das Recht erkämpft haben, einen Beruf ausüben zu dürfen, sondern vielfach einen Beruf ausüben müssen«, heißt es in dem Entwurf, »ist es nur allzu verständlich, daß die Vorrangstellung des Mannes als ›Haupt der Familie‹ ins Wanken gerät.« Aber auch das Problem der unehelichen Kinder, die Verschiebung von der väterlichen zur elterlichen Gewalt in Fragen der Erziehung und schließlich die Namensänderung der Frau bei der Verehelichung stehen zur Debatte. Eine Debatte, die noch lange anhalten wird.

Bilderwelten, Weltenbilder

Im Weltbild der Illustrierten findet sich vorerst wenig über weibliche Berufstätigkeit, das Frauenleben jener Jahre wird mit Küche, Kinder, Wohnen, Erwerb und Einkauf, Wäsche, dem Nylonstrumpf oder Fischbein, dem langen glockigen Rock und der schmalen Taille in Verbindung gebracht. Wie Nylon sich überhaupt, neben Perlon, Zellwolle und dem eben auf den Markt kommenden Schaumgummi, zum neuen Leitprodukt dieser Jahre entwickelt: Wäsche, Schürzen, Schirme, Taschen, Schuhe, Gürtel, Mäntel werden nun, wie das Organ der amerikanischen Besatzungsmacht WIENER KURIER schreibt, aus dem »neuen Wunderstoff« verfertigt. Die Frühjahrsmode 1950 belegt die Zeitung mit dem Schlagwort »bleistifteng«. Die dickste Frau der Welt wiegt 265 Kilogramm, steht unter der Rubrik »Wovon man spricht« in der WIENER ILLUSTRIERTEN zu lesen, doch beim Wiener Blumenkorso geht der Zug der Zeit deutlich ins Schlanke, ebenso wie auf den Titelblättern der Illustrierten, wo die Darstellung der öf-

fentlichen Privatheit wahre Triumphe feiert, und auf denen Filmschauspielerinnen wie Jean Simmons, Angelika Hauff, Jane Russel, Vera Molnar, Ilse Werner, Marlene Dietrich, mit Hund, im Badekostüm, in Wachauer Tracht, beim Tennisspiel und Autofahren oder beim modisch gewordenen Wasserschilaufen am Wörther See zu betrachten sind. »Wiener Mädeln« titelt sich der Illustrierten-Fortsetzungsroman von Otto Kropsch; Kristina Söderbaum, eine der altbekannten Ufa-Gestalten, spielt im neuen Film ihres Ehemannes Veit Harlan »Die unsterbliche Geliebte«, während ihr propagandistischer Kriegsstreifen »Opfergang« in Salzburg infolge des außerordentlichen Erfolges prolongiert werden muß.

Die Illustrierten jener Jahre üben sich in Eskapismus und Exotik, das reale Leben bleibt ein fernes Land; das Glück ist stets das Glück der anderen und zeigt sich dem Leser vorerst noch jenseits seines eigenen kargen Alltagshorizonts. Die Memoiren des Herzogs von Windsor und Hitlers letztes Foto, Fernsehen in den USA, Marte Harells jüngster Film »Erzherzog Johanns große Liebe« und Ewald Balser als Priester im »Heiligen Jahr«, Prinzessin Margaret, »die Rose des Empire«, und das Ehepaar Wessely-Hörbiger beim Schifahren, all das findet sich in den Blättern, deren Umschlagseiten langsam bunter werden. Und vor allem Bildreportagen aus einem ewigen, unzerstörten wie unzerstörbaren Österreich sind es, die nun häufig aufgeboten werden, um mit Hilfe von Marshallplan-Mitteln den heimischen Tourismus wieder zum Leben zu erwecken. Der Fremdenverkehr sollte dabei einen Ausgleich für den zögernden Start der industriellen Produktion schaffen, doch erst 1954 wird die Nächtigungszahl annähernd den Stand von 1937 erreichen.

Wiederentdeckung der Einheimischen durch den Fremdenverkehr

Das Hauptkontingent der Urlaubsreisenden hatte in der Vergangenheit traditionsgemäß Deutschland gestellt, doch nun, sechs Jahre nach Kriegsende, bleiben die Grenzen nach Österreich immer noch hermetisch abgeschlossen. Erst im Sommer 1951 erhalten Urlaubswillige an den wichtigsten Grenzübergangsstellen von den deutschen Behörden Sichtvermerke, die ihnen einen einmonatigen Aufenthalt in West-Österreich gestatten. In Kufstein werden sie von den Einheimischen bereits ungeduldig erwartet. »Achtzig Prozent deutsche Gäste hatten wir vor dem Krieg«, erinnert sich der langjährige Portier des berühmten »Weißen Rössls« am Wolfgangsee. »Hoffentlich ist es recht bald wieder soweit!«

Bonjour tristesse

»Hier ist's so lustig wie im Prater!«

Im Wiener Prater, der durch Kampfhandlungen und dem darauffolgenden Brand vom 8. April 1945 völlig zerstört worden war, in dem das Riesenrad, das Wachsfigurenkabinett, der Calafati, der Eisvogel, das Varieté Leicht, Spielhallen, Karussellbuden und Gaststätten ein Raub der Flammen geworden waren – in diesem Prater dreht sich Anfang der fünfziger Jahre wieder das Wahrzeichen Riesenrad mit einigen verbliebenen Waggons, doch verbreitet die Vergnügungsstätte noch immer Brandgeruch und eine eigentümliche Tristesse – jenes vage Gefühl von Traurigkeit, vermischt mit Langeweile, wie es von der neunzehnjährigen Françoise Sagan in ihrem vielgelesenen Roman »Bonjour tristesse« 1954 beschrieben wird. Wie überall im Lande versuchen auch hier im Prater die Menschen ihr Überleben zu sichern, doch harte Wiederaufbaumoral verträgt sich nur schlecht mit ausgelassener Fröhlichkeit. Die Illusion des schönen Scheins will so recht nicht glücken, vor allem wo es an den nötigen Mitteln fehlt, diese Illusion auch erzeugen zu können. »Hier ist's so lustig wie im Prater!« läßt Goethe seinen Mephisto zu Faust sagen, doch die Heiterkeit des Kasperls der frühen fünfziger Jahre wirkt melancholisch, und die Geisterbahn ängstigt keinen mehr. Der Tod von der Geisterbahn ist im Hauptberuf Eisengießer. Er habe im Laufe des Krieges, verrät er einem Reporter, dem Tod so oft in die Augen gesehen, daß er ihn nicht mehr fürchte. Der Tod, das ist sein Nebenberuf für 3,50 Schilling die Stunde. Das hilft ihm, das Leben eines Ausgebombten und Heimatlosen etwas leichter zu ertragen. Der Ansager im Nachtkabarett war früher einmal Bildhauer. Im Krieg wurde er zur Luftwaffe einberufen, danach ging er zur französischen Handelsmarine, möglicherweise auch zur Fremdenlegion, wer will das später so genau wissen. Als er 1950 nach Wien zurückkehrte, landete er im Prater. Heute ist er Ausrufer und zählt als »Rekommandeur« zu den geachtetsten Persönlichkeiten des Platzes. Der Kunstmaler kann auch im Prater nicht reich werden. An schönen Sonntagen finden sich zwar hin und wieder ein paar Ausländer, die sich für 10 Schilling porträtieren lassen, doch um überleben zu können, ist er als Lithograph in einer Druckerei tätig. Die Kinderschaukel wurde nach dem Krieg wieder aufgebaut. Manchmal sind 2 bis 3

Schillinge die ganze Tageslosung. Der Liliom des Jahres 1950 verdient sich nächtens als Bäcker sein tägliches Brot. Von 4 Uhr früh bis Mittag steht er in der Backstube, anschließend wartet er im Prater auf seine Kundschaft. Der Watschenmann hat in seinem langen Dasein schon viele Schläge einstecken müssen und auch den großen Brand halbwegs überlebt. Die Besitzerin dieses geduldigen Originals steht mit ihren 75 Jahren noch täglich im Prater. Sie hält ihm und ihrem Watschenmann die Treue. »Prüfe deine Lunge um 50 Groschen!« Seit 20 Jahren ist dieser Schausteller hier im Prater zu finden. Er hat das Geschäft schon von seiner Mutter übernommen. Außerdem arbeitet er noch als Zimmermann, da das volksmedizinische Geschäft im Prater meist nur an Sonntagen floriert. Die Kinder-Fahrradbahn befindet sich seit 30 Jahren auf dem Grund des Kaisergartens. Der Besitzer des Standes beschäftigt sich nebenher als Maler. Seine Ölbilder kosten zwar lediglich 50 bis 60 Schilling, doch findet er ebensowenige Käufer für seine Kunstwerke wie Interessenten für seine Fahrradbahn. Den besten Verdienst verzeichnet er noch im Winter, wenn er gemeinsam mit seinem Sohn als Schnellmaler auftritt. Das Kasperltheater gehört zum Prater wie das Riesenrad, das Ringelspiel, die bunten Luftballons und der magenverstimmte Firmling. Der Vorführer und Sprecher dieser kleinen Bühne hat schon mit 12 Jahren bei seinem Vater mitgeholfen. Dadurch beflügelt, besuchte der junge Mann nach dem Krieg das Reinhardt-Seminar. Dort erhielt er eine solide Ausbildung, aber keine sichere Existenz.

Sechsundsiebzig Schausteller gibt es Anfang der fünfziger

Jahre wieder im Wiener Prater, meist sind es Alteingesessene. Die Wandlung der Zeit ist freilich auch an ihnen nicht spurlos vorbeigegangen. Kaum einer der Praterleute kann davon leben, was er als Ausrufer, Kasperlspieler oder Ringelspielbetreiber einnimmt. Franz Molnars Liliom 1950: Das ist der Hutschenschleuderer der Aufbaujahre, der als Bäcker, Lithograph oder Zimmermann sein Geld verdient. Die Pratermelodie jener Tage ist eine schlichte Weise, ein vergessenes Vergnügen sind Ringelspiel und Geisterbahn geworden, in der der Tod für 3,50 Schilling die Stunde mitfährt. Die Selbstmordstatistik weist für 1950 pro 100.000 Einwohner 34,1 Männer und 14,9 Frauen aus, Wien wird damit im europäischen Vergleich lediglich noch von Berlin überflügelt. Bemerkenswerterweise dürften jedoch keineswegs allein wirtschaftliche Gründe dafür ausschlaggebend gewesen sein, denn hinter Österreich folgen dicht aufgeschlossen die Schweiz und Dänemark. Die Todesstrafe wird in Österreich abgeschafft, zur Erinnerung bringen die Zeitungen noch einmal Fotos vom geschichtsträchtigen Galgenhof im Wiener Landesgericht. Der Rundfunk kommt in die Jahre und der »Dritte Mann« in die heimischen Kinos, jener Film, der den Prater und die städtische Trümmerlandschaft der vierziger Jahre zum Hintergrund hat. Kriegsheimkehrer und Trümmerfrauen, Realmythen jener Jahre, gründen nun die für den Wiederaufbau so signifikante Klein- oder Kernfamilie.

Der Wiener Rundfunk mit seinen zwei Programmen, geviertelt wie die Stadt selbst, pflegt unter dem einstigen Ständestaatsdichter (»das Land / Das ich gestern froh durchschritt«) und nunmehrigen Programmdirektor Rudolf Henz im Gegensatz zum US-Sender Rot-Weiß-Rot vor allem Hochkulturelles. Aus dem Mozart-Saal des Konzerthauses wird seit kurzem die beliebte Rot-Weiß-Rot-Sendung »Die große Chance« mit Maxi Böhm übertragen. »Es sind keine Millionenbeträge«, schreibt die Österreichausgabe der Illustrierten STERN im November 1951, »die man bei der ›Großen Chance‹ gewinnen kann, aber immerhin kann man mit sechs richtigen Antworten zu 1.925 Schilling und zahllosen Waschpulverpaketen kommen.«

Zu hören ist Maxi Böhm auch auf der Wiener Frühjahrsmesse 1951, die als »ein wichtiger Faktor unserer Wirtschaft« gesehen wird, als »Auslage unseres Aufbaues«. Die Firma Radio Zehetner bringt die tragbaren Rundfunk-

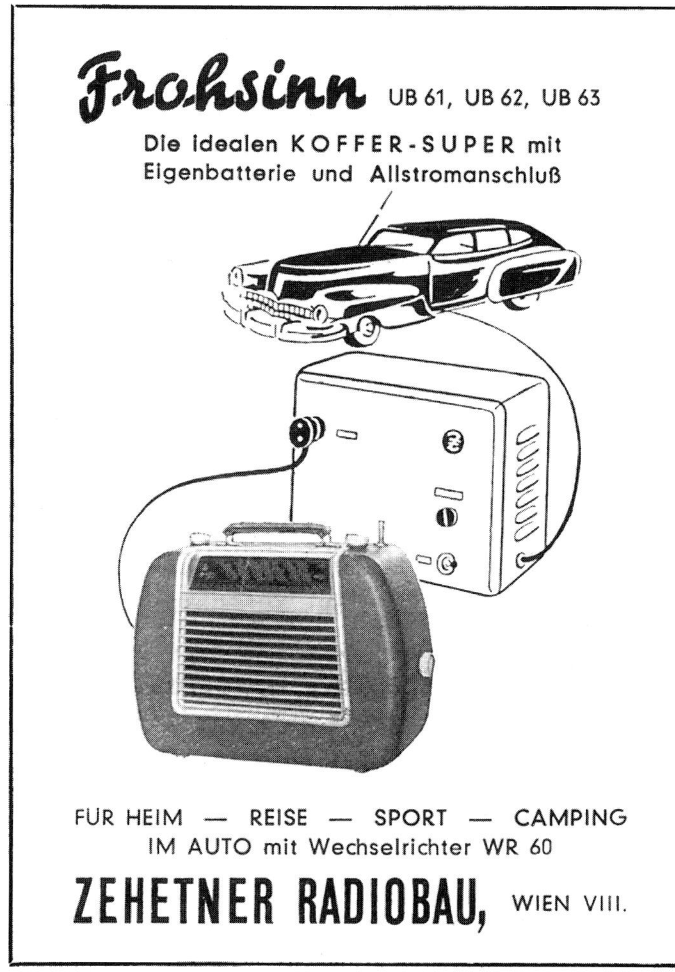

Maxi Böhm: der Rundfunkstar von R-W-R

»Auslage unseres Aufbaus«, Wiener Messe 1951

geräte »Frohsinn-Junior« und »Frohsinn-Tourist« zur Ansicht und hebt deren »hervorragende Klangfülle« und die »universelle Verwendbarkeit für Heim (mit Netzanschluß), Reise, Sport und Auto« hervor. Österreichs Architekten entwerfen, um Raum und Geld zu sparen, Bettbänke, Aufbaumöbel und eingebaute Schränke aus heimischen Hölzern und schaffen so »sowohl schöne als auch billige und zweckmäßige Einrichtungsgegenstände, die als gute Gesellen unser Dasein begleiten«. Neben »Milopa«, dem »wirklich kußechten Schweizer Lippenstift«, stellt die Attraktion der Messe vor allem der neue Puch-Roller mit seiner Höchstgeschwindigkeit von über 65 Kilometern in der Stunde dar. »Außerdem macht die geringe Sattelhöhe den Puch-Roller auch für Frauen äußerst bequem und durch seine leichte Handhabung praktisch«, heißt es dazu in der begleitenden Werbung.
Die Mailänder Firma Gaggia wieder bietet neuerdings Espressomaschinen an und leitet so eine radikale Veränderung der Wiener Kaffeehauslandschaft ein. Anfang der fünfziger Jahre beginnt sich der Espresso endgültig durchzusetzen und löst das aus der traditionellen »Karlsbader«-Maschine gewonnene schwarze Getränk ab. Wurde bisher der Kaffee mit heißem Wasser aufgegossen und überbrüht, so erhitzt die Espressomaschine das kochende Wasser zu Dampf, der dann durch den Kaffee gepreßt wird und den Espresso ergibt. Dieser wird nunmehr kurz oder gestreckt zubereitet, je nachdem, wieviel Wasser man verwendet. Die Einführung des Espressos hat die bisher übliche Terminologie verändert (die gebräuchlichen Arten sind ab jetzt der »Schwarze«, der »Braune« sowie die »Melange«), und sie hat auch das traditionelle Wiener Kaffeehaus in eine schwere Identitäts- wie ökonomische

Das Espresso für die kurze Rast im Wiederaufbautempo

Krise gestürzt: Die Cafetiers klagen zwar darüber, daß sie für 1 Kilogramm Kaffee zehnmal mehr zahlen müssen als vor dem Krieg, obwohl der Preis für eine Melange lediglich um das Vierfache erhöht worden ist, und daß auch die Mietpreise für die Lokale (noch bevor Banken und Autosalons ihre begehrlichen Blicke darauf werfen) enorm angestiegen sind. Der eigentliche Grund zur Klage ist aber der neue Rivale: das kleine Espresso, ein Produkt der modernen, hastvollen Zeit. Wer im Vorübergehen kurz einen Mokka trinken will, der tut das in den vielerorten entstandenen Espresso-Lokalen mit ihren Glasportalen, modernen Kaffeemaschinen und der zumeist weiblichen Bedienung. Man nimmt sich kaum noch Zeit, Hut und Mantel abzulegen, stürzt seinen »Schwarzen« hinunter und läßt sich weitertreiben von der Unrast des Wiederaufbautempos.

Kriegszerstörte Wohnungen und öffentliche Einrichtungen auch noch in den 50er Jahren

Abriß & Aufbau

Vor dem Aufbau erfolgt der Abriß. Und auch darin wird das Wiederaufbautempo sichtbar. »Vielleicht«, schreibt Ursula A. J. Becher in ihrer »Geschichte des modernen Lebensstils«, »lag dieser Abrißmentalität auch ein tieferliegendes Bedürfnis zugrunde: mit den Ruinen und den alten, unansehnlich gewordenen Gebäuden auch die Erinnerung an die jüngste Vergangenheit wegzuräumen, mit der man bisher nicht fertig geworden war.« Zahlreiche historisch interessante, wenn auch kriegsbeschädigte Gebäude fallen nun der neuen Zeit zum Opfer, Rentabilitäts- und Stilfragen werden dafür als Argumente aufgeboten. Das bombenbeschädigte Sühnhaus, in dem einst auch Sigmund Freud wohnte, gerät nun unter die Spitzhacke. »Es wäre unrentabel gewesen«, schreiben die Wiener Blätter im Herbst 1951, »das völlig ausgebrannte Sühnhaus wieder aufzubauen. Abgesehen davon, fügte sich der im neugotischen Stil errichtete Bau kei-

neswegs in das Bild der Ringstraße.« Er tat dies zwar bereits seit dem Jahre 1885, und in neugotischem Stil war schließlich auch das Wiener Rathaus errichtet worden, doch scheint kein guter Geist über dem Haus geschwebt zu haben. Noch dazu, wo auf diesem Bauplatz ein Fluch lastet: Friedrich von Schmidt, der Architekt des Rathauses, hatte das Sühnhaus anstelle des nach nur siebenjährigem Bestehen abgebrannten Ringtheaters erbaut, doch die abergläubischen Wiener mieden trotz relativ niedrigem Zins das Stiftungsgebäude, es hieß, auf dessen Grund wäre einst ein Richtplatz gelegen. Nach Abriß des Sühnhauses sollte dort ein modernes Geschäftsgebäude errichtet werden, doch auch darüber schien die alte Verdammnis zu walten. Schließlich wurde in die verwunschene Ringstraßenlücke ab 1969 die Wiener Polizeidirektion hineingestellt.

Vom Heinrichs- zum Opernringhof

Wenige Tage nach dem Sühnhaus wird mit dem Abbruch des Carl-Theaters in der Praterstraße begonnen. Wo einst Nestroy, Treumann, Blasel, Johann Strauß und Girardi Triumphe gefeiert hatten und Eleonore Duse über Nacht weltberühmt geworden war, setzt nun eine Abrißfirma allem Ruhm und Glanz ein rasches Ende. Anfang Dezember gilt es Abschied vom Heinrichshof gegenüber der Oper zu nehmen. Das von Theophil von Hansen 1865 vollendete Gebäude stand unter Denkmalschutz, weshalb man anfangs wenigstens die Fassade der Kriegsruine erhalten wollte. Doch mußte schließlich auch diese aus Rentabilitäts- und Sicherheitsgründen abgetragen werden und dem Opernringhof Platz machen. Hingegen wird das »Sacher«, in dem Graham Greene wohnte, als er für seinen »Dritten Mann« recherchierte, von der britischen

Die Pummerin hält Einzug in Wien.

Besatzungsmacht seinen Besitzern zurückgegeben; gleich vis-à-vis schreitet der Wiederaufbau der Wiener Staatsoper voran, sie soll, »würdig ihrer Tradition, auch vom Baulichen her eine Kultstätte Österreichs Kunst« werden. Die Pummerin wird am 26. April 1952 doch noch anläßlich der Domeröffnung von St. Stephan ihren Einzug in Wien halten; die Donauschiffahrt nimmt zwischen Linz und Wien ihren Waren- und Personenverkehr mit den Motorschiffen »Passau«, »Johann Strauß« und »Stadt Wien« wieder auf, wobei interessanterweise eine Bergfahrt 29 und eine Talfahrt 37,50 Schilling kostet. Wiedereröffnet wird im Juli die Albrechtsrampe gemeinsam mit der Albertina. Wenn auch die verkürzte Stiege in ihrer neuen Gestalt keine Ideallösung darstellt – der Umbau war Gegenstand einer eifrigen Polemik gewesen –, so ist doch damit eine der Sehenswürdigkeiten Wiens wiederhergestellt. Das einstige Mozartdenkmal auf dem Albertinaplatz, nach 1945 jahrelang unbeachtet in einem Baustoffdepot der Gemeinde gelagert, war unterdessen im nahen Burggarten aufgestellt worden, da der Platz selbst, mit seinen darunter liegenden Hunderten Bombenopfern, als Parkfläche für Opernbesucher vorgesehen war. Anläßlich des Katholikentages wird in der Hofburg die Geistliche Schatzkammer, die seit 1938 gesperrt war, wieder eröffnet, und das im Kriege zerstörte Denkmal des Lieben Augustin von Josef Humplick als stillschweigendes Standbild des Wiederaufbaus in der Neustiftgasse erneut errichtet.

Das Wort Wiederaufbau drückt die Ambivalenz bereits aus: Noch war nicht eindeutig entschieden, wohin der Weg führen sollte, ob Restauration oder Neubeginn, war bis Anfang der fünfziger Jahre zumindest in der Öffentlichkeit nicht endgültig geklärt. Zwar setzten viele auf eine durch

Ein Büropalast verdrängt das alte Dianabad.

Marshallplan und US-Kulturmission vermittelte Moderne, doch gab es auch jene, die wie der Schriftsteller Alexander Lernet-Holenia meinten: »In der Tat brauchen wir nur dort fortsetzen, wo uns die Träume eines Irren unterbrochen haben, in der Tat brauchen wir nicht voraus-, sondern nur zurückzublicken.« – »Die Wiederherstellung von 1945«, schrieb der Romancier Heimito von Doderer in den frühen fünfziger Jahren sodann, »hat den Anschluß an die Tiefe der Zeiten vollzogen.« Zwei Schriftsteller am Beginn des neuen Österreichs: der eine retardierender Monarchist, der andere reuiger Nationalsozialist. Beide reüssieren sie in diesen restaurativen, windstillen Zeiten, deren kulturkonservative Flaute noch bis in die sechziger Jahre hinein anhalten wird.

Unter den Antimodernisten befanden sich einige durchaus den Gegnern des Dritten Reiches zuzählbare Personen, während linearer Fortschrittsglaube auch jene zu begeistern vermochte, die wenige Jahre zuvor noch auf technische Wunderwaffen gesetzt hatten. Das Jahrzehnt wird schließlich von der Gleichzeitigkeit kultureller Restauration wie zukunftsfrohem Wandel in der Industriekultur gleichermaßen geprägt werden. Zur Integration beider Seiten bedurfte es jedoch einer einigenden Mythologie, einer bestimmenden hegemonialen Ordnung, auf der das Haus Österreich errichtet werden konnte: Staatliche Repräsentationskultur unter Verwendung der großen Vergangenheit, Konsensbildung um die Mitte mittels Großer Koalition, Wiederaufbau als Erfolgsstory und das Setzen auf die Verläßlichkeit der Vergeßlichkeit werden zu Mythen des Alltags und bilden einige der statisch notwendigen Fundamente an diesem fragilen Bauwerk.

Die Männer von Kaprun

Als Österreichs größtes und symbolträchtigstes Aufbauwerk jener Jahre gilt die Fertigstellung des Kraftwerkes Kaprun. Von Hermann Göring 1938 per Spatenstich eröffnet, mit Hilfe von Kriegsgefangenen und Zwangsarbeitern während des Krieges begonnen, wird im Herbst 1951 die Limbergsperre dank ERP-Mittel feierlich eröffnet. Eindrucksvoller noch als das kühne Bauwerk im Gebirge war die vielstimmige propagandistische Begleitmusik gewesen. Mit Streifen wie »Weißes Gold«, »Das Lied der Hohen Tauern« und »Gold aus Gletschern« wurde die Modernisierung des Landes mittels technischer Großbauten filmisch gefeiert. Romane wie »Die Männer von Kaprun«, »Hoch über Kaprun«, »Das Lied von Kaprun« wurden verlegt, Illustriertenreportagen und Wochenschaufilme sorgten für aktuelle Berichterstattung. Dabei fällt auf, wie häufig hier nicht nur an den »Schatzmythos der Sagenwelt« angeknüpft wird, sondern ebenso, wie Wolfgang Kos hervorhebt, »Metaphern des Krieges« bemüht werden, um die »Energieschlacht« gegen die Naturgewalten zu

Einzelpreis 80 Groschen

Heute 24 Seiten einschl. Sonderbeilage: Wiener Mode

Wiener Zeitung

244. Jahrg. / Nr. 220

Redaktion: III., Rennweg 16; Druck: Österreichische Staatsdruckerei, III., Rennweg 16; Tel. U 18 5 85; Fernschr. TW 18 05; Postsparkassenkto. Wien Nr. 178

Sonntag, 23. September 1951

Einzelpreis 70 g, an Sonntagen 80 g. Monatsabonnement S 16·—, mit Bundesgesetzblatt S 20·50, für das Ausland ohne Bundesgesetzblatt S 28·50, mit S 34·80

B-Team spielte in Augsburg 1:1

Britische Wahlen ein retardierendes Moment

Persische Note ohne Ultimatum

Franz-Liszt-Gedenkstätte in Raiding

Tierarzt als Judendoktor

Ziehungsliste der Klassenlotterie Seite 15

Ein stolzer Tag der Energiewirtschaft

Große Feierlichkeiten zur Vollendung der Limbergsperre in Kaprun – Ein Werk von europäischer Bedeutung und Spitzenleistungen der Maschinenindustrie – Bewundernde Anerkennung in der ganzen Welt

Der Ausbau und die Auswertung der Wasserkräfte unserer Alpenländer hat mit der Vollendung der Limbergsperre und des dritten Maschinensatzes des

Natur Österreich mit einer Fülle von verborgenen Energiequellen ausgestattet hat. Die Berge des Landes sind zwar nicht goldführend, aber die Energie, die aus

Hand, sondern auch ein Ansporn für die ganze weitere Entwicklung.

Wie sehr sich die österreichische Energiewirtschaft entwickelt hat, ergibt

Propagandistisch vielstimmig: Das Lied von Kaprun …

schildern. Während der Gleichenfeier für die Limbergsperre erhält die Gendarmerie laut Zeitungsmeldungen den Auftrag, das Gebiet am Tag der feierlichen Eröffnung gegen die ungeladene Belegschaft abzusperren. Auch dies ein Symbol, eine Metapher für die junge Republik?

Kortner kontra Krauß

Die Gespenster der Vergangenheit werden – in Kaprun und anderswo – verbaut und vergraben, doch begleiten sie insgeheim, ebenso wie die ständig latente Angst vor der Provinzialisierung im Prozeß der Modernisierung, diese Zweite Republik getreulich weiter. Mit stumpfer Weltabgewandtheit sowie der bangen Frage, was wohl das Ausland dazu sagen werde, läßt sich zwar kein Staat machen, doch immerhin eine Republik errichten, und dies bereits zum zweiten Male.

Im Dezember 1950 inszenierte der Regisseur Fritz Kortner nicht nur sein Österreich-kritisches Bühnenstück »Donauwellen« in München, sondern in Berlin auch gleich Studentendemonstrationen gegen den Schauspieler Werner Krauß wegen dessen Beteiligung an Veit Harlans berüchtigter »Jud Süß«-Verfilmung aus dem Jahr 1940. Das Gastspiel des Wiener Burgtheaters in deutschen Städten

Kriegsversehrte prägen noch immer das Stadtbild.

mußte daraufhin abgebrochen werden. Aber nicht Krauß, sondern Kortner steht im Mittelpunkt der nun folgenden Kontroverse über kulturelle Vergangenheitsbewältigung, die hier wieder – auch dies gehört zur argumentativen Figuration der fünfziger Jahre – Opfer gegen Opfer ausspielt. »Wenn Kortner seine Emigration auch nicht vergessen kann«, heißt es etwa in der WIENER ILLUSTRIERTEN, »so hätte er doch bedenken müssen, daß der KZler Ministerialrat Dr. Hilbert und der Emigrant Dir. Gielen Werner Krauß nicht ohne Grund an das Burgtheater berufen haben und daß – nicht zuletzt – die Gattin Max Reinhardts, Helene Thimig, mit Krauß gastieren sollte.« Krauß selbst geht auf diesen Vorfall recht knapp in seinen 1958 erschienenen Memoiren »Das Schauspiel meines Lebens. Einem Freund erzählt« ein. Herausgegeben wurde der Band von dem einstigen Emigranten und Krauß-Freund Hans Weigel, der sich eben zu dieser Zeit in der Wochenschrift HEUTE engagiert für bessere Engagements des Schauspielers am Burgtheater einsetzte. Über das antisemitische filmische Machwerk und sein schauspielerisches Arbeitsethos heißt es in dem Memoirenband: »Über alle diese Probleme während der Arbeit mit Harlan oder Marian zu sprechen hatte gar keinen Sinn. Wir mußten arbeiten und waren froh, als wir fertig waren.« Von den Entnazifizierungsbehörden auf den Film angesprochen, erklärte Krauß ohne Anspruch auf Originalität: »Wenn ich es nicht gemacht hätte, hätte es ein anderer gemacht; wenn der nicht, ein dritter. Ich kann nicht sagen, daß ich etwa in Le-

bensgefahr gewesen bin, aber alles war so unberechenbar, man konnte ja auch kaltgestellt und um die Verdienstmöglichkeit gebracht werden.«
Im Jänner 1960, als Hakenkreuzschmierer in Wien unterwegs sind, formuliert Weigel in der Zeitschrift HEUTE: »Ob die Kommunisten dahinter stecken oder nicht, ist eigentlich gleichgültig. Wenn nicht, dann üben sie sicherlich längst zerknirscht Selbstkritik und sagen: ›Das hätte uns auch einfallen können!‹« Kritik an den Extremen fällt in deren postulierten Konvergenz zusammen. Wenig später verfaßt Weigel die Artikelserie »Es gibt keine Juden«, worin er gegen Kortner auftritt und warnt, nicht das »philosemitische Kind mit dem antisemitischen Bad« auszugießen. Auch hier siegt die polemische Verkürzung. »Juden«, schreibt er, gäbe es »nur dort, wo die Machtergreifung Adolf Hitlers nicht total rückgängig gemacht wurde«. Wer demnach eingeforderte Assimilation verweigert, als Opfer durch seine Identität die Täter gewissermaßen zum Rückfall ermuntert, »indem er für ›jüdische‹ Österreicher und deutsche eintritt«, zollt mithin »gedankenlos und fahrlässig jenen seinen Tribut, gegen die er Stellung zu nehmen unternimmt« und ist letztlich, wie viele mit Weigel empfinden, selbst schuld daran. Friedrich Torberg erwidert in der darauffolgenden Nummer in recht persönlich gehaltenen Worten (und beendet damit eine langjährige Freundschaft): »Ich wünsche Hans Weigel alles Glück bei seinem Vorhaben, nicht als Jude zu gelten, zweifle aber, ob er damit durchkommen wird. Zumindest bin ich noch niemandem begegnet, der ihn nicht für einen Juden gehalten hätte. Am Ende täte er doch besser, das Unvermeidliche mit Würde zu tragen.« Zuletzt nimmt der Regisseur Leopold Lindtberg, von Egon Hilbert am Burgtheater gegen Werner Krauß ausgetauscht, zu Weigel kritisch Stellung und schreibt: »Wenn es einmal keine sichtbaren Hakenkreuze an den Wänden und Grabsteinen (...) mehr geben wird, soll Dir dieser Ausritt gestattet sein. Dann wird man zum Beispiel die Herausgabe der Memoiren eines Schauspielers, der – mag er auch ein exzeptioneller Schauspieler gewesen sein – als notorischer Antisemit und getreuer Diener des schmachvollsten Regimes aller Zeiten bekannt war, nicht mehr als eine unfaßbare Schmach und Charakterlosigkeit empfinden. So lange wirst Du es allerdings noch mit uns aushalten müssen und – leider auch – wir mit Dir.« Ein Nach- wie Vorspiel nur zum alten Lied. Der virulente Antisemitismus in Österreich wird dann erneut Mitte der sechziger Jahre explosionsartig in Erscheinung treten und den Konsens der Republik ernsthaft in Frage stellen.

Flucht in die Keller

Der Fall Weigel / Kortner / Krauß zeigt auf, daß die Bruchlinien in jenen Jahren des Kalten Krieges selten auf dem Felde der Politik selbst ausgetragen wurden, sondern zumeist mit dem Dolch in kulturellem Gewande. Die Zeitschrift FORVM, im Jänner 1954 begründet, vom amerikanischen »Kongreß für die Freiheit der Kultur« finanziell unterstützt und von Friedrich Torberg bis Anfang der sechziger Jahre hinein redigiert, mag hier, etwa im Zusammenhang mit dem dort propagierten Brecht-Boykott, als Beispiel dienen. In eigentümlicher Personalunion eines Karl Kraus und des US-Senators Joseph R. McCarthy war Kulturkritik und die Politisierung des Ästhetischen in Österreich selten radikaler exekutiert und niemals, so scheint es, österreichische Hochkultur so sehr als ästhetische Legitimationsmacht eingesetzt worden als in den Jahren des sich verschärfenden Ost-West-Konfliktes. Der Streit um Sartres Dramen, Brechts Lehrstücke, Picassos Gemälde und Marc Chagalls verhinderten Eisernen Vorhang für die Staatsoper vereint nicht nur alte und kalte Krieger hinter dem Bollwerk österreichischer Hochkultur, deren musikalisch reproduzierende Abteilung nunmehr von Herbert von Karajan selbstbewußt angeführt wird, dieses kulturelle Milieu bietet auch dem jüngeren Künstler lediglich Teilnahme am gestalterischen Geschehen in der Art des gelehrigen Schülers. Manch literarischer Stammtisch in den Wiener Kaffeehäusern wird zur stilistischen Erziehungsanstalt. Ingeborg Bachmann etwa wird sich dieses Anpassungsdruckes nur durch Flucht ins Ausland entziehen, andere, und gar nicht so wenige, begehen Selbstmord.
Als »erstickende Friedhofsruhe« (Elfriede Gerstl) oder als »bleierne Zeit« – mentale Ausformungen einer widerspruchsfreien Einheitsideologie – wurden die fünfziger Jahre von jenen empfunden und seismographisch registriert, die eben darangingen, kulturellen Anschluß ans Ausland zu finden und so etwas wie eine österreichische Avantgarde zu begründen. Im Oktober 1959 parodierte im HEUTE ein Kritiker H. C. Artmanns frühe Dialektge-

Halbstarker 1957

BRAVO: Versuch einer jugendlichen Gegenkultur

dichte unter dem Titel »Med ana schwoazzn maschn. Von H. W. Unartmann« und urteilte zuvor schon, im Mai 1958, darüber: »Man weigert sich, in der Orthographie des Bandes mehr zu sehen als Spielerei und Geblödel.« Es ist dies der Kulturkritiker Hans Weigel. Er und andere werden dafür sorgen, daß die Avantgarde der fünfziger Jahre so bald ihr Kellerdasein nicht verlassen wird.

Am 16. Dezember 1952 feiert der Wiener Art-Club in seinem Stammlokal Strohkoffer dessen Geburtstag. Das Lokal besteht seit einem Jahr und ist eine Art Künstlerkneipe mit Galerie, Bar und Diskussionsrunden. Wie die Kleinbühnen der Nachkriegszeit hat sich auch der Art-Club in einem Keller etabliert, und zwar im Kärntnerstraßen-Durchgang in der Inneren Stadt. Der Art-Club, das sind nun die Avantgardisten im Gegensatz zu Künstlerhaus, Sezession und Hagenbund; ins Leben gerufen wurde er 1946 von den Malern Gustav Kurt Beck und Albert Paris Gütersloh als Wiener Sektion des internationalen Art-Clubs, der ein Jahr zuvor in Rom gegründet worden war. Lediglich dreißig ausgesuchte Mitglieder zählt der Wiener Art-Club, unter diesen finden sich etwa Alfred Schmeller, Klaus Pack, Kurt Absolon, Wolfgang Hutter und Heinz Leinfellner. Als leuchtendes Idol des Clubs gilt Jean Cocteau, der einmal Ehrengast im Strohkoffer gewesen war. Eine Cocteau-Persiflage, »Trauriger Dialog mit einer Gaslaterne«, wird im Kleinen Theater im Konzerthaus gegeben. Gerhard Bronner, Michael Kehlmann, Carl Merz und Helmut Qualtinger karikieren dort den importierten Existentialismus, heilen die Krankheit der Zeit mit einem Krankenkassenquartett und widmen sich der Jugendproblematik in Form des »Gschupften Ferdls«.

Diese Nachkriegswelt ist aber nach wie vor eine paternalistische, autoritäre und obrigkeitshörige. Trotz Amerikanisierung des Alltags bleibt der Jugend vorerst wenig Raum für die Schaffung eigener Lebenswelten. Am pädagogischen Bild der Wiener Sängerknaben gemessen, mußten Jugendliche, die sich der Sozialisation durch Schule, Kirche und Parteiwesen verweigerten, scheitern und sich als »Halbstarke« und »Draußenbleiber« stigmatisieren lassen, mit deren Unangepaßtheit kein weiterer Krieg zu gewinnen schien. Das Bild vom »Schlurf«, eine Wortschöpfung der NS-Zeit, kommt wieder auf, der »Wilde auf seiner Maschin« und der »Gschupfte Ferdl«, kabarettistischer Widerschein der Jugendidole Marlon Brando und James Dean, werden populär und gegen die Jugendlichen verwendet. Im August 1956 wird die erste gegenkulturelle Jugendzeitschrift BRAVO gegründet und auch hierzulande eifrig konsumiert.
Drückte sich die oppositionelle Haltung der Moped- und Lederjacken-Jugend hier noch in einem unpolitischen Lebensstil aus, setzt ein Jahrzehnt später auf dem Wege zur Globalisierung der Jugendkultur ein generationsbedingter Hinterfragungsprozeß gegen Symbole und Mythen der fünfziger Jahre ein – rauchende Schlote und das Bild vom Hausbau, Konkordanz-Koalition und Massenkonsum. Und so zeichnet sich am Ende der sechziger Jahre eine eigentümliche Gegenbewegung ab: Nicht nur eine durch Vollbeschäftigung der fünfziger Jahren erst ermöglichte bewußte Lebensgestaltung – das geplante Glück der Aufbaujahre – wird nunmehr radikal in Frage gestellt, sondern auch die Kosten der zwanzigjährigen Modernisierung des Landes überhaupt werden erstmals kritisch reflektiert.

Schmutz & Schund

Im Sommer 1951 verlassen 80.000 Jugendliche die Schule, viele von ihnen werden vorerst keine Lehrstelle, keinen Arbeitsplatz finden. Doch die Jugend wird lediglich moralisch »aufgerichtet«, pädagogisch diszipliniert und schließlich per Gesetz kriminalisiert. Mit lehrerhaftem Zeigefinger wird die Verführungsmacht populärkultureller Erzeugnisse aufgezeigt, die Vorstellung von Abenteuer und Erotik mit ihrer Ausführung gleichgesetzt. Der Kampf gegen »Schmutz und Schund« wird nun, am Beginn der Konsumgesellschaft, aufgenommen und hauptsächlich von Kirche, Schule und Österreichischem Buchklub der Jugend getragen. Noch im Dezember 1962 wird der Generalsekretär des letzteren, der Pädagoge Richard Bamberger, über die Comic-lesende Jugend urteilen: »Für viele wäre es besser gewesen, sie wären Analphabeten geblieben, wenn sie mit ihren Kenntnissen nichts anderes anfangen, als diese ärgste Sorte von Schundliteratur zu lesen.« Und fast scheint es, als würde mit all dem eine Übertragung von sich-selbstverbietenden Konsumwünschen der Erwachsenen auf die der Heranwachsenden stattfinden, würden uneingestandene Sehnsüchte der eigenen, gestohlenen Jugend negativ auf die nachfolgende Generation projiziert. So heißt es etwa in der WIENER ILLUSTRIERTEN im Mai 1951: »Schund gibt es an allen Kiosken in reicher Auswahl. Liebe

»Schund gibt es an allen Kiosken in reicher Auswahl.«

und Tod, Revolver und Schwüle sind die besten Lockmittel. Und wenn so ein Bub den Schilling nicht hat – die Versuchung ist groß, sich ihn ›irgendwie‹ zu beschaffen. Und so fängt es an.« Unter dem Bild eines lesenden Jungen stehen die Worte: »Jim, der Trapper begeistert ihn. Wie viele Verfasser solcher Revolverbüchel sind sich aber ihrer Verantwortung bewußt? Geschäft ist alles, und unsere Gesetze gegen Schmutz und Schund sind halbe Maßnahmen geblieben. Die Fortsetzung dieser Lektüre sieht man in Tschin-Bum-Kinos ... Schule des Verbrechens sind viele Filme, ob sie nun den ›perfekten Mord‹ oder den ›Mädchenhandel‹ zum Thema haben. Diskussionen und halbe Maßnahmen können das Übel nicht ausrotten. Sehnsucht nach ›Glück‹, Pelze, glitzerndes Licht, reiche Menschen – zu Hause Sorge ums tägliche Brot. Da wird jedes bißchen Tand zum erstrebenswerten Luxus, für den man allzu leicht sich selbst preiszugeben bereit ist.« Und eine Woche später werden dem erschauernden Leser die unabwendbaren Folgen vorgeführt: »Die jugendliche Platte hat Cowboy-Romane zu Dutzenden verschlungen und will es den bewunderten Helden gleichtun. Einstweilen ist es ein Spiel, schlimmstenfalls ein ausgelassenes Bubenstück. Bei manchen aber wird es bitterer Ernst. Wiederholt wurden von jugendlichen Platten nach Anleitung von Kriminalromanen Verbrechen begangen.«

Verbrechen werden aber nach wie vor hauptsächlich von Erwachsenen bestritten. Im Sommer 1951 nimmt der Buntmetalldiebstahl auffallend zu und macht auch vor Fir-

menreklameschildern nicht halt. »Herostratus des 20. Jahrhunderts« nennt im Juli 1952 der Staatsanwalt den ehemaligen Staatsarchivar Dr. Grill im Prozeß um die Diebstähle im Wiener Staatsarchiv. Laut WIENER ILLUSTRIERTEN hatte Grill den Buntmetalldiebstahl gewissermaßen veredelt, indem er von identitätsstiftenden heimischen Urkunden die Gold- und Silberkapseln entfernt und bei einem Juwelier verkauft hatte. Er wurde zu sieben Jahren Kerker verurteilt, der mitangeklagte akademische Maler Rudolf Hausner erhielt wegen Teilnahme an diesen Diebstählen zwei Jahre Kerker.
Keine Gewalttat hat jedoch die Öffentlichkeit und die Lokalreporter seit Kriegsende derart beschäftigt wie der Mord an dem Wiener Greißler Hans Arthold im November 1952. In den Zeitungen wird die Mordtat zur Moritat über Glück und Ende eines Schiebers umgedichtet, Arthold spielt dabei gleichsam den Part eines tragischen Opfers der Normalisierung. Denn nicht nur die Begleitumstände des Verbrechens waren ungewöhnlich, sondern auch das Leben des Mannes, der sich in der Zeit der rauhen geschäftlichen Sitten, des Schleichhandels und der fieberhaften Konjunkturperiode der ersten Nachkriegsjahre zum wohlhabenden Mann emporgearbeitet hatte. Arthold hatte sich in dieser Zeit auf Schokolade spezialisiert und mit der damaligen Rarität ein Vermögen verdient. Schlangen von Menschen standen stundenlang vor seinem Geschäft, um ein Stück davon für teures Geld zu erwerben. Das Kapital des späten Gründerzeitkaufmannes vermehrte sich von Tag zu Tag. Geschickt investierte er in weitere Läden, doch – und hier setzt die neue Moral der seriös gewordenen Akkumulierungs- und Stabilisierungsjahre an – mit dem geschäftlichen Erfolg stiegen auch die persönlichen Bedürfnisse. Ein amerikanischer Straßenkreuzer samt Chauffeur in passender Uniform wurde angeschafft, Tausende Schillinge in Rennpferden angelegt. Finanzielle Probleme tauchten auf, als sich das Leben zu normalisieren begann. Ein Geschäft nach dem anderen verschlangen die Schulden, was schließlich übrig blieb, waren zwei Läden und ein Lebemann, der den Anschluß an die neuen Zeiten versäumt hatte. Aus dem Großkaufmann A. wurde wieder ein Greißler, und dieser bewegte sich nun zwischen Heurigen und drittrangigen Nachtlokalen, meist in Gesellschaft jüngerer Frauen. Eine davon war Adrienne Eckhardt, die ihn schließlich nach einer Zechtour mit der Fleischmaschine erschlagen sollte – auch sie ein Nachkriegsschicksal, ein Opfer der Normalisierung. Zwischen Sardinendosen und Schokoladetafeln wurde die Leiche in einem der verbliebenen Läden in der Alser Straße, schräg gegenüber dem Landesgericht, aufgefunden. Die Nachbarn gaben der Polizei gegenüber an, man habe ein derartiges Ende Artholds immer schon vorausgesehen.
Der jugendlichen Renitenz und Delinquenz wird jetzt in den Medien immer häufiger das positive Vorbild des siegreichen Sportlers entgegengehalten, der als Idealist für Österreich und dessen Fremdenverkehr antritt und vorerst lediglich mit metallenen Pokalen belohnt wird. Den Auftakt zur Skisaison 1952 bildete der internationale Zugspitzen-Torlauf. Olympiasieger Othmar Schneider und

Hahnen-kamm-Rennen

IN KITZBÜHEL

Der heimische Sportler tritt für den Fremdenverkehr an.

Rikki Mahringer vergeben zwar durch Stürze ihre Aussichten auf den Sieg, »doch«, so trösten die Zeitungen, »bleiben uns mit dem jungen Kitzbühler Toni Sailer und seiner Schwester Rosi zwei Eisen im Feuer«. Toni Sailer gewinnt schließlich den Torlauf, und seine Schwester belegt einen 2. Platz. Wenig später holt sich Anderl Molterer, der junge Kitzbühler Nachwuchsläufer, mit einem dreifachen Sieg in Abfahrt, Torlauf und Kombination »einen noch nie dagewesenen Einzelerfolg« beim Lauberhornrennen in Wengen. Molterer, »Kind vom Dorfe«, wird auch Gesamtsieger beim Kitzbühler Hahnenkammrennen im Jänner 1953. Während des Rennens blieben übrigens damals die Geschäfte im Ort in der Zeit von 10 bis 14 Uhr geschlossen.

Bollwerk gegen Buschklepper

Jazzkapellen und Negertänze, Broadway- und Musical-Melodien, Trompeten- und Saxophontöne erklingen seit Jahren im Windschatten der amerikanischen Besatzungsmacht und ihres Senders Rot-Weiß-Rot. Jahrelang als »Unkultur« von Ewiggestrigen abgestempelt, setzen Jazz und Musical ihren Siegeszug in Europa fort, vor allem, nachdem die heimische, selbstpostulierte ländliche »Volkskultur« mit ihren Sternsingern und Glöcklern, Eisschützen und Trommelweibern, Holzknechten und Sennerinnen als kulturelles Bollwerk des Abendlandes die Jugend nicht mehr so recht zu begeistern vermochte. Zwar schreiben die SALZBURGER NACHRICHTEN im Juli 1952: »Wenn die amerikanische Armee auf Negertruppen nicht verzichten und diese Negertruppe sich wiederum ihre Kongo-Mentalität nicht abgewöhnen kann, so möge man die uniformierten Buschklepper überall zwischen den beiden Polen, nur nicht im alten Europa auslassen«, doch sind dies konservativ-hochkulturelle Rückzugsgefechte gegenüber einer neuen dynamischen US-Jugendkultur. Der Jazzmusik haften die Attribute Primitivität, Rhythmus und Spiritualismus an, und die Jugend ist davon begeistert. Das Pasuko-Ballett gastiert im Sommer 1951 in Wien, »faszinierende Interpreten jener Dschungelrhythmen, aus denen sich allmählich der Jazz entwickelt hat«, wie einzelne Blätter vermerken. Dr. Hall Johnsons Negerchor tritt im Oktober mit großem Erfolg im Wiener Brahms-Saal auf, um sich anschließend beim Heurigen gemeinsam mit US-Hochkom-

US-Kultur im Windschatten der Besatzungsmacht

missär Donnelly zu amüsieren. Ein Boogie-Woogie-Tanzwettbewerb findet im Jänner 1953 im Wiener Konzerthaus statt. »Was drei Kapellen abwechselnd trommelten, wurde auf dem Parkett mit tierischem Ernst in groteske Bewegung umgesetzt«, schildert amüsiert die WIENER ILLUSTRIERTE und schließt: »Wer behauptet, Wien habe keinen Montmartre, der war nicht im Wiener Konzerthaus. Nicht einmal die Apachenkleider und die Rauferei

US-Jazz und Bigband-Sound für die Nachkriegsjugend

fehlten.« Doch hauptsächlich sind es die Discjockeys vom Sender Rot-Weiß-Rot, die ständig Big-Band-Sound und Jazzmusik propagieren. Schließlich hält ab 1954 der »Wurlitzer«-Musikautomat Einzug in die niedere Gastronomie, der dann recht lautstark amerikanischen Boogie-Woogie und Rock'n'Roll verbreiten wird.
Gegen derartigen Kulturimport gilt es jetzt eine breite Exportoffensive zu starten. Mozart wird nun nicht nur in Salzburg und Wien, sondern vor allem im Ausland zur Visitenkarte österreichischer Repräsentationskultur. Die Wiener Philharmoniker, »Österreichs bester musikalischer Botschafter«, treten, gefördert vom Bundeskanzleramt, ihre erste Amerikareise an, Symphoniker und Sängerknaben folgen. Während die Philharmoniker auf US-Druck hin einige ihrer politisch allzu belasteten Orchestermitglieder auswechseln mußten, Karl Böhm hingegen trotz seiner

Österreichs Export-Offensive – das Hochkultur-Imperium schlägt zurück

Karriere im Dritten Reich ungehindert die junge Republik im Ausland repräsentieren durfte, wurde dem Dirigenten Josef Krips nach seinen Gastspielen in Moskau und Leningrad die Einreise in die USA verweigert. Der junge und bereits berühmte Pianist Friedrich Gulda wieder war im Oktober 1950 auf Ellis Island interniert worden, da er seinerzeit als Zehnjähriger dem NS-Jungvolk angehört hatte, und konnte erst nach Intervention der Bundesregierung das Land betreten. Die Singfamilie Trapp wirbt unterdessen ungebrochen in den Vereinigten Staaten mit ihrer Salzburger Tracht für Österreich, so wie es ihr Familienoberhaupt einst in der Heimat für den Ständestaat und die verflossene Monarchie getan hatte. In Salzburg wird die Familie von Erzbischof Andreas Rohracher und Landeshauptmann Josef Klaus feierlich empfangen. Ein Illustrierten-Fortsetzungsroman wird ihr Exilschicksal bald breiteren Kreisen zugänglich machen, ehe sich Hollywood der Trapp-Familie annimmt. In dieser Zeit kehrt auch der 1938 emigrierte Operettenkomponist Robert Stolz aus dem amerikanischen Exil zurück; er wird vom Wiener Bürgermeister mit den Worten: »Wir freuen uns, daß Sie wieder hier sind« empfangen und zum Ehrenbürger und Honorarprofessor ernannt. Allzu viele waren freilich nicht mehr zurückgekommen, gerne wurde auf die Einbeziehung der Emigranten in das kulturelle, universitäre und alltägliche Leben des Landes verzichtet. Sie verblieben zumeist im Exil, da ihnen, wie es der 1955 in der Schweiz verstorbene Wiener Schriftsteller Alfred Polgar ausdrückte, die Fremde nicht Heimat, aber die Heimat Fremde geworden war.

»Verlust der Mitte«

Und altes Leben blüht aus den Ruinen. Im Sommer 1950 verkauft ein rheinischer Kunsthändler eine biedere, naturgetreue Wiedergabe des Münchner Hofbräuhauses um 20.000 Dollar, der Name des teuren Künstlers: Adolf Hitler. Im August verteidigt Viktor Reimann in der NEUEN FRONT den Großbildhauer des Großdeutschen Reiches Josef Thorak gegen den Emigranten Fritz Wotruba. Für Reimann, Gründungsmitglied des VdU, waren die Werke

Wasser auf die Mühlen

jener, die sich zu den Gegnern der modernen Kunst zählen, dürften diese Fotos sein, die uns eben aus München auf den Redaktionsschreibtisch flatterten. In Bayerns Hauptstadt wird zurzeit eine große Picasso-Ausstellung gezeigt. Unser Reporter sah diese Szenen und glaubte, für besagte Gegner „etwas tun" zu müssen. Sie, die Gegner, behaupten bekanntlich, man wüßte bei den surrealistischen Werken nie, aus welcher Perspektive und von welchem Standpunkt aus man sie betrachten solle. Auf dem Foto links versucht der gute Mann den tieferen Sinn des Bildes bäuchlings zu ergründen, er soll, so behauptet unser Gewährsmann, in dieser Position nicht verharrt sein, sondern diese, wie bei einer Rollkur, einigemale gewechselt haben. Das Fräulein im rechten Foto hat es auf ihre Weise versucht. Ob mit mehr Erfolg, blieb ungeklärt.

Wotrubas und anderer avantgardistischer Moderner Ausdruck einer naturungebundenen, kranken Zeit, »Trümmerkunst« und schließlich »Schmutz und Schund«-Produkte, gegen die der Staat einzuschreiten habe. (Gert Kerschbaumer) Im Sommer des darauffolgenden Jahres erhält US-Präsident Harry S. Truman in Würdigung seiner Verdienste um die Salzburger Festspiele die höchste Auszeichnung der Mozartstadt. »Auch bei einem Präsidenten«, heißt es dazu in der WIENER ILLUSTRIERTEN, »macht der Ton die Musik. Harry Truman, der erste Bürger der Vereinigten Staaten, bewies kürzlich vor einem kleinen Auditorium, daß er immer noch den richtigen Ton findet. Dabei sind schon 60 Jahre vergangen, seit er jene Mozart-Melodie erlernt hat, die er nun auf einem Klavier zum besten gab, dessen Bestandteile aus den verschiedensten UN-Ländern stammen. Gelernt ist eben gelernt!« Woraufhin die Tiroler Landesregierung nicht abseits stehen möchte und beschließt, als »sichtbares Zeichen des Dankes für die ihrem Lande gewährte Marshallplan-Hilfe« dem Präsidenten einen »im Inneren Pitztal handgewebten Teppich« zu schicken. Eine Karikatur in einer Wiener Illustrierten Anfang 1951: Der Kunde betritt eine Globushandlung und fragt: »Ham Sie keinen ohne Rußland?« Humor anno '51. Im Mai bringt der STERN die folgende Bildunterschrift: »›Massaker in Korea‹ nennt Picasso sein neuestes Bild, das auf einer Pariser Kunstausstellung viel bewundert, viel belächelt und viel beschimpft wurde. Keiner aber konnte sagen, warum sich die westalliierten Damen nackt in die östliche Hemisphäre begeben haben, und warum die UN-Roboter durch Gebrauch mittelalterlicher Waffen den Krieg um den Breitengrad in die Länge ziehen wollen.« Foto wie Bildtext, der dem Werk nicht unbedingt adäquat ist, wurden von der einflußreichen US-Nachrichtenagentur UPI verbreitet und in zahlreichen österreichischen Zeitungen und Zeitschriften nachgedruckt. Im Zuge der beginnenden Westintegration wird der engagierten Moderne der Kalte Krieg erklärt.

Das Motto der ersten Wiener Festwochen nach dem Kriege, eröffnet am 26. Mai 1951, lautete »Unsterbliches Wien«, und in einer Presseerklärung wird formuliert, daß »das Erbe der Vergangenheit« und die »neuerworbenen Güter« gehütet und beschützt gehörten, um »darauf weiterzubauen«, gelte es doch der Welt zu zeigen, daß die »Hauptstadt der Musik« ihre Bestimmung wiedergefunden habe. Während der Festwochen war im Künstlerhaus auch eine Statue zu sehen, deren Höhe, wie die WIENER ILLUSTRIERTE veranschlagte, »nicht weniger als 3,20 Meter beträgt«. »Bildhauer Pieler gab seiner Plastik den Titel ›Der Krieg‹. Was alles der Künstler versinnbildlichen wollte, wird dem Beschauer nicht sogleich klar, aber es gehört ja zum Wesen der modernen Kunst, daß ihre Schöpfungen nicht von jedermann gedeutet werden können.« Ähnlich treffend heißt es dort wenige Wochen später unter der ironisch gemeinten gereimten Überschrift »Oben Henkel, unten Schenkel«: »Surrealistische Plastiken führen den Beschauer zu der Erkenntnis, daß während der Erschaffung der Welt und ihrer Lebewesen Fehler verübt wurden. Einer dieser Fehler ist zweifellos die Starrheit der Formen der Lebewesen (...). Erst im 20. Jahrhundert gelang es Bildhauern und Malern, sich von allen Fesseln der Tradition zu lösen und die Natur zu korrigieren ...« Akzeptanz und Erfolg des Künstlers beruhen nunmehr neben tiefer Heimatbezogenheit und hoher Wiedergabequalität auf der Ausgrenzung politischer, sozialer und kriegerischer Themen sowie dem Vergessen der jüngsten Vergangenheit (Gert Kerschbaumer).

Im November 1952 hält der seit seinem Weimar-Besuch bei Kalten-Kriegs- und Inneren-Emigrations-Literaten nicht unumstrittene Thomas Mann in Wien einen seiner kulturkritischen Vorträge. Ihm zu Ehren veranstaltet die österreichische Sektion des PEN-Clubs im Palais Pallavicini einen Empfang, auf dem in seiner Begrüßungsansprache der einstige Flüchtling Franz Theodor Csokor beschwört, »daß man den Hader von rechts und links vergessen möge«. Einem, dem seine eigene Vergangenheit ebenfalls rasch in Vergessenheit geraten war, wird jetzt breiter Raum gegeben: dem Kunsthistoriker Hans Sedlmayr. Sein 1948 erschienenes Werk »Verlust der Mitte« schafft mühelos die Synthese zwischen belasteter Kunst und Kaltem Krieg und weist der Moderne als »Antikunst« ihren bekannten Stellenwert als randständig und entartet zu. Diese Meinung wurde auch von den verantwortlichen staatlichen Stellen, vor allem in deren Ausstellungspolitik, geteilt, wodurch es zu einer Abspaltung der Sezession und des Art-Clubs von der Dachorganisation für bildende Künstler kam. Zwar wurden die Modernen mitunter im Ausland auf Grund ihrer dortigen günstigen Aufnahme von der Kulturbürokratie ausgestellt, doch blieben sie von Großprojekten hierzulande hartnäckig ausgeschlossen. Als Beispiel dafür kann die künstlerische Gestaltung des Wiener Westbahnhofes genannt werden. »Einer der modernsten Bahnhöfe Europas wächst vor den Augen der Wiener buchstäblich aus dem mit Millionen gedüngtem Boden«, heißt es in einer Zeitungsmeldung vom 25. August 1951. Im Oktober wird der Kreis der Bewerber enger gezogen: Das Preisausschreiben, das über die Ausgestaltung der 20 mal 40 Meter großen Hallenwände entscheiden soll, läßt den Künstlern knappe 6 Wochen Frist zur Einreichung. Die Aufnahme der eingereichten Entwürfe durch

NEUBAU WIEN - WESTBAHNHOF
BAUHERR
PLANVERFASSUNG
DIPL.ING ROBERT HARTINGER u. DIPL.ING SEPP WÖHNHART
BAUGES. H. RELLA & CO.
BAUGES. GEBRÜDER SCHLARBAUM
UNIVERSALE HOCH- u. TIEFBAU A.G.
BAUGESELLSCHAFT HOFMAN u. MACULAN
TISCHLERARBEITEN
ING. H. NIKOLAUS u. K. HÖSEL
PATENTSCHIEBEFENSTER
WIEN XIX CUMBERLANDSTR. 49
TISCHLERARBEITEN
FRANZ SCHROM
PATENTSCHWENKFENSTER
WIEN XIX. HUTWEIDENGASSE 17
NEON
LEUCHTBAU
B 22-4-40

die Öffentlichkeit ist dann auch dementsprechend kühl. Die Jury entscheidet sich schließlich für die Entwürfe des bereits vor 1945 besonders geförderten Malers Rudolf Eisenmenger. Fachleute bemängeln zwar das Allzu-Konventionelle der allegorischen Gestalten in einem der modernsten Bahnhöfe Europas, doch »Eisenmenger ist in den letzten Jahren ein Maler des Monumentalen geworden«, urteilt die WIENER ILLUSTRIERTE ohne Hintersinn. »So ist es durchaus verständlich, daß die Jury, der die Prüfung der Entwürfe für die Ausschmückung des neuen Wiener Westbahnhofes oblag, Eisenmengers Entwürfen den ersten Preis verliehen hat, wenn auch dieses Urteil vereinzelt geteilte Aufnahme fand. Insbesondere wurde Eisenmenger der Vorwurf des ›Klassizismus‹ gemacht. Der Künstler ist gerne bereit, diesen Vorwurf hinzunehmen, soferne man unter Klassizismus Ordnung und Klarheit und vor allem Wirkung auf weite Zeiträume versteht. Der Grundgedanke, der Eisenmenger bei seiner Arbeit beseelte, war der des Zeitablaufes: im Weg der Gestirne und im Daseinsweg des Menschen auf der Erde, Gedanken, die uns seit Jahrtausenden begleiten und noch Jahrtausende begleiten werden.« Derartige Bilder vom Eingebettetsein in schicksalhafte Lebenszyklen samt ewiger Gestirne, überzeitlicher Archetypen und Ornamenten einer vormodernen Welt – »Transfiguration der Realität in die mythische Traumwelt des Immergleichen« (Alfred Pfoser) – vermitteln nicht nur in ihrem Allegorieanspruch den entrückten Zauber des Ganzen von All und Äonen unter verständlicher Vernachlässigung des kleinlichen Hier und Heute, sie ermöglichen vor allem einen Blick auf ungebrochene ästhetische Kontinuität künstlerischer Motive vom Ständestaat über den Nationalsozialismus bis hin zur Zweiten Republik. Auf Plakaten, Briefmarken, Münzen, Gedenksteinen, mit Sgraffiti, Titelblättern und Kunst am Bau wird nunmehr mit gekünstelten Gesten von gestern als Auftrag an Gegenwart und Zukunft die Vorstellung einer alten, gleichsam gottgewollten Ordnung verbreitet: Sämann, Zimmermann, Arbeitsmann, Sensen und Sicheln, Goldhauben und Gotik, Berge, Hämmer, Flüsse und Dome werden zum Zweck gesellschaftlicher Harmonisierung, als Schulterschluß von Stadt und Land, für eine neuartige Österreich-Identität herangezogen.

Aber war dies alles so neu, oder knüpfte man bewußt nur dort an, »wo uns die Träume eines Irren unterbrochen ha-

Graphische Gesten von gestern

ben«, nämlich inmitten der Kulturpolitik des Ständestaates mit ihren kulturellen und historischen Kontinuitätsannahmen, Ausgrenzungsstrategien und Gemeinschaftsideologien? Die staatliche Selbstinszenierung der vierziger und fünfziger Jahre wiederholt hier – unter Einfügung einiger moderner Leitungsmasten und Landmaschinen ins Bühnenbild – lediglich die damalige Dramaturgie, vielfach mit identer Besetzung; sie propagiert in historischen Kostümen und ländlichen Trachten illustre Populärmythen eines ewigen oder doch fast tausendjährigen Österreichs mit seiner Ostmarkmission und übernationalen Mitteleuropakonzeption, mit seinen Kreuzzügen und Türkenkriegen, seinen Babenbergern und Habsburgern. Noch einmal bilden Requisiten des ehrsamen Handwerks und gottergebenen Bauerntums den physiokratischen Rahmen, treten, als Protagonisten der vorindustriellen Welt, die einst von Anton Wildgans in seiner »Rede über Österreich« apostrophierten »Tänzer und Geiger« auf. Im Mittelpunkt dieses Treibens stehen die universellen Fähigkeiten des österreichischen Menschen, die Glorifizierung der großen Tradition und geschichtlichen Sendung, umrahmt von touristisch verwertbaren alpenländisch-brauchtümlichen Gemeinschaftstänzen und städtischen Festspielreigen. Das didaktische Spiel nach Art des Hofmannsthalschen Großen Salzburger Welttheaters soll erneut dem Betrachter vermitteln, daß oben und unten, reich und arm sozialpartnerschaftlich und unumstößlich in überzeitlicher Ordnung eingebettet sind (Alfred Pfoser / Gerhard Renner). Dem Staatsvolk wird zudem gedeutet, wie es sich kulturell zu verhalten habe, um der staatlichen Regie zu gefallen. Die seltsame Überzeitlichkeit wie Ungleichzeitigkeit derartiger ästhetischer Inszenierungen ergibt jedoch durchaus seinen Sinn: Wie anders als mit ahistorischer Mythologie und überzeitlicher Ornamentik sollten Heldengedenkfeiern und die jetzt reihenweise entstehenden Kriegerdenkmäler gestaltet werden?

Tage der Besinnung

Im September 1952 wird der Österreichische Katholikentag unter dem Motto »Freiheit und Würde des Menschen« begangen. Ein feierlicher Zug der hohen Geistlichkeit und Würdenträger begibt sich von der Oper durch die Stadt zum Stephansdom. Der päpstliche Legat, begleitet vom Wiener Kardinal Theodor Innitzer und flankiert von einem Offizier der päpstlichen Garde, wird, wie die Zeitungen berichten, »nach seinem Siegeszug durch Österreich in Wien jubelnd empfangen. Tausende Menschen standen Spalier, als dann der Abgesandte des Papstes seinen Weg vom Bahnhof zum Stephansplatz nahm.« Auf den päpstlichen Legaten folgen die Malteserritter, unter ihnen Markgraf Alfons Pallavicini, Cavaliere Riccardo Schmidt, Fürstgroßprior Carl Ludwigstorff sowie Bailli Alphons Vesque-Püttlingen. Die Eröffnungsfeier im Musikvereinssaal vereinigt anschließend die hohe Geistlichkeit, die Spitzen der Regierung und eine ausgesuchte Zahl von Gläubigen. Die Begrüßungsansprache hält Professor Dr. Rudolf Henz, Präsident der Katholischen Aktion und Programmdirektor des Österreichischen Rundfunks. Mit einem großen Fackelzug auf dem Leopoldsberg wird vor der restaurierten Front der alten Kirche die Abendmesse zelebriert, die

Österreichischer Katholikentag für »Freiheit und Würde des Menschen«

»der Befreiung Wiens vor dem Ansturm aus dem Osten vor einem Vierteljahrhundert« gilt. Beim großen Festgottesdienst auf dem Heldenplatz werden am nächsten Tag 150.000 Teilnehmer gezählt. Wenige Stunden später erfolgt die Schlußkundgebung, nach Verlesung einer Resolution durch Professor Rudolf Henz lauschen die Teilnehmer der Botschaft Papst Pius' XII., die im Rundfunk übertragen wird. »Der Österreichische Katholikentag«, verlautet darin der Papst, »ist die erste große Zusammenkunft der österreichischen Katholiken seit dem Jahre 1933. Die dazwischen liegenden Jahre gleichen einer apokalyptischen Zeit. Die österreichischen Katholiken haben diese Jahre mit Vertrauen durchgestanden. Die großen Feierlichkeiten sollen sie neuerlich in ihrer Haltung bestärken.«

Im September 1933, anläßlich des Allgemeinen deutschen Katholikentages, wie er damals hieß, hatte Engelbert Dollfuß den Ständestaat proklamiert und dabei das antimoderne, scheinegalitäre Bild vom Bauernhaus bemüht, »wo der Bauer mit seinen Knechten nach gemeinsamer Arbeit abends am gleichen Tische, aus der gleichen Schüssel seine Suppe ißt«. Der künftige Führer des Austrofaschismus pries das Mittelalter als »jene Zeit, in der der Arbeiter gegen seinen Herrn nicht aufstand und organisiert war«. Der Katholikentag diente ihm dabei nicht nur zur Rückbesinnung auf die Abwehr der Türken vor den Toren Wiens vor 250 Jahren, wobei sich der Feind aus dem Osten und dessen Widersacher Graf Starhemberg mühelos in die damalige Gegenwart transponieren ließen, vielmehr ermöglichte ihm der Katholikentag die religiös-konfessionelle Legitimierung für die Errichtung der ständischen Diktatur in Österreich. Kardinal Innitzer, der im Frühjahr 1938 sein freudiges Ja für den Anschluß abgeben sollte, zelebrierte damals die Festmesse. Festgestaltung wie Rundfunkübertragung lagen schon damals in den Händen des nachmaligen austrofaschistischen Bundeskulturrates Rudolf Henz, dessen Festpiel »Sankt Michael führe uns!« während des Deutschen Katholikentages uraufgeführt wurde. Der armierte Heilige in seiner Rüstung rettet in diesem Spiel Bauern, Arbeiter, Akademiker und Kleriker, indem er die rebellische Meute in die Flucht schlägt. Und wer die Symbolik der neuen Zeit, die dann jene apokalyptischen Jahre einleiten sollte, noch immer nicht recht verstand, der konnte miterleben, wie im Weihespiel von Henz die »Internationale« im musikalischen Duell mit der sakralen Weise »Heiliges Kreuz, sei hoch verehret« jäh erstirbt. (Alfred Pfoser/Gerhard Renner)

Ebensolchen Gedanken über die ewige Wiederkehr des immer Gleichen gibt sich Anfang 1951 auch der volkskundliche Radio-Veteran Andreas Reischek hin: »Dem Weltbild des Urzeitmenschen entsprangen die jahreszeitlichen Bräuche unserer Gebirgsbauern, von denen da und dort noch einige in fast zeitloser Dämonie und Schönheit erhalten geblieben sind«, schreibt er zu Fotos von Lothar Rübelt in der WIENER ILLUSTRIERTEN. Reischek, vormals bei RAVAG und Reichssender Wien führend, nunmehr beim US-Sender Rot-Weiß-Rot leitend tätig, formuliert weiter: »Es ist sehr erfreulich, daß nach dem Kriegsende einige der schönsten dieser Maskenbräuche des österreichischen Alpenlandes (gemeint sind die Perchtenläufe am Vorabend des Dreikönigtages) in ihrem vollen alten Prunk und ihrer Phantastik wieder aufleben. Das meiste an Brauch, Volkslied und Volkskunst ist ohnedies unwiederbringlich dem Zeitalter der Technik und der fortschreitenden Mechanisierung zum Opfer gefallen – nur dort, wo die Natur noch stärker ist als der menschliche Erfindergeist, dort, in den Hochgebirgstälern und Schluchten, mögen die ›fröhlichen Gespenster‹ des Volksganzen weiter leben – nicht allzu beeinflußt und entgöttert durch die Neugierde des Städters.«

Diese Gespenster des Volksganzen waren mit dem Jahre 1945 größtenteils entgöttert oder in die harmonisierenden Aufbaubilder einer gesamtgesellschaftlichen Kooperation transformiert worden, doch der Widerspruch zwischen Natur und Technik, Kultur und Zivilisation, Stadt und Land – weiland national-romantischer Topos des Oswald-Spengler-Leserkreises – wird sich bald nur noch in Ausnahmen in wenigen Talschaften finden – die Moderne tritt nunmehr in Gestalt des amerikanischen Vorbildes trotz heftiger Abwehrkämpfe vor allem auf dem Gebiet der Kultur ihren alles verändernden Siegeszug an. Damit verlieren auch die bisherigen kulturellen Symbole und Zeichen, Mythen und Allegorien der frühen Aufbaujahre, konfrontiert mit modernen, konsumorientierten und pluralistischen Leitbildern, langsam ihren Sinn. »Wenn Strauß«, so las man im Sommer 1951 anläßlich einer Produktschau der Österreichischen Gewerbeausstellung, »dann Johann und wenn Beiwagen – dann ›Rekord‹, das Spitzenerzeugnis des österreichischen Handwerks.«

Im Jänner 1952 erhält der einstige Heimwehrführer Ernst Rüdiger Starhemberg auf Grund einer Entscheidung des Verwaltungsgerichtshofes nach dem ersten Rückgabegesetz die Herrschaft Wildberg und andere zweiundachtzig Besitztümer im Werte von einer Milliarde Schilling zurückerstattet. Ernst Ocwirk, der Mittelläufer des Nationalteams, eröffnet im September eine neue Tankstelle. Ihm verzeiht man sogar die erhöhten Benzinpreise, gegen die im Oktober Tausende Motorradfahrer auf der Wiener Ringstraße demonstrieren, und ihm kreidet man auch die 2:4-Niederlage gegen Jugoslawien nicht allzusehr an, trägt doch die Schuld daran, nach übereinstimmenden Zeitungsmeldungen, hauptsächlich der englische Schiedsrich-

Wien hat seine schönste Wienerin

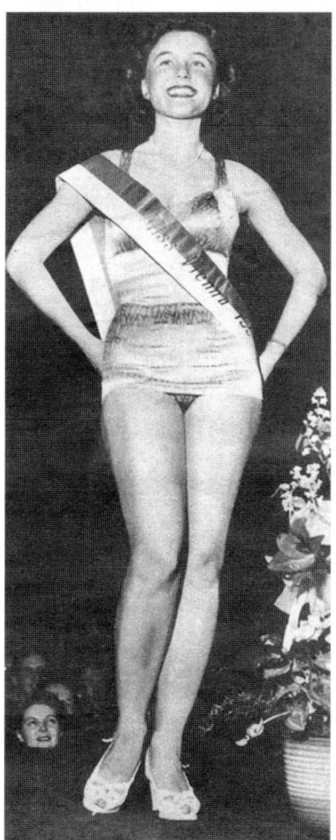

ter Evans. An den Hochschulen beginnt ein Inskriptionsstreik gegen die sprunghafte Erhöhung der Studiengebühren, der im Oktober siegreich beendet wird. »Wer wird die Schönste im ganzen Land?« fragt das Österreichische Verkehrsbureau und lädt ein zur Wahl der »Miss Austria 1953«, und die »schönste Wienerin« des Jahres 1950 heiratet in der Karlskirche den Kärntner Spanplatten-Unternehmer Adolf Funder. Auf der Herbstmesse werden Philips-Kofferplattenspieler um 860 Schilling sowie eine Magnetophon-Musikanlage (»der König der Musikschränke mit eingebautem Magnetophon«) um preiswerte 12.000 Schilling angeboten; Hornyphon wiederum zeigt einen »Luxus-Konzertschrank«, ein »Meisterstück der Radiotechnik mit Großsuper, Kurzwellenlupe und Schallbox« samt Zehnfach-Plattenwechsler im Wert von 6.300 Schilling. 450 Kilo schwere Blumenvasen werden zur Verschönerung des Wiener Stadtbildes entlang der Ringstraße aufgestellt, und ausgestellt werden zu Weihnachten in der Wiener Börse der Regina-Handstrickapparat und das Aluminium-Patentgeschirr der Marke »Problem«, ein Dampfkochtopf, der seinem Namen alle Ehre macht, kocht er doch nicht nur das Rindfleisch bei richtigem Gebrauch in 40 Minuten gar, sondern ziert sein Inhalt bei unrichtigem vielerorten die Küchendecke. Der Bergland-Verlag bewirbt »wertvolle Geschenke für Weihnachten«, so auch die Grillparzer-Biographie des nach 1945 außer Dienst gestellten Wiener Germanisten Josef Nadler. Der neue Illustrierten-Fortsetzungsroman heißt »Vergiß – wenn du kannst« von John Ervin, und die Filmversion von Margaret Mitchells Roman »Gone with the Wind« wird nun, nach 15 Jahren, unter dem Titel »Vom Winde verweht« auch in österreichischen Kinos zu sehen sein.

Freispruch für Österreich

Windverwehte Vergessenheit zeichnet auch jenen Film aus, der gleichsam als Höhepunkt einer »geradezu abstrus inszenierten heimischen Selbstexkulpierung« (Susanne E. Rieser) filmische Vergangenheitsbewältigung im Auftrag der Bundesregierung darstellen sollte. Nichts Geringeres als die »ganze und reine Wahrheit« über Österreichs Geschichte und dessen stetige Rolle als Opfer wird in knappen 105 Filmminuten geboten. Kein Wunder also, daß das Publikum »noch nie an der Entstehungsgeschichte und an den Dreharbeiten eines Films so regen Anteil genommen hat wie an der Filmkomödie ›1. April 2000‹«, die »als Österreich-Film in alle Welt hinausgehen« soll. »Noch nie war das Für und Wider bei einem Film so scharf ausgesprochen worden wie hier«, stand in der WIENER ILLUSTRIERTEN im November 1952 zu lesen, doch im Grunde überwog bei weitem dessen positive Aufnahme. Dafür gab es gute Gründe. »In der Art einer scharf pointierten Parodie«, heißt es in der Zeitschrift weiter, »werden einige Epochen aus der österreichischen Geschichte aufgeblendet, womit der Welt und hier im spezifischen Fall einer Untersuchungskommission bewiesen werden soll, daß Österreich während seiner Geschichte nie als Aggressor aufgetreten ist, sondern daß in diesem Land stets

die Liebe zum Frieden, das Interesse für die Kunst und die Menschlichkeit regiert haben.« Getreu der österreichischen Mentalität zog man, »wie alle anderen auch«, zwar recht widerwillig im Troß der Kreuzzüge mit, wo »Frankreich, England, ganz Europa unterwegs war, um den Weg zum Heiligen Grab freizumachen«, doch, so vermittelt es der Film, wenn's d'rauf ankommt, tritt der Österreicher hin vor jeden, läßt die andern reden und rettet kurzentschlossen Europa, die »letzte Festung des christlichen Abendlandes«. Prinz Eugen, als Zeitzeuge einvernommen, muß freilich bekennen, »daß er gerne mit seinen Truppen bis in die Türkei gezogen wäre, aber sein Kaiser holte ihn zurück, als der Feind aus dem Land vertrieben war. Und aus dem Feldherrn Prinz Eugen wurde ein Schöngeist.« Oder Karl V., auch so ein Österreicher vom alten Schlag, der sich zwar gerühmt hatte, »daß in seinem Reich die Sonne nicht untergehe«, doch wollte er nicht als Imperator die Welt beherrschen, sondern schlicht »die Herrschaft Gottes auf Erden errichten. Sein Wahlspruch lautete ›Plus ultra‹. Als er vor der Gewalt resignieren mußte, dankte er ab.« Oder das unvermeidliche Wiener Mädl: »resch und fesch« begleitet und kommentiert es viele Szenen der Filmhandlung. Waltraud Haas spielt da eines dieser fröhlichen Geschöpfe, »wie sie Österreich und sein ewiges Wien seit eh und je geboren hat«. Paul Hörbiger gibt den Lieben Augustin. Jene populäre Figur aus einer Zeit, »da die Pest und der Krieg Wien bedrohten, ist unsterblich geworden, weil er stets mit einem Lied, mit Lachen und Humor die Not bezwang.« Lueger und Kaiser Franz Joseph »und alles, was in Österreich Rang und Namen hatte, läßt der Film Revue passieren.« Die Präsidentin der Weltschutzkommission führt nun eine Untersuchung gegen Österreich und dessen vermeintliche Aggressionshandlungen in der Geschichte durch. »Aber auch sie, die bisher wegen ihrer eisernen Strenge bekannt und gefürchtet war, wird hier in Wien von der Art der Menschen überzeugt und selbst gewandelt. In den Prunkräumen von Schönbrunn hat sie ihr Quartier aufgeschlagen, dort wo einst Maria Theresia ihre sechzehn Kinder gebar.« Hilde Krahl ist die Darstellerin dieser Hauptfigur des Films. Ihr zur Seite steht der soeben gewählte Präsident Österreichs, eine schlanke, diplomatische Erscheinung, gespielt von Josef Meinrad, dessen Verteidigung der Österreicher als reservierte Mitmarschierer in den Kriegen der anderen in dem extemporierenden Ausruf gipfelt: »Überhaupt kommt mir dieses Tribunal vor wie eine Fabel von Reineke Fuchs, wo der Löwe über dem Hasen zu Gericht sitzt.« Und überhaupt meint der Bundespräsident des besetzten Landes, der hier wieder einmal Mut zur historischen Auslassung beweist: »Was verlangen wir denn anderes als Gleichberechtigung? Gleiches Recht für alle. Warum fahren die Vier im Jeep nur bei uns in Wien? Entweder auch in London Vier im Jeep, in Paris, in Moskau und in Washington ... oder nirgends auf der Welt, auch nicht bei uns.« Doch die Vier im Jeep, die bis zum Jahre 2000, so zeigt es der Film, die Stadt kontrollieren, tragen zwar noch die Uniform der Alliierten, sind aber selbst schon in der langen Zeit zu echten Wienern geworden. »Und der alte Sinnspruch erhält durch sie neue Gültigkeit: In der Stadt an der Donau wird selbst der Mohr zum Wiener.« Auch dies bestärkt die Präsidentin der Weltschutzkommission schließlich von der othellohaften Unschuld der Österreicher; kurzentschlossen heiratet sie den schlanken, diplomatischen Präsidenten, wäscht ihre Hände in Unschuld und das Land weiß. Allerdings erst am 1. April 2000. »Du glückliches Österreich heirate«, dieser Wahlspruch wird schließlich im Film als Beweismittel angeführt, daß »Österreich lieber die anderen Kriege führen ließ, selbst aber den Frieden liebte«.

Bedeutende Schauspieler der Wiener Bühnen wie Elisabeth Stemberger, Curd Jürgens und Helmut Qualtinger wurden oft nur für Episoden herangezogen. »Ihr Spiel, die Echtheit der Masken und Kostüme, der Requisiten und historischen Räume, sie alle spielen mit, um das Gesamtbild Österreichs wiederzugeben.« Aus Requisiten wurde Realität hergeleitet, aus zurechtgebogener Geschichte Kontinuität und Identität. Von Kaprun bis Kapuzinergruft wurde an Räumen aufgeboten, was gut und teuer war, aufgefüllt mit historischen Kostümen und barocker Landschaft und umrahmt von Heimat- und Heurigen-, Operetten- und Philharmonikermusik. Der Film, der sich ja an die ganze Welt wandte, verknüpfte geschickt Wiederaufbauleistung und Restauration mit Fremdenverkehrswerbung und sollte nicht nur Österreichs jüngste Vergangenheit vergessen machen, sondern beim Besucher auch den Eindruck hinterlassen, das Land sei schon wieder, was es einst gewesen war. So wollte, so sollte das Land gesehen werden, wobei das Anknüpfen an die fernere Vergangenheit zugleich ein Vorbild für die nähere Zukunft abgab.

Hinter den Filmkulissen allerdings war die Welt nicht mehr ganz so heil, wie sie zu sein vorgab. Mit dem Filmdrehbuch wurde im Auftrag der österreichischen Bundesregierung das großkoalitionäre Duo Rudolf Brunngraber und Ernst Marboe, letzterer Ministerialrat und Austria-Wochenschau-Geschäftsführer, betraut. Die österreichische Freispruchs- und Opferinszenierung wurde ausschließlich von deutschem Filmkapital finanziert, auf dessen Wunsch hin der einstige Ufa-Produktionschef und Spielleiter des Euthanasie-Streifens »Ich klage an« (1941), Wolfgang Liebeneiner, die Regie übernahm. Und in einer Einstellung wird auch der von jubelnden Menschen gefüllte Heldenplatz vorgeführt, doch diesmal sind es lediglich österreichische Statisten, die von einem deutschen Regisseur geführt werden.

Die unsichtbare Hand

Die Dynamisierung der Dinge

»Kinder sehen Uncle Sam«, nannte sich im Juni 1951 ein Schülerwettbewerb, bei dem mit künstlerischen Mitteln ausgedrückt werden sollte, was sich die Schuljugend unter dem Marshallplan vorstellt und was er ihr bedeutet. Zwar gab es darunter auch einen offenbar fehlgeleiteten und unbotmäßigen Jugendlichen, der »Mr. Marshall als Monster« zeichnete, der die »riesige europäische Maschine mit der amerikanischen ›Fünf-Prozent-Hilfe‹ einölt«, wie die Zeitungen vermeldeten, doch bewies die überwiegende Zahl der Schüler durch ihre Einsendungen – wie eben Schüler so schreiben –, »daß ein hungriger Magen nur dann auf die Dauer satt werden kann, wenn zerstörte Fabriken wiederaufgebaut werden, wenn die Schlote wieder rauchen, wenn der Vater wieder so viel verdienen kann, daß es in der Familie keine Sorgen mehr gibt«.

Versprochen hatte dies ein Konzept eines gesamteuropäischen Wiederaufbaues unter amerikanischer Anleitung und Kontrolle. Österreichs Neuordnung mit ERP-Mitteln, beginnend im Jahre 1947 und in den sechziger Jahren noch spürbar, beinhaltete Währungssanierung, Wiederaufbau und Integration in den Weltmarkt. Der Marshallplan schuf unter spezifisch österreichischen Bedingungen frühe sozialpartnerschaftliche Formen, abgedeckt durch die von Washington besonders geförderte große Koalition, konzipierte den Konsens über den scheinbar neutralen Wert ökonomischer Produktivität als Grundlage für größeren Wohlstand, forderte Wirtschaftswachstum statt Umverteilung, ermöglichte einen ersten Investitionsboom und versuchte unter Überwindung traditioneller Methoden und Strukturen moderne Ideen und Produktionsweisen, Konsumgüter und Lebensstile aus den USA auch hierzulande einzuführen. Der Marshallplan sicherte aber auch die wirtschaftliche, sicherheitspolitische und ideologische Westintegration Österreichs ab, eine Ausrichtung, die sich ebenso in Zeiten der immerwährenden Neutralitätspolitik beweisen sollte. Nun wurden, außer in Sonntagsreden, die Brücken zum Osten abgebrochen, die konservative Ost- und Mitteleuropakonzeption zugunsten einer modernen westeuropäischen Vereinigung aufgegeben. Der Lohn dafür zeichnete sich bald mit dem Entstehen eines langanhaltenden »österreichischen Wirtschaftswunders« ab.

Land am Strome

Rund eine Milliarde US-Dollar flossen nach Kriegsende bis 1956 ins Land: zur Rationalisierung der Produktion mittels Modernisierung, zum Ausbau der Energieversorgung und der Infrastruktur. Diese Mittel kamen Österreich, gemessen an seiner Einwohnerzahl, in einem Ausmaß zugute wie keinem anderen europäischen Lande, was sich wohl auch durch seine Lage als demokratischer Vorposten am Eisernen Vorhang (Felix Butschek) erklären läßt. Während man den Wohnbau vorerst vernachlässigte und eine Einschränkung des privaten Konsums zugunsten von Kapitalbildung betrieb, veränderte sich Österreichs Wirtschaftsstruktur

Der Marshallplan – Weichenstellung für den Wiederaufbau

Baustelle Donaukraftwerk Ybbs-Persenbeug im Mai 1956

im Sinne einer arbeitsteiligen Westintegration von der Leicht- und Konsumgüterindustrie hin zur Produktionsgüterindustrie. Auch blieb eine von 1938 bis 1945 auf Deutschland ausgerichtete Struktur des Außenhandels weiter aufrecht. Wie der Wirtschafts- und Sozialhistoriker Hannes Hofbauer errechnete, war es dadurch Österreich möglich, mehr als nur ein Schärflein zum deutschen Wirtschaftswunder beizutragen. So exportierten die mit ERP-Mitteln erbauten Wasserkraftwerke von Kaprun bis Großraming, von Ottenstein bis Lavamünd im Jahre 1955, obwohl der Eigenbedarf noch nicht gedeckt werden konnte, 23 Prozent ihres Stromes nach Deutschland. Um die dadurch entstandenen Energieengpässe abzufangen, schreibt Hannes Hofbauer weiter, »wurde aus Westdeutschland Kohle zum Preis von 40 Groschen pro kWh importiert. Österreich bezahlte somit mehr als doppelt soviel für Importkohle, als es am Exportstrom verdiente,

LINZ –
STADT DES STAHLS

Mit dem LD-Verfahren wurde aus der Not eine Tugend geboren

Linz ist zur Stadt des Stahls geworden. Schon jetzt nennt man die oberösterreichische Metropole bisweilen das „Österreichische Detroit". Tatsächlich ist das Industriezentrum an der Donau im Begriffe, zum Mittelpunkt der Stahl- und Eisenwirtschaft unseres Landes zu werden. Die VÖEST, Österreichs größter verstaatlichter Betrieb, haben den Vergleich mit keinem ausländischen Stahlwerk zu scheuen. Die Eröffnung der Breitbandstraße und des Blasstahlwerkes, die in der Vorwoche von Bundespräsident Dr. Körner in Anwesenheit führender Persönlichkeiten von Wirtschaft und Politik feierlich vorgenommen wurde (siehe Bild rechts), stellt vielmehr die „Vereinigten Österreichischen Eisen- und Stahlwerke" in die erste Reihe der modernen Stahlbetriebe Europas und der Welt. Der amerikanische Botschafter, Hochkommissar Thompson, bezeichnete in seiner Ansprache die beiden Werksabteilungen als ein „Symbol der Zusammenarbeit zwischen Österreich und Amerika".

Not machten die Linzer Stahlpioniere eine Tugend: um der Armut Österreichs an Brennstoffen, die sich für metallurgische Prozesse eignen, Rechnung zu tragen, entwickelten sie ein Sauerstoff-Blasverfahren, das als LD-Verfahren (LD für Linz—Donawitz) seinen Siegeszug um die Welt antreten durfte.

Die Investitionen — 315 Millionen Schilling für die Breitbandstraße, 124 Millionen für das Blasstahlwerk, — deren Großteil aus dem ERP-Sonderkonto gedeckt wurde (Breitbandstraße und Blasstahlwerk sind eines der größten Bauvorhaben des Marshall-Planes in Österreich) — haben sich gelohnt. Wenn im kommenden Sommer auch noch die Kaltbandstrecke eröffnet sein wird, deckt die VÖEST nicht nur den österreichischen Bedarf an Blechen, sondern wird darüber hinaus imstande sein, bedeutende Mengen dieses für die stahlverarbeitende Industrie so wichtigen Materials zu exportieren. Die österreichische Gesamtwirtschaft aber hat dadurch wieder einen gewaltigen Schritt vorwärts getan — zu unser aller Wohl.

Der Stahl läuft durch einige Zwischenstadien — Brammenstraße und Quartro werden sie von den Fachleuten genannt — und kommt schließlich auf die Breitbandstraße (Bild). Dort durchläuft das Stahlband fünf „Gerüste" und wird so auf die gewünschte Dicke ausgewalzt. Die Warmbandstraße kam als Ganzes aus den USA.

So sieht das Blech aus, wenn es die Breitbandstraße verlassen hat und erkaltet ist. Es wird entweder in Tafeln geliefert oder durch eine Haspel, die unterhalb des Breitbandes angebracht ist, zu tonnenschweren Bünden zusammengerollt. Die Bleche der VOEST bilden einen der Hauptfaktoren im Exportprogramm des Werkes, dessen Produkte im vergangenen Jahr ein Zehntel des österreichischen Gesamtexportes darstellten.

*

Auf einer großen Schaltuhr kann die gewünschte Breite des Blechbandes genau eingestellt werden. Die Uhr muß allerdings ständig überprüft werden. Schon die kleinste Verschiebung des Zeigers während des Walzprozesses kann schwerwiegende Folgen haben. Der Mann im Overall trägt eine große Verantwortung. Seine konzentrierte Miene verrät, daß er sie kennt.

Jahren eine ihm eigene Massenkultur schaffen. »Das führende Prinzip der amerikanischen Wirtschaft«, schrieb ein Studienreiseteilnehmer im bereits genannten Sammelband 1956, »ist die Konsumverbreitung, die gleicherweise durch realtiv niedrige Herstellungs- und Verkaufspreise wie durch das hohe Lohnniveau der arbeitenden Massen und durch eine zielbewußte, der amerikanischen Mentalität Rechnung tragende Erweckung und unablässige Wachhaltung der Kauflust gefördert wird.« Und andernorts findet sich in dem Werk das zwingende Motiv derartiger Bestrebungen: »Steigerung des Konsums ist der Leitgedanke, der in Amerika jeder wirtschaftlichen Überlegung zugrunde gelegt wird, Massenerzeugung und billige Verkaufspreise sollen bei gleichzeitiger Hochhaltung des Lohnniveaus dieses Ziel erreichen helfen. Billige Verkaufspreise schließen dabei keineswegs günstige Verdienstmöglichkeiten aus, soferne nur der Umsatz und damit auch die Produktion entsprechend hochgehalten werden können.« Die Agentur, die nunmehr derartige amerikanische Methoden in Österreich einführen sollte, war der mit ERP-Mitteln am 4. April 1950 gegründete »gemeinnützige Verein« Österreichisches Produktivitätszentrum (ÖPZ).

ÖPZ – Das unbekannte Wesen

Im April 1950 »beschloß der österreichische Ministerrat eine Institution zu schaffen«, hieß es in einem journalistischen Rückblick im April 1953, »die, dem Gebote der Zeit Folge leistend, der Wirtschaft den Weg zu einer Leistungssteigerung ohne Mehraufwand zeigen sollte.« Das ÖPZ, gedacht als Beratungs- und Förderungszentrum, als »Haus der Ideen« im Übergang von der Wiederaufbau- zur Massenkonsumgesellschaft, vereinigte Gewerkschaften und Unternehmerverbände: ÖGB, Arbeiterkammer, Industriellenverband, Bundeskammer der gewerblichen Wirtschaft, Präsidentenkonferenz der Landwirtschaftskammer und Vertreter der Ministerien waren darin vertreten. Das ÖPZ kann zu Recht als Vorform der Paritätischen Kommission aufgefaßt werden, und wie diese gedieh sie zumeist im Verborgenen und scheint heute fast vergessen. Lediglich ihre zumeist ungezeichneten Werbeanzeigen vermitteln ein Bild vielfältiger Aktivitäten. »Eine der wichtigsten Aufgaben des Produktivitätszentrums«, heißt es in dem vom ÖPZ gestalteten Artikel weiter, »ist die Planung großzügiger Rationalisierungsmethoden für die Industrie.« Das ÖPZ führte in ganz Österreich zu diesem Zweck mit Filmwagen und eigenem Verleih auch in den entlegensten Gebieten des Landes Kurz- und Dokumentarfilme wie »Worauf es ankommt« vor, verbreitete in zahlreichen, journalistisch aufbereiteten und ungezeichneten PR-Artikeln über Produktivitätskampagnen unter dem Motto »Mit der richtigen Methode geht es besser« amerikanischen pragmatischen Fortschrittsglauben und veranstaltete zahlreiche Ausstellungen sowie, gemeinsam mit der Amerikanischen Wirtschaftsmission im Rahmen des Technical Assistance Program, Studienreisen in die USA. »Es gibt kaum einen Zweig der Industrie und Landwirtschaft«, lautet etwa die missionarische Botschaft einer derartigen Werbeanzeige im Winter 1951, »in welcher eine Steigerung der Produktivität im Hinblick auf die mit ihr verbundene Besserstellung des einzelnen Arbeiters und der gesamten Wirtschaft nicht zu einem Gebot der Stunde geworden und mit einigem Willen auch leicht durchführbar wäre.«

Die Produktivität stieg in Österreich (bezogen auf 100 Prozent 1937) von 1947 auf 1950 von 47 auf 90 Prozent, die Industrieproduktion war, laut ÖPZ-Angaben, 1951 auf 140 Prozent angestiegen. »Wir müssen zugeben«, heißt es dazu in ungewöhnlicher Bescheidenheit, »daß die zweifellos beachtlichen Erfolge nicht nur unserer Tüchtigkeit und unserem Fleiß zu danken sind, sondern zum guten Teil auch der Hilfe aus dem Ausland. In den Jahren 1948 und 1949 betrug diese Auslandshilfe jährlich etwa 6 Milliarden Schilling.« Im Mittelpunkt der Bestrebungen des Österreichischen Produktivitätszentrums standen vor allem die Gewerkschaften. Auf arbeitswissenschaftlichen Schulungen von ÖGB-Funktionären, so etwa vom 8. bis 13. Dezember 1953 im gewerkschaftseigenen Bildungsheim in Neuwaldegg, unterrichteten »Experten aus Übersee« über Probleme des Leistungslohnes und der Arbeitsbewertung und wiesen in diesem Zusammenhang stets darauf hin, daß im internationalen Konkurrenzkampf kein Land, keine Industrie es sich heute leisten könne, technisch rückständig zu bleiben.

Das ÖPZ war aber nicht nur Modernisierungsagentur der österreichischen Wirtschaft und Gesellschaft, sondern stellte eine neue, innovative ästhetische Normierungszentrale bis hin zur Stilisierung alltagskultureller Produkte dar.

Auf ihren Einfluß geht die Eröffnung des ersten, vorerst noch wenig beachteten, Konsum-Selbstbedienungsladens im November 1950 ebenso zurück wie umfassende Stadtplanung und neue Wohnkultur unter ständiger Propagierung des amerikanischen Vorbildes. »Der Grundriß einer ›Kaufzentrale‹«, lautet etwa der Text einer ÖPZ-Werbeeinschaltung im Jänner 1951 über Einkaufen in den USA, »zeigt den Einfluß der modernen Stadtplanung: weite Grünflächen, große Parkplätze – viele Frauen kommen mit dem Auto – und eine wohldurchdachte Anordnung der Geschäfte.« Eingebaute Fernsehempfänger als »Triumph in der modernen Wohnung«, freilich »jenseits des Ozeans«, werden ebenso vorgeführt wie US-Einrichtungsgegenstände, »von denen uns viele recht fremdartig anmuten mögen, die aber fast ausnahmslos bequem, originell, modern, praktisch und nicht teuer sind.« Die »Amerikanische Küche«, deren Ahnfrau die Frankfurter bzw. Wiener Küche war, wird nun zum Statussymbol, in der durch Rationalisierung – »Gute Organisation ist halbe Mühe« – viele unnötige Schritte erspart werden, das Vorbild zu Badezimmer und Wohn- wie Schlafraum wurde vielfach dem platzsparenden amerikanischen Hotelinterieur entlehnt. Der Tourismusfachmann Paul Bernecker beschreibt in der Art des staunenden Ethnologen in einem Bericht über eine Technical-Assistance-Reise in die USA derartig normierte Kultur. So heißt es über das typische amerikanische Hotelbadezimmer: »Es ist gewöhnlich mit drei sanitären Einrichtungsgegenständen versehen, mit dem Waschbecken, dem Wasserklosett und der Badewanne mit Brause. Oberhalb des Waschbeckens ist gewöhnlich in die Wand ein Schränkchen eingebaut, dessen Türe durch den Spiegel gebildet wird. Dadurch wird das Herumstehen von Toilettegegenständen innerhalb des Badezimmers vermieden. Die Beleuchtung besteht aus zwei abgeschirmten Röhrenlampen, links und rechts vom Spiegel. Auf der rechten Seite ist gewöhnlich ein Stecker zur Verwendung von elektrischen Rasierapparaten vorgesehen. Der Handtuchhalter an der Seite des Waschbeckens beläßt zwischen den beiden Stäben einen Zwischenraum von 12,5 Zentimeter zur Aufhängung der Handtücher.« Dem österreichischen Beobachter fällt dabei auch auf, daß die Wannen bewußt in kleineren Maßen als in Europa verwendet werden, da dies geringere Anschaffungskosten wie Wasserverbauch bedeutet. Oberhalb jeder Badewannen befindet sich eine Brause samt Plastikvorhang. Bei der Ausstattung der Fremdenzimmer wieder legt man besonderen Wert auf die Vereinfachung aller Linien, »somit Entfernung aller staubfangenden Profilierungen, Entwicklung von raumsparenden Möbeln, Ersatz der beweglichen Einrichtungen durch Einbaumöbel, Steigerung der Haltbarkeit und Entwicklung von mehrfach verwendbaren Einrichtungsgegenständen.« Die beigefügten Bilder bezeugen es: Nun sind sie da, die Attribute der Wohnlandschaft der späten fünfziger Jahre in Österreich, vermittelt über SW-Angebote: das Couchbett, die Couchecke statt dem großen Eßtisch in der Raummitte, Schalensessel, die freischwingende Stehlampe, der Teppichboden, die niedrigen, wollstoffüberzogenen Sitzmöbel – und der unvergeßliche Nierentisch mit seinen schräggestellten Beinen. Letzterer erreicht meist Sitzhöhe und dient der Abstellung von Gläsern, Salz- und Käse-

gebäck. Mit dem Fernseher, der Ende der fünfziger Jahre in die Wohnzimmer einzieht, wird die Couchecke ihre sinnvolle Ergänzung finden. Dieser moderne Lebensstil, der gesellschaftliche Mobilität und Innovationsfreude ausdrücken sollte, wurde aber nicht sogleich von allzu vielen übernommen, noch Anfang der sechziger Jahre werden die Wohnkulissen der beliebten »Fernseh-Familie Leitner« zeigen, daß das »schöne« Vorzeigezimmer, der gekachelte Kamin und das Augartenporzellan durchaus noch ihre Anhänger haben.
Moderne Möbel werden vor allem vom neugegründeten Österreichischen Werkbund propagiert, der unter dem Slogan »Gute Form für Alle« zahlreiche Vorschläge für moderne Gebrauchsgegenstände anbietet und sich dabei auf Walter Gropius und die Bauhaus-Tradition beruft, jedoch gleichzeitig einbekennt: In der »Anwendung der guten Form – Hier geht Amerika voran«. Ebenso wie ihre Vorgängerin, die Ausstellung »Soziale Wohnkultur«, erfreut sich auch die erste Schau des Österreichischen Werkbundes nach dem Kriege im Frühjahr 1953 in der Kunstakademie auf dem Wiener Schillerplatz regen Publikumsinteresses. »Von einigen eigenwilligen, bewußt ins Abstrakte schweifenden Schöpfungen abgesehen«, liest man in einer Pressereaktion, »sind alle Schaustücke formschöne, oft benutzte und dabei – was das Wichtigste ist – relativ billige Gebrauchsstücke des täglichen Lebens. Von der Türschnalle bis zur Stehlampe, vom Salzfaß bis zur Tapete ist all das, was die Wohnung zum Heim macht, auf dem Schillerplatz vertreten – Kunsthandwerk, das sich jeder leisten kann.« Der Wiener Jugendstil als schichtspezifischer Wohn- und Lebensstil der Jahrhundertwende ist nunmehr endgültig, zumindest bis zu seiner Wiederauferstehung zwanzig Jahre später, von der Bühne abgetreten. »Was uns gefällt«, versprechen die Werkbundmänner jetzt, »werden wir von den Amerikanern übernehmen.«
»Novopan«, das Material für billige Möbel und Wände, wird nunmehr in einem mit ERP-Mitteln errichteten Sägewerk bei Leoben produziert, Späne und Holzabfälle werden dort zu Tischlerplatten kostengünstig verarbeitet. »Die Wohnkultur«, kommentiert dies eine Zeitung, »neigt immer mehr zur Abkehr vom Konservativen, zur Einfachheit der Linien.« Die Kunstholzmöbel sind ein weiterer Schritt zur Verallgemeinerung dieser Geschmacksrichtung: »Überaus hübsch und praktisch sind aus Spanplatten gefertigte Möbel. Man kann sie aufpolieren, man kann sie feucht abwischen, sie sind leicht und vor allem – sie verziehen sich nicht.«
Die moderne Architektur macht sich auch Glas als Baumaterial zunutze. Glasbausteine und Gußglas werden immer öfter in der Bauindustrie verwendet. Auch der neue Westbahnhof wurde mit vielen Quadratmetern Glas ausgestattet; von den Zeigern der riesigen Uhren bis zu den hohen Hallenfenstern und der noch spärlich gefüllten Schaufensterfront spielt Glas eine bedeutende Rolle in den Plänen der Architekten.
Das ÖPZ wieder weist auf vorfabrizierte Installationswände zum Einbau in Familienhäusern und Neubauten hin, wie sie bereits seit einigen Jahren im Ausland mit Erfolg produziert werden. Sie bestehen im wesentlichen aus einer Zusammenfassung aller Installationen in Küche, Bad und WC auf einer einzigen Trennwand. Diese Standard-Elemente werden serienmäßig und genormt hergestellt und in eisernen Montagegerüsten auf die Baustelle gebracht.

»Family Approach«

Rationalität, Produktivität und Mobilität werden zu Leitideen der modernen Gesellschaft und Werbung wie Verkauf zu ihren Propheten: »Rationell, dabei aber doch originell – so sollen die Mittel sein, die den notwendigen Kontakt zwischen Verteiler und Konsumenten herstellen«, lautet eine Werbeaussendung des ÖPZ im Sommer 1953. Auf einem sommerlichen Sales-Seminar in Gmunden tragen amerikanische Fachleute angewandte Verkaufspsychologie vor. »Mit Humor und Familienfotos würzte der amerikanische Experte für Reklame und Kundenwerbung, Mr. Lowitz, seine Vorträge«, auch Mr. Charles Nichols, Direktor der US-Handelskammer, und der Leiter der Verkaufsabteilung der »Sunshine Biscuit Company«, Harold de Bentham, referieren über »Family Approach«, über den Kontakt von Mensch zu Mensch, und weisen darauf hin, daß dies auch beim Umgang mit Kindern und in der Reklame einen wichtigen Bestandteil amerikanischer Absatzpolitik darstellt.
Das österreichische Marktforschungsamt, das aus Vertre-

tern der Verstaatlichten und der Privatindustrie, des Handels und Gewerbes sowie des unverzichtbaren Österreichischen Produktivitätszentrums besteht, wird im Juni 1953 laut eigenen Angaben »von amerikanischen Freunden in Cincinnati lebhaft begrüßt. Die US-Geschäftsleute hatten nämlich im Vorjahr Gelegenheit, Österreich anläßlich ihres Aufenthaltes in Wien während des Management-Seminars kennenzulernen.« Das österreichische Marktforschungsteam, das nun unter dem Vorzeichen technischer Hilfe der US-Wirtschaftsmission New York, Boston, Detroit, Chicago, Washington, Philadelphia und eben auch Cincinnati zu Studienzwecken bereist, bringt die Erkenntnis mit nach Hause, daß »die Marktforschung in den USA auf allen Gebieten des Lebens eingesetzt wird, um Fehlinvestitionen zu vermeiden, neue Artikel herauszubringen oder bestehende Waren dem sich ständig ändernden Geschmack des Konsumenten anzupassen.« Selbst die Reklame, betonen die USA-Reisenden, »ist in Amerika eines der Ergebnisse umsichtiger Marktforschung. Jeder Werbeslogan ist sorgfältig abgewogen und geht auf die Wünsche der Konsumenten ein.«

Doch nicht immer führt derartige Umsichtigkeit und abgewogene Sorgfältigkeit zum Erfolg. Der Startenor Mario Lanza, der eben einen Enrico-Caruso-Film dreht, läßt sich auf Plakaten als Caruso verkleidet mit einer Coca-Cola-Flasche abbilden. Da Carusos Verwandte vor Gericht glaubwürdig bezeugen können, ihr Ahnherr habe niemals derartige Getränke zu sich genommen, müssen die Plakate wieder entfernt werden. Was aber der Verbreitung des Getränkes keinen Abbruch tut.

»Mach mal Pause…«

Coca-Cola eiskalt

Bereits 1953 betrugen laut Reinhold Wagnleitner Coca-Cola-Geschenke der US-Jugendoffiziere im Rahmen der Austrian Youth Activities 30.000 bis 50.000 Schilling monatlich. Spätestens ab 1956 wird Coca-Cola mit zahlreichen Werbefeldzügen (»Mach mal Pause …«) und dank flächendeckender Versorgung in Österreich bald zum festen Bestandteil der Soft-Drink-Kultur zählen, auch wenn mit den Marken »Chabesade«, das »naturreine Fruchtsaftgetränk, hergestellt aus erlesenen Südfrüchten und Zucker«, »Sinalco« und ab 1957 mit der »Almdudler-Limonade«, dem »köstlichen österreichischen Erfrischungsgetränk« in der Trachtenpärchenflasche, eine patriotische Gegenoffensive gestartet wird. Diese erreicht im Herbst 1958 ihren Höhepunkt, nachdem sich auf Initiative des Almdudler-Erzeugers Klein österreichische Firmen zusammenschließen, um mit großem Werbeaufwand ein heimisches Colagetränk unter dem klingenden Namen »Taxi-Cola« auf den Markt zu bringen. Derartige Zusammenschlüsse, hinter denen oftmals die Brauereien stehen, bedeuten jedoch auch den Tod vieler kleiner »Kracherl«- und Sodawassererzeuger. Gleichbleibende Qualität dank Konzentrat und hoher Zuckeranteil sind nunmehr gefragt. Zwar steigt der jährliche Pro-Kopf-Verbrauch an kohlensäurehaltigen Getränken in Österreich zwischen 1954 bis 1964 von 4,6 auf 18,9 Liter (USA 1966: 53,6 Liter), doch verzeichnen auch traditionelle alkoholische Getränke in diesem Zeitraum einen beachtlichen

Anstieg von 79,2 auf 123,7 Liter (Irene Bandhauer-Schöffmann).

Coca-Cola wurde immer schon mit Amerika assoziiert: nach dem Krieg mit den GI's, später mit dem Image des freien Westens und einer neuen Jugendkultur. Konservative wie Kommunisten nahmen im Österreich der fünfziger Jahre gegen das US-Getränk Stellung. »Eine Person, die Coca-Cola zu trinken beginnt, fällt auch bald anderen verderblichen Gewohnheiten anheim«, tönte es etwa aus dem Osten, der kommunistische ABEND malte bereits im Dezember 1949 in düsteren Farben ein Grinzing ohne Wein, dafür mit Coca-Cola breit aus, und Gerüchte gingen reihum, dem Konsumenten würden büschelweise die Haare ausfallen. Doch die Getränkefirma, deren Produkte im Zweiten Weltkrieg häufig früher bei den US-Truppen ankamen als etwa Gewehre und Geschütze, überlebte dank erfolgreicher, kalt berechnender Werbestrategien, durch die Entwicklung der Alu-Getränkedose und schließlich der Plastikflasche alle derartigen Anfechtungen. Coca-Cola wird zum oppositionellen Statussymbol einer neuen Jugendkultur ebenso wie des »american dream«. Auch der Präsident der Vereinigten Staaten trinkt stets Coca-Cola, Dwight D. Eisenhower läßt sich während des Wahlkampfes mit der charakteristisch geschwungenen Flasche, genannt May West, fotografieren. Lediglich Richard Nixon bevorzugte Pepsi und ließ die roten Getränkeautomaten aus dem Weißen Haus entfernen, doch dessen Ende ist ohnedies bekannt.

Verführungsmacht Reklame

Hierzulande muß der Konsument Anfang der fünfziger Jahre erst an die Verführungsmacht der Reklame- und Warenwelt mit ungewöhnlichen Mitteln gewöhnt werden. »Aschenbrödel hätte seinen Prinzen auf jeden Fall bekommen, wenn es im 20. Jahrhundert gelebt hätte. Ein Blick durch den Röntgenapparat hätte ihm gezeigt, daß ihr der Schuh wie angegossen paßt. Wer heute in einem großen Schuhgeschäft wie ›Arola‹ einkauft, kann sich an Ort und Stelle davon überzeugen, daß seine Wahl die richtige war. Die Umrisse des Zehenskeletts und die Konturen der Schuhe verraten es ihm«, lautet beispielsweise eine Werbeeinschaltung des Jahres 1953. Ein sprechender Zigarettenautomat auf der Kärntnerstraße, eine Rutschbahn im Kindermodengeschäft »Prinzess« und Rolltreppen im Großkaufhaus sollen die Massenkaufkraft ankurbeln und gleichzeitig Neugierde auf die Moderne wecken. »Wer zu

Könnte ich doch nur meine Falten verkaufen

Wenn ich doch meine Falten verkaufen könnte! seufzte Gerda und betrachtete sich traurig im Spiegel.

– Ausgeschlossen, niemand würde sie wollen, lachte Susanne. Aber Du kannst Dich von ihnen auf andere Weise befreien. Hast Du schon von der Tokalon SKIN BEAUTY CREAM gehört – sie ist ganz neu?

– Nein, keine Ahnung, gestand Gerda. Glaubst Du daran?

– Glauben? Ich muß ganz einfach – die Leute überhäufen mich geradezu mit Komplimenten.

– Nun ja, Du schaust wirklich ganz fabelhaft aus.

– Auch Du solltest SKIN BEAUTY CREAM benützen. Sie strotzt von Vitaminen. Die Haut wird ganz anders – so glatt, weich und geschmeidig. Und außerdem ist sie die wundervollste Puderunterlage, die Du Dir vorstellen kannst.

– Ist sie teuer?

– Aber, Liebste, der grüne Plastik-Tiegel kostet genau S 36,–, die Tube S 24,–. Ist *das* zuviel bezahlt, um Jahre jünger auszusehen?

– Nein, gewiß nicht. Ich werde mir SKIN BEAUTY CREAM auf dem Heimweg kaufen.

Fuß in den vierten Stock des Kaufhauses ›Gerngroß‹ keuchen müßte, würde es sich wohl überlegen, sich dieser Mühe zu unterziehen. Darum empfehlen sich Rolltreppen, die das Stiegensteigen zu einem Vergnügen machen, als Dienst am Kunden ganz besonders. Sie wissen ja, man stellt sich unten einfach drauf und läßt sich in den ›Himmel heben‹ ...«

Viele wußten dies nicht sogleich, sodaß der Bevölkerung die Tücken des Alltags in der modernen Welt in Form einer milden Erziehungsdiktatur erst vermittelt werden mußten. Noch am 10. November 1955, anläßlich der bevorstehenden Eröffnung der Wiener Opernpassage – über die die GROSSE ÖSTERREICH-ILLUSTRIERTE sich von den Wertheim-Rolltreppen als »Attraktion für den kleinen Mann« beeindruckt zeigt – wird die ARBEITER-ZEITUNG in einer seltsamen Mischung aus süffisanter Schadenfreude und pädagogischer Provinz-Belehrung schreiben: »Rolltreppenfahren ist ein Kinderspiel, wenn man es kann. Ja, Wien wird Weltstadt – aber die Wiener müssen es erst lernen, Weltstädter zu sein. Das zeigen die leichteren Unfälle, die sich in den ersten Rolltreppentagen in der Opernpassage ereignet haben. Noch stehen an jeder der acht rollenden Stiegen hilfreiche Uniformierte den Rollenden aller Altersstufen mit Rat und Tat zur Seite. Freilich wird der Rat manchmal in den Wind geschlagen, und dann passiert es, daß der Passant, der auf zwei Beinen stolz die Rolltreppe bestieg, auf allen vieren landet. So ging es einer jungen Dame, die auf die Ratschläge des Mannes am Start schnippisch zur Antwort gab: ›Mir brauchen Sie nichts erzählen, ich bin schon in Paris mit der Rolltreppe gefahren.‹ – Sind Sie in Paris auch auf allen vieren gelandet? mag sich der Helfer dann wohl ein wenig schadenfroh gedacht haben.« Zu den Listen der Moderne, zur gesamten aktuellen Bandbreite der Bosheit unbelebter Objekte (die Doderer

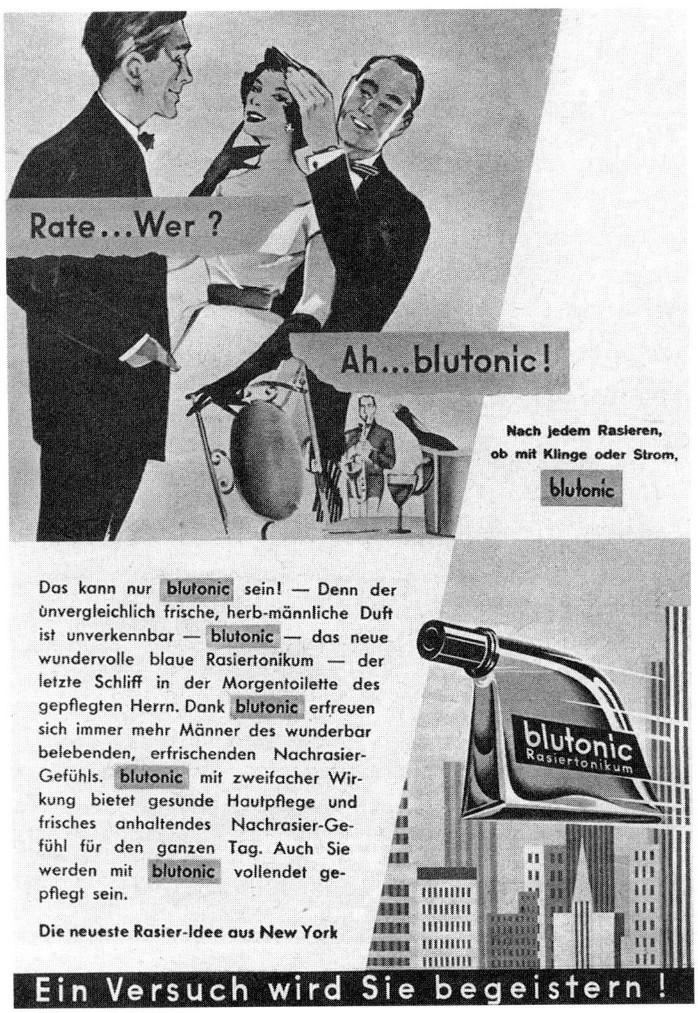

mit der metaphysischen Instanz Hulesch & Quenzel in den »Merowingern« 1962 zu personifizieren wußte), gehört auch, daß der gekonnte Umgang mit ihren Erscheinungsformen neue soziale Distinktionen geschaffen hatte: Wer dazugehören wollte, mußte die neuartigen kulturellen Symbole in der Praxis beherrschen, und wer sich dem verschloß, durch hilfreiche Uniformierte auf den richtigen (Rolltreppen-)Weg gebracht werden. »Die Wiener«, so die ARBEITER-ZEITUNG weiter, »die die Rolltreppe zu Tausenden auf und nieder fahren, können sich vor allem nicht daran gewöhnen, daß sie auf die Stufen, nicht aber auf die Zwischenräume steigen müssen. Denn die Zwischenräume werden schon nach wenigen Zentimetern Stufen, die den Fuß dann zum Gleiten bringen. Das wäre noch nicht so schlimm, wenn sich Benützer der Zwischenräume wenigstens an die zweite Rolltreppenregel hielten und die Fließbänder als Haltegriff benützten. Das Rolltreppenrezept lautet also: Nicht auf die Zwischenräume steigen und eine Hand auf das Geländer!«

Die Ausstellung »Frühling im Heim« zeigt im Mai 1955 »für jeden erschwingliche«, moderne Badezimmer. »Trotz aller in Österreich herrschenden Wohnungs- und Raumnot soll es möglich gemacht werden, daß keiner auf sein Badezimmer zu verzichten braucht«, heißt es dazu in einer Presseaussendung. »Er wärmt im Nu, der Infra-Wärmestrahler. Sie drehen den Gashahn auf, entzünden den Hängeofen und können gleichzeitig das heiße Wasser in die Wanne rinnen lassen. Bis das Badewasser eingelassen ist, hat auch der Raum die richtige Temperatur.« Eine Badewanne ohne Verkleidung kostet im Frühjahr 1953 1.700 Schilling, das Abflußrohr 1.300, ein Elektrospeicher für 80 Liter 1.700, mit Gasheizung etwa 3.000 Schilling. Die Stufenwanne, auch sie ein Produkt der amerikanischen Hotelkultur, ist das Geeignete für die Kleinwohnung, schreiben die Ausstellungsmacher weiter. »Sie nimmt halb so viel Platz ein wie eine Normalwanne und es läßt sich darin ebenso bequem baden. Sie kostet 1.314 Schilling, die Brause dazu stellt sich auf 630,–, das Waschbecken komplett mit Nickelhähnen, Chromaufsatz mit Seifenschalen und Zahn-

Wien wird Weltstadt.

putzglas auf 807 Schilling. Zusammen also 2.751 Schilling. Die Wandverkleidung ist aus Eternit, 1 m² zu 100 Schilling.« Laut Ausstellung läßt sich nunmehr jede Küchenecke in eine Badenische verwandeln, wobei ein Durchlauferhitzer für 5 Liter 1.400 Schilling kostet, lediglich 460 bzw. 399 Schilling müssen für Brause und Brausewanne aufgewendet werden. »Der Vorhang aus Plastik ist leicht zu säubern und sehr praktisch.« Die meisten Einrichtungsgegenstände in amerikanischen Hotels werden übrigens, wenn nicht aus Preßspan, ebenfalls aus Kunststoff verfertigt, »das in allen Farben erhältlich und ebenso in den Faserungen von echtem Holz kaum zu unterscheiden ist«. Doch trotz aller Ausbauvorschläge bleibt die Wohnungsnot weiter aktuell, und noch 1954 singt man nach der Melodie von Erwin Halletz: »Ein kleines Zimmer für uns drei, für dich, für mich und das Glück.«

Verpackung: Der schöne Schein

Da Rohstoff und Energie billig sind, werden Kunststoffe in den USA immer beliebter und bald auch in Europa – hier meist Plastik genannt – äußerst zustimmend angenommen. »Das Plastik ist weniger eine Substanz als vielmehr die Idee ihrer endlosen Umwandlung, es ist, wie sein gewöhnlicher Name anzeigt, die sichtbar gemachte Allgegenwart«, schreibt Roland Barthes in seinen »Mythen des Alltags«. Plastik ist demnach »die erste magische Materie, die zur Alltäglichkeit bereit ist.« Die starke Verbreitung von Haushalts- und Elektrogeräten, die für das hohe Niveau der Lebenshaltung in den USA Anfang der fünfziger Jahre kennzeichnend ist, hätte ohne massiven Einsatz von Kunststoffen nicht erreicht werden können. Wie die Düsseldorfer Kunststoffausstellung im Herbst 1952 zeigt – sie stellt unter dem Motto »Plastik – schön und produktiv« Tischplatten aus Kunststoff, Stühle aus Kunstleder, Telefonapparate aus Plexiglas und Bücherrücken aus Plastik aus – dringt nun dieser neue Kunststoff in vielfältiger Form in den Alltag hinein. Der neue »Rekord-Volksbeiwagen« zu Motorrädern des Frühjahrs 1953 beispielsweise wird mit einer Plexiglaskuppel ausgestattet, und die Kabriolettdächer werden neuerdings aus »Orlon« gefertigt.

Freilich muß auch hier der Verbreitung nachgeholfen werden. Das ÖPZ wird auch diesmal seine Pionierrolle spielen. Gemeinsam mit Vertretern der Handelskammer, der Gewerkschaft der Privatangestellten und der amerikanischen Wirtschaftsmission organisierte es im April 1953 einen Fortbildungskurs, den fünfhundert Wiener Lebensmittelhändler dann auch absolvierten. Amerikanische Fachleute propagierten dabei etwa Zellophan als neues, durchsichtiges Verpackungsmaterial unter dem Slogan »Der Kunde will sehen, was er kauft«. Eine weitere, aus den USA importierte Neuerung, die sich in Österreich nach Meinung der Vertreter aus Übersee nicht rasch genug durchsetze, ist das Prinzip der Selbstbedienung in Lebensmittelläden. In Amerika sei, so wurde erklärt, der weitaus größte Teil der Geschäfte auf dem »Self-Service-System« aufgebaut. Im Verlauf des Seminars wiesen die Experten aus den USA dann darauf hin, daß das Selbstbedienungssystem auch in kleinen Läden erfolgreich angewendet werden könne, daß es sogar Platz spare, weil Magazinräume unnötig würden. Die Rationalisierung der Geschäftsorganisation, Kundenwerbung und neue Verkaufsmethoden im Kleinhandel gehen aber vor allem einher mit, wie abschließend unterstrichen wurde, einer attraktiven Verpackung der angebotenen Ware. Praktischerweise wurden einige Warenmuster aus den USA als Illustrationsobjekte gleich mitgebracht und den staunenden Kleinhändlern dargeboten: Bedruckte Zellophanpackungen für Lebensmittel, Glanzseide, mit Asphalt imprägniert und anderes. Dabei ging es den referierenden Handlungsreisenden aber nicht allein um die Errichtung umsatzsteigernder Selbstbedienungsländen allein, auch Kunststoff als »Leitwährung« der westlichen Welt samt amerikanischen Patentrechten sollte in Europa durchgesetzt werden – aber vor allem sollte, wie in den USA bereits üblich, die Verpackung selbst als Wegwerfprodukt und neue Ware eingeführt werden. Die geschmackvolle Kunststoffhülle ist es nun, die den Warencharakter des Produktes ausmacht.

Bereits im Dezember 1951 hatte das ÖPZ eine Österreichische Verpackungstagung organisiert, an der auch drei amerikanische Experten teilnahmen. Dabei kam es zu einem regen Erfahrungsaustausch, der zur Bildung von Arbeitsgemeinschaften für Normung, Marktforschung, Werbung, Export, Materialbeschaffung und Verpackungsmaschinen führte. Damit wurde bewußt eine Entwicklung eingeleitet, die durch verstärkte Verwendung der sogenannten »verlorenen« auf eine Abkehr von der »dauernden« Verpackung zielte. Ging man doch in den USA unterdessen zu immer kleineren Verpackungseinheiten über und mühte sich redlich, das Äußere so ansprechend wie nur irgend möglich zu machen – »ein Beispiel, das wohl bald auch in Österreich Schule machen und sich besonders auch für den Exporteur als nutzbringend erweisen wird«, wie das ÖPZ dazu verlauten ließ. »Der österreichische Verbraucher selbst kann darauf gespannt sein, welche Wunderwerke geschmackvoller und appetitlicher Verpackung eine nach modernen Grundsätzen arbeitende Industrie in naher Zukunft hervorbringen wird.« In Amerikas Supermärkten sind sie bereits zu bewundern: »Von der Zahnbürste bis zum Dreieckkäse ist alles derart appetitlich verpackt, daß man sicher sein kann, die Ware werde allein schon deshalb Käufer finden.«

Dies dachte sich auch die Österreichische Tabakregie, die in ihrem Geschmackswandel vom dunklen, orientalischen

garetten unterbunden wird. »Von der hübschen, gefälligen Packung hängt es oft ab, für welche Sorte man sich entscheidet«, verlautete dazu die österreichische Tabakindustrie und vertraute damit als eines der ersten österreichischen Unternehmen auf die Wirkung des schönen Scheins in der Produktkultur.

zum hellen, amerikanischen Zigarettentabak hin einige ihrer Erzeugnisse ab nun durch die festverschlossene Zellophanhülle gegen Nässe und Gerüche unempfindlich machen will, wie etwa die Jonny-Zigarettenpackungen ab 1950 und später die der bald meistverkauften »Smart Export« – allerdings um den Preis, daß wenig später der Einzelverkauf von üblicherweise in Totozettel verpackten Zi-

Die Entwicklung der Unterentwicklung

Einen nicht geringen Teil ihres ökonomischen Optimismus bezogen die USA durch die Heranziehung billiger Rohstoffe und Energieträger wie Erdöl aus der noch nicht so genannten »Dritten Welt«. Amerika war seit 1945, seit dem raschen Zusammenbruch des englischen Imperiums und des folgenden Entkolonialisierungsprozesses, zur alleinigen westlichen Hegemoniemacht emporgewachsen. In Europa wird nun das Gefühl, gemeinsam mit den USA zur ersten Welt zu gehören, von Washington aus wohlwollend unterstützt. Die Erkenntnis eines globalen Wirtschaftssystems mit seinen vielfach vernetzten Abhängigkeiten setzt sich durch, die eine eigene, souveräne Politik der Nationalstaaten nicht mehr zuläßt, auch wenn Vizekanzler Adolf Schärf unter dem Eindruck der Staatsvertragsunterzeichnung am 5. Juli 1955 gegenüber der ARBEITER-ZEITUNG verspricht: »In Zukunft wird es auf unserem Boden keine Konzerne fremder Nationen mehr geben, die das Recht haben, Tausende österreichische Arbeiter zu kommandieren.«

Erstmals, verstärkt durch die französischen Kolonialkriege, entsteht aber auch in den Medien ein, wenn auch schiefes, Bewußtsein von der Existenz peripherer Länder. Die Unterentwicklung wird nunmehr entdeckt.

Hatte das HEUTE dunkel über den schwarzen Erdteil moniert »Neger machen Weltpolitik« und »Die Analphabeten nehmen sich wichtig«, so wird bereits die STERN-Oktobernummer 1951 unter dem poetischen Titel »Nur grollen konnte der britische Löwe. Die Engländer räumen Abadan – Persien erstickt im eigenen Öl« deutlich Unbehagen an der Instabilität billiger Rohstoffproduzenten durch den Entkolonialisierungsprozeß formulieren: »Der Aufstand der Farbigen hat Europas Grenzen erreicht. Was in Ostasien begann, neigt sich in Nordafrika dem Ende zu; Ägypten, Marokko und die Goldküste folgen heute dem Beispiel von Indien, Indonesien und Indochina. Und mit dem schwarzen Öl Persiens ist dieser Tage der endgültige Beweis ins Buch der Weltgeschichte eingetragen worden: Der Kolonialismus ist tot! Es lebe der Nationalismus! Wieder einmal ist der Teufel mit dem Beelzebub ausgetrieben worden ...«

In Österreich wird, trotz Amerikanisierung des Alltags, der Fremde noch lange unheimlicher Exote bleiben. Lediglich einigen nahöstlichen Erdölpotentaten und dem Schah von Persien wird man in der Folge als Patienten des bekannten Professors Fellinger eine gewisse Referenz erweisen. Noch 1959 lehnen es, nach einer Studie der Österreichischen Hochschülerschaft, rund 80 Prozent der Wiener Zimmervermieter strikt ab, farbige Studenten bei sich aufzunehmen.

Der Europagedanke

Das rührige Österreichische Produktivitätszentrum ist unterdessen Richtung Europa unterwegs. Im Mai 1953 hatte sich diesbezüglich ein Europäisches Produktivitätszentrum (EPA) konstituiert, das für Förderung der Produktivität im Zusammenhang mit westlichen Verteidigungsbedürfnissen verantwortlich zeichnete. Nach Ansicht des amerikanischen Politikwissenschaftlers Kurt K. Tweraser erhoffte sich die US-Administration von der EPA auch Impulse und Weichenstellungen für eine westeuropäische Integration.

Doch zuvor schon, am 18. Juli 1952, hatte der »Europazug« Österreich erreicht, und wie das ÖPZ vermeldete, sei es die Aufgabe dieser Informationswaggons, »den Europäern die Fortschritte vor Augen zu führen, welche ihre Länder mit Hilfe des ERP beim Wiederaufbau Europas erzielen konnten.« Dabei wurde vor allem auf die Wichtigkeit der Zusammenarbeit der europäischen Staaten hingewiesen. Die US-Mission für wirtschaftliche Zusammenarbeit biete mit Hilfe des Europazuges den Österreichern eine eindrucksvolle Übersicht über jene Dinge, »die für uns von lebenswichtiger Bedeutung sind«; der Wiederaufbau beweise aber auch, »daß in einem doppelt so großen Territorium wie Europa, eben in den Vereinigten Staaten, die Schaffung eines Marktes gelungen ist und dies deshalb auch in Europa nicht mehr als Utopie anzusprechen sei.«

Das Europäische Forum Alpach öffnet im Sommer 1952 bereits zum achten Male seine Pforten für bedeutende Wissenschaftler wie Erwin Schrödinger, Karl Kerényi, Arnold Bergsträsser und weitere vierhundert Teilnehmer aus sechsundzwanzig Nationen, und das ÖPZ schwärmt erneut über eine künftige Westintegration: »Europa, dieser Name, bedeutet mehr als einen geographischen Begriff. Europa als politisches Gefüge, Europa als Bollwerk abendländischer Kultur, Europa als Wirtschaftsraum: das ist das Herz der Welt. (...) Wie einer der ewigen Menschheitsträume bewegt die Völker dieses Kontinents die Sehnsucht nach einer festen europäischen Gemeinschaft.«

Diese in der jüngeren Geschichte Deutschlands gar nicht so neuen Träume vom europäischen Bollwerk nehmen nunmehr konkrete Gestalt an. Wie der Oberbefehlshaber der NATO-Streitkräfte, US-General Ridgway, auf einer Pressekonferenz im September 1952 erklärt, sei ab nun

der deutsche Verteidigungsbeitrag im Rahmen der europäischen Gemeinschaft von entscheidender Bedeutung für die Sicherung des Friedens durch das kollektive Verteidigungssystem des Westens.
Im August 1952 proklamiert das ÖPZ feierlich Österreichs »Anschluß an die Welt«: »Wir kleiden uns wieder besser, essen nahrhafter und bekömmlicher, haben uns eine hübsche Wohnung mit allem früher dem Arbeiter vorenthaltenen Komfort eingerichtet. Kurz, wir leben menschenwürdiger. Ein soziales Leben aber steigert die Freude an der Arbeit und vertieft die innere Verbundenheit und Zufriedenheit mit dem Betrieb. Sie macht den einzelnen Arbeiter zu einem Teilchen des Ganzen. Das Endziel: eine in gesicherten, sozialen Verhältnissen heranwachsende junge Generation, deren Väter ohne häusliche Sorgen, ohne Angst vor Arbeitslosigkeit und Not, ihrer Arbeit nachgehen können. Eine Arbeit, die dem Wohle ganz Österreichs dient.« Zu diesem Zweck wird noch einmal das Glück im Kleinen, das Leben des einzelnen Arbeiters als Teil des Ganzen beschworen, der in einfachen, jedoch sauberen wie planbaren Verhältnissen ohne häusliche Sorgen lebt. Dies allerdings in den USA. Unter dem Titel »Wir sind eine einfache Familie – So lebt der Durchschnittsamerikaner heute« beschreibt das ÖPZ in einem, speziell auf österreichische Arbeiterschichten ausgerichteten Werbematerial das Familienleben des kleinen Mannes in den USA. »Familie Williams wohnt in Washington D. C. Mr. Williams ist Arbeiter in einer Eisenfabrik, Mrs. Williams ist Hausfrau, und Bobby ist Volksschüler. Wir können es nicht genug betonen – es handelt sich hier um eine Durchschnittsfamilie. In den USA gibt es Millionen Eisenarbeiter. Sie alle haben ungefähr den gleichen Lohn – nicht gerade viel für amerikanische Verhältnisse. Halten Sie sich dies vor Augen, wenn Sie weiterlesen! Mr. Williams verdient im Monat rund 350 Dollar. Das ist, wie gesagt, für amerikanische Verhältnisse kein Vermögen. In österreichischem Geld schon eher. Es sind rund 8.000 Schilling. Pro Monat. Mr. Williams, der Eisenarbeiter, besitzt ein eigenes Haus, einen Wagen, einen Kühlschrank und ein Fernsehgerät. Außerdem – fast hätten wir es vergessen – eine elektrische Waschmaschine. Das Haus ist klein, das Auto nicht mehr neu, die Waschmaschine schon einmal generalüberholt und der Fernsehapparat des öfteren gestört. Aber wer ist schon wunschlos glücklich? Uns Österreichern bleibt nur eine Frage: Wieso ist das möglich? Erstens, daß ein Eisenarbeiter 8.000 Schilling monatlich heimbringt, und zweitens, daß er Haus-, Auto-, Kühlschrank-, Waschmaschinen- und Fernsehapparatbesitzer ist? In den USA hat die Produktivität in Industrie und Gewerbe, Landwirtschaft und Haushalt einen Höhepunkt erreicht, wie er sonst nirgendwo zu finden ist. Massenproduktion mit relativ geringem Materialaufwand ermöglicht höhere Löhne und billigere Preise. Mr. Williams aus Washington, seines Zeichens Eisenarbeiter, zieht Nutzen aus beidem. Die Produktivität, die er als Arbeiter steigern hilft, bringt ihm als Konsumenten Vorteile, die er zu schätzen weiß – die ihm nachgerade zur Selbstverständlichkeit werden. Weil ihm auch die Produktivität zur Selbstverständlichkeit geworden ist. Uns Österreichern ist sie noch nicht zur Selbstverständlichkeit geworden. Leider!«
Eigenes Haus, Auto, Kühlschrank, Waschmaschine und Fernsehapparat zählen in den folgenden Jahren auch in Österreich zu den erstrebenswerten langlebigen Konsumgütern. Doch noch ist es nicht soweit, auch wenn sich deutlich Trends zur Verbesserung der Lebenslage abzuzeichnen beginnen. Aber wer ist schon wunschlos glücklich? Im Jahre 1952 wird der Konsum von Süßigkeiten pro Kopf der Wiener Bevölkerung mit 3,78 kg gegenüber lediglich 2,45 kg im Jahr 1938 angegeben. Besorgte Stimmen mahnen bereits, die Österreicher würden zu reichlich essen. Insbesondere den Wienern wird nahegelegt, nicht öfters als einmal am Tag Fleisch zu konsumieren und mehr Wert auf Gemüse, Obst und pflanzliche Fette zu legen.
Die Ausrichtung auf ein, wenn auch von außen sanft oktroyiertes, geplantes Glück zeigte erstmals seine Wirkungen. In das so entstehende Spannungsfeld aus Tradition und gefordertem Wandel paßt in diesem Sommer 1952 auch das Programm der Salzburger Festspiele anstandslos hinein. »Salzburger Festspiele«, umschrieb im August die WIENER ILLUSTRIERTE, »das ist Tradition und immerwährende Erneuerung, das ist festliches Theater, festliches Musizieren in einem festlichen Rahmen, wie ihn die Welt nur einmal hat. Das ist aber auch verpflichtend für das Programm.« Letzteres sollte dann vor allem aus bewährten Mozart-Opern bestehen. Als Eröffnungsvorstellung findet im Festspielhaus die Aufführung der »Hochzeit des Figaro« mit Erich Kunz und Irmgard Seefried statt; den diesjährigen »Jedermann« gibt Will Quadflieg. Zu Gast in Salzburg

Die Marshall-Siedlung im 22. Wiener Gemeindebezirk

weilen diesenthalben Franz Strauss, der Sohn des Komponisten Richard Strauss, Prinzessin Auguste von Bayern, Theo Lingen, Filmregisseur Ernst Marischka, Präsident Manfred Mautner Markhof mit Gattin sowie der deutsche Finanzminister Dr. Schäffer. Sein Vorgänger, der ehemalige Reichswirtschaftsminister Hjalmar Schacht, gründet soeben eine Bank und möchte westdeutsche Wirtschaftsinteressen ab nun in Südost-Europa und Übersee vertreten. »Von Sarajevo bis Japan«, so meint Dr. Schacht, lägen »die gegebenen Märkte für die deutsche Wirtschaft«. Ein gegebener Markt stellt bald auch Österreich dar. Laut Monatsbericht der Deutschen Bundesbank vom Juli 1959 wurden während des ersten Halbjahres neben Aktien und Invest-Zertifikaten in der Höhe von 8 Millionen ebenso um 144 Millionen DM österreichische festverzinsliche Wertpapiere, also Bundesanleihen, von deutschen Banken erworben. Und der Held im Kriege gegen Japan, General Douglas MacArthur, wird, nachdem er in Korea keine Atomwaffen einsetzen durfte, unter Beibehaltung seiner Armeebezüge auf den Posten eines Generaldirektors befördert: Für 100.000 Dollar jährlich wird der General für die Remington-Schreibmaschinenfabrik als Generalvertreter tätig sein.

Mit dem Beginn des Massenkonsums, mit dem Einsetzen eines höheren Lebensstandards und einer, wie mancherorten vermutet wird, allzu materiellen Lebenssicht, wird in einigen Blättern wieder an die Rolle der Kultur, freilich die der autonomen bürgerlichen Hochkultur, erinnert, und wieder einmal sollen mit Hilfe von Kunst und Kultur gesellschaftliche Widersprüche harmonisch aufgehoben werden, indem sie diese in ästhetische Höhen enthebt. Jenseits aller Ökonomie soll Kultur wieder überirdische Ausdruckskraft innewohnen. Kunst und Kultur, die als Utopie die nicht eingelösten Ideale der Wiederaufbauzeit bewahren sollen, schaffen aber auch im Alltag mitunter eine Art Gegenwelt zur rauhen und eiligen Wirklichkeit. »Kultur«, schreibt in diesem Zusammenhang die WIENER ILLUSTRIERTE im Juli 1952, »macht das Leben erst lebenswert. Sie läßt uns ahnen, daß sich über den Sümpfen des grauen Alltags ein Himmel wölbt. Ob schöpferisch oder empfangend ihr verbunden, immer ist es die Kultur, die uns die unvergänglichen Werte schenkt. Beim Lesen eines Buches, beim Hören der Musik, beim Betrachten eines Bildes, beim Besuch einer Theateraufführung, stets haben wir das gleiche Erlebnis. Es ist der Stand der Kultur, der uns die Höhen unserer Lebensstandards erst recht bewußt werden läßt.«

Die neue Innerlichkeit

Äußere Zeichen für die neue Innerlichkeit signalisieren die Verkaufszahlen von hochwertigen Rundfunk- und Schallplattengeräten, und auch am Buchmarkt hat sich unterdessen eine stille Revolution vollzogen. 1950 veröffentlichte der Rowohlt-Verlag nach amerikanischem Vorbild der Pocketbooks eine erste Taschenbuchreihe unter dem Markenzeichen ro-ro-ro (Rowohlts Rotations-Romane), programmatisch beginnend mit Hans Falladas »Kleiner Mann – was nun?«. 1952 folgte die Fischer-Bücherei des S. Fischer Verlages, 1954 kamen die Ullstein-Bücher heraus. Diese neue Bewegung zur »Demokratisierung des Buches« im deutschsprachigen Raum, die durch einige Vorläufer, wie die Reclam-Bibliothek, schon im 19. Jahrhundert eingeleitet und ab 1912 durch die Insel-Bücherei fortgeführt worden war, fand 1960 mit der Gründung des Deutschen Taschenbuchverlages (dtv) einen vorläufigen Abschluß. Wurden 1956 in Österreich noch rund 300.000 Alan-Wilton-, Jerry-Cotton- und die unvermeidlichen Heimatromanhefte verkauft, bezogen 1960 412.000 Leser aus Buchgemeinschaften ihren Lektürestoff. Österreich steht mit seiner Buchhandelsdichte 1961 an erster und mit seinen Lesegewohnheiten an neunter Stelle der Weltrangliste. In diesem Jahr bieten 89 Verlage 1.500 Titel auf der seit 1947 jährlich abgehaltenen Österreichischen Buchmesse an. Die Lesefreudigkeit nimmt jährlich um 3 bis 7 Prozent zu. Besuchten im Jahre 1959 die Wiener Städtischen Büchereien 52.687 Kunden, für die 288.889 Bücher bereitlagen, so waren es 1960 bereits 55.703 Leser, die unter 330.716 Titel wählen konnten. 1961 kann man im deutschsprachigen Raum auf 53 Millionen verkaufte Taschenbücher verweisen, und 1963 wird die edition-suhrkamp-Reihe gestartet. Hans Weigel, ständig gegen den Frankfurter Verlag und dessen Autoren votierend, vermeint im April 1960 auch anhand von Fischers Exempla-Classica-Reihe den Untergang des Abendlandes deutlich ausmachen zu können. »Es ist beängstigend, was derzeit mit den Taschenbüchern passiert, es ist grauenerregend, wie da amerikanische Schattenseiten über uns kommen«, urteilt Weigel in der Zeitschrift HEUTE. »Nun geht die Ausweitung der Taschenbuchflut weiter, der Kreislauf von Produktion und Konsum sprengt alle Dämme der Überlegung und Vernunft – eines Tages wird die unvermeidliche Katastrophe geschehen, die den Urhebern der Überschwemmung von Herzen vergönnt sei.« Und wie schon Adorno, mit dem Weigel ansonsten wenig gemein hat, beklagt er die »Halbbildung«, die eine derartige Bücherflut auszulösen vermag. Selbst Phänomen der Kulturindustrie geworden, hält der Kritiker idealtypisch an der Vorstellung von autonomer Kunst als einer nicht zu vermarktenden fest, doch dies widerspricht deutlich jeglicher Kunstrezeption der Moderne, die durchaus mit Interessen des Marktes einherzugehen versteht. Die Verurteilung des Massengeschmacks durch den Kritiker spiegelt jedoch nicht nur den durch vorsichtige Demokratieansätze erlittenen Verlust seiner kulturellen Hegemonie über den Leser wider, sie zeigt zudem den Todeskampf des Kritikers in einer entwickelten Massenkultur selbst auf. Der ästhetische Begutachter dank selbstpostulierter Kompetenzen und der daraus bezogenen professionellen Legitimation tritt nunmehr mit einem Bannfluch auf die moderne Kunst und Kultur in seiner elitären Richterrolle ab oder zieht sich, von der universellen Massenkultur und Konsumindustrie besiegt, in das hohle Gebäude österreichbetonter Hochkultur zurück. Der Gesellschaftskolumnist wird an seine Stelle treten.

Nr. 8 · AUGUST 1958 · DM 1,50
Im Abonnement: DM 1,35 zuzügl. 15 Pf Zustellgebühr
hobby
Das Magazin der Technik
Postverlagsort Stuttgart
'Marsautos' über uns!

Zwischenräume, Zwischenwelten

Utopische Träume der Moderne – Hoffnungen und Ängste eines Jahrzehnts

Zwischenwelten – die Konstruktion des Noch-nicht-Seienden im Vertrauen auf seine Machbarkeit in einer Zukunft gleich um die nächste Ecke, gepaart mit Fortschrittsgläubigkeit und technischer Phantasie: Diese Ideologie des »anything goes« gehorcht durchaus einem sozialen Auftrag, einer sich erst anbahnenden Tendenz der bevorstehenden gesellschaftlichen Stufe.

»Utopien haben ihren Fahrplan«, formulierte Philosoph Ernst Bloch, sie erscheinen nicht ganz zufällig, drücken unscharf immer auch ein Stück gemeinschaftlicher Erwartung, Hoffnung, aber auch die heimliche Angst vor dem Kommenden aus. Utopie also als eine Art Vorwegnahme und Probehandlung, die die Welt noch nicht verändert, aber die Veränderung vorbereitet.

Tendenz ihrer Zeit und der künftigen, in Bilder und Träume gefaßt, stellen technische Utopien, die »praktische Erscheinung menschlicher Wunschlandschaft« (Bloch) dar und beinhalten Versprechen auf eine technische Lösung aller irdischen Probleme, sind gewissermaßen eine Art Produktivitätssteigerung, ins All transponiert. Um die Baukosten dieser Luftschlösser kümmerte man sich zunächst wenig.

Utopien nehmen in den fünfziger Jahren auch Entwicklungen in der Warenwelt vorweg, die rasche Veralterung von Modellen war in der Utopie- wie später in der Konsumproduktion gleichermaßen verbrauchssteigernd eingeplant, weniges galt ab nun abschreckender und blamabler als eine obsolet gewordene Zukunftsvorstellung.

Wirtschaftswachstum und Wasserstoffbombe

Die Zeitschrift HOBBY, »Das Magazin der Technik«, 1953 erstmals in Stuttgart erschienen und maßgeblich von ähnlichen US-Zeitschriften beeinflußt, wurde bald auch hierzulande so etwas wie zum Zentralorgan für technische Utopisten. Das Zauberwort darin, schreibt Michael Freund in einer Analyse mehrerer Jahrgänge, hieß Atom. Und letztlich war es auch das Bestreben der Science-fiction-Vertreter, deckungsgleich mit Intentionen der Atommächte, zur Senkung des Atomschreckens beizutragen, in Zeiten von Wiederaufbau, Wirtschaftswachstum und Wasserstoffbombe die zivile, friedliche Beherrschung der Kernkraft in vielerlei utopischen Formen zu propagieren. Ausgangsort für eine beinahe verwirklichte Zukunft bildeten dabei stets die Vereinigten Staaten, die als Avantgarde der Moderne gleichsam als erste in den Genuß der schönen neuen Welt gelangen sollten, was wieder in Europa zu einer erneut anlaufenden Identifikation mit dieser konkretisierten Moderne, zu einer Mystifizierung der Modernität schlechthin führte. Auffallend nur, wie sehr jedwede Fortschrittsgläubige in ihrem Drang, die Zukunft nicht zu versäumen, die militärischen und rüstungstechnischen Aspekte in ihren Utopieentwürfen zu verdrängen wußten.

Amerika war es auch, wo im August 1952 wieder einmal fliegende Untertassen die Bevölkerung in Aufregung versetzten und vor allem Jugendliche zum optimistischen

Fortschrittsglauben angehalten wurden, wo, wie die WIENER ILLUSTRIERTE versicherte, die »Kinder mit Atomstrahlen und Weltraumraketen schon lange auf du und du« sind. Dementsprechend war in der diesjährigen Vorweihnachtszeit interplanetarisches Spielzeug zum großen, umsatzsteigernden Geschäft geworden. »Statt Cowboy-Anzügen kaufte man Düsenpilotendressen und statt kleiner Rennwagen kreisen nun winzige fliegende Untertassen um den Christbaum. Und die seltsamsten verwirrenden Geräte werden den neiderfüllten Mitschülern als ›astronautisches Radargerät‹ oder ›Milchstraßen-Radioantenne‹ vorgeführt. Die Mädchen aber«, fährt die Zeitschrift zur irdischen Geschlechterrolle fort, »– klug wie Frauen eben schon in zartester Jugend sind – blieben mit beiden Beinen auf der Erde und wünschen sich Puppen. Allerdings solche, deren Nylonhaare man mehrmals in der Woche färben kann.« Die Kehrseite für derart kinderbeglückendes Weihnachtsspielzeug findet sich dann in einem Illustriertenbericht, aus dem hervorgeht, daß im Oktober 1951 Identitäts-Kennkarten für Kinder in den New Yorker Schulen als Zivilschutzmaßnahme für den Kriegsfall ausgegeben werden. »Bis Mitte 1952 sollen alle Schulkinder mit derartigen Identitätsplaketten versehen sein.« Statt Düsenpilotdressen kann man den Neid der Mitschüler nunmehr mit einer in Chicago herausgebrachten Atomweste schüren, die alles enthält, »was Überlebende nach einem Abwurf benötigen könnten: Sulfonamid, Blutstillungsmittel, Verbandszeug, Brandsalbe, Gerbsäurepuder, Leukoplast, Aspirin, Tabletten zur Wasserentkeimung, Sicherheitsnadeln, Messer, Schere, ein Seil, Taschenlampe, Schuhbänder und Streichhölzer. Die Farben der Jacken sollen nach Alter und Geschlecht verschieden sein.«

Mit Leukoplast, Sicherheitsnadeln, Messer, Schere, Licht ausgestattet, erklärten – so eine Meldung der amerikanischen Nachrichtenagentur AP im November 1951 – US-Fallschirmjäger nach einem Atombombenabwurf in der kalifornischen Mohave-Wüste: »Wir würden hineinspringen, wenn der Feind dort wäre.« Nach einem Bericht der Illustrierten STERN lagen die Soldaten nach Zündung der Bombe, »Augen und Ohren bedeckt, durch Zeltplanen und Decken gegen die Hitze geschützt, mit den Füßen in Richtung der Explosionsstelle. ›Die Erschütterung war nicht so groß wie in der Nähe normaler Bombeneinschläge‹, behaupteten alte Koreakämpfer. ›Die Atomwaffe kann jetzt die Bodentruppe wirksam unterstützen‹, verkündete man vor den fünftägigen Versuchen. ›Befriedigende Ergebnisse‹, hieß es, vorsichtiger, danach.«

Wernher von Braun, seit 1945 in den USA, führt laut Zeitungsbericht »dort die Arbeiten fort, die seinerzeit in Deutschland mit der Entwicklung der V2 begannen«. Von Braun hält sich eben in London auf, sein Vortrag beim Astronautischen Kongreß 1951 »über sein ›Marsprojekt‹ erregte großes Aufsehen«, möglicherweise weit mehr als seine V2-Raketen in dieser Stadt. »Was bis in unsere Gegenwart noch Wunschtraum und Utopie zu sein scheint«, schließt der Artikel vorausblickend, »wird morgen, wenn unsere Forscher die letzten Geheimnisse um die Weltraumfahrt gelöst haben werden, zu einer Selbstverständlichkeit werden. Der Mars wird dann zum Reiseziel, wie heute Stockholm oder Tokio.« Dieses Versprechen wird im Februar 1959 ernstgenommen. »Wir waren dabei, Ferienpläne zu machen«, versicherte Mrs. Lindon, »da fiel mir ein, wir könnten zum Mond fliegen!« Mr. Lindon, ein wohlhabender Londoner Börsenmakler, gibt zu, daß diese Idee ursprünglich mehr ein Scherz war. Dann aber fanden beide, es werde ernst, und zahlten 200 Pfund bei Cooks Reisebüro ein, um unter den ersten Mondreisenden zu sein.

1975 bereits sollen, nach den Plänen amerikanischer Techniker Mitte der fünfziger Jahre, fliegende Untertassen im Erdverkehr und Weltraumstationen zwischen Erde und Mond eingesetzt werden, doch derartige Zukunftsvorstellungen sind mitunter von recht irdischem Zuschnitt: Atom-Cars des Jahres 1975 werden selbständig parken, den Haushalt wird die Technik führen und die Hausfrau überflüssig machen, Wäsche und Geschirr reinigt man 1975 dann nur mehr mit Ultraschall.

Im Herbst 1956 wird das erste Atomkraftwerk der Welt in Anwesenheit von Königin Elizabeth II. im englischen Calder Hall in Betrieb genommen, wobei die Königin von »einem der größten Beiträge Großbritanniens zum Wohlergehen der gesamten Menschheit« spricht. Nur 400 Meter von der Uranfabrik entfernt, entsteht eben eine Atomwaffenfabrik, die die Nebenprodukte des Kraftwerkreaktors zu kriegerischen Zwecken verarbeiten soll.

Im Sommer 1957 fliegt die am Untersuchungszentrum Redstone bei Huntsville, Alabama, projektierte Jupiter-L-Rakete in 17 Minuten 30 Sekunden 2.600 Kilometer, wobei die österreichischen Zeitungen nicht vergessen zu erwähnen, daß es vor allem deutsche Forscher sind, die Amerikas Raketen bauen; im September platzt auf der Londoner Abrüstungskonferenz eine Bombe: Die sowjetische Mitteilung über die erste Erprobung eines Raketengeschosses im All, das, wie die TASS-Meldung dazu lautet, »in bisher niemals erreichter Höhe in kurzer Zeit eine riesige Entfernung zurücklegte und genau nach den Berechnungen im angegebenen Zielgebiet landete«. Schließlich endet das Wettrüsten um den ersten Erdsatelliten mit einem sowjetischen Sieg. »Beutedeutsche« des Ostens, so die WIENER ILLUSTRIERTE, hätten schnellere Arbeit geleistet als die des Westens. »In der Nacht vom 4. zum 5. Oktober gelang der Menschheit ihr erster planmäßiger Vorstoß ins Weltall. Mit einer Geschwindigkeit von 28.000 Stundenkilometern rast seither in 900 km Höhe ein in Rußland entwickelter künstlicher Himmelskörper um die alte Erdkugel.« Gleichzeitig kündigen die USA den bemannten Flug zum Mond in den nächsten 15 Jahren an, eine Jupiter-C-Rakete soll auch demnächst den russischen

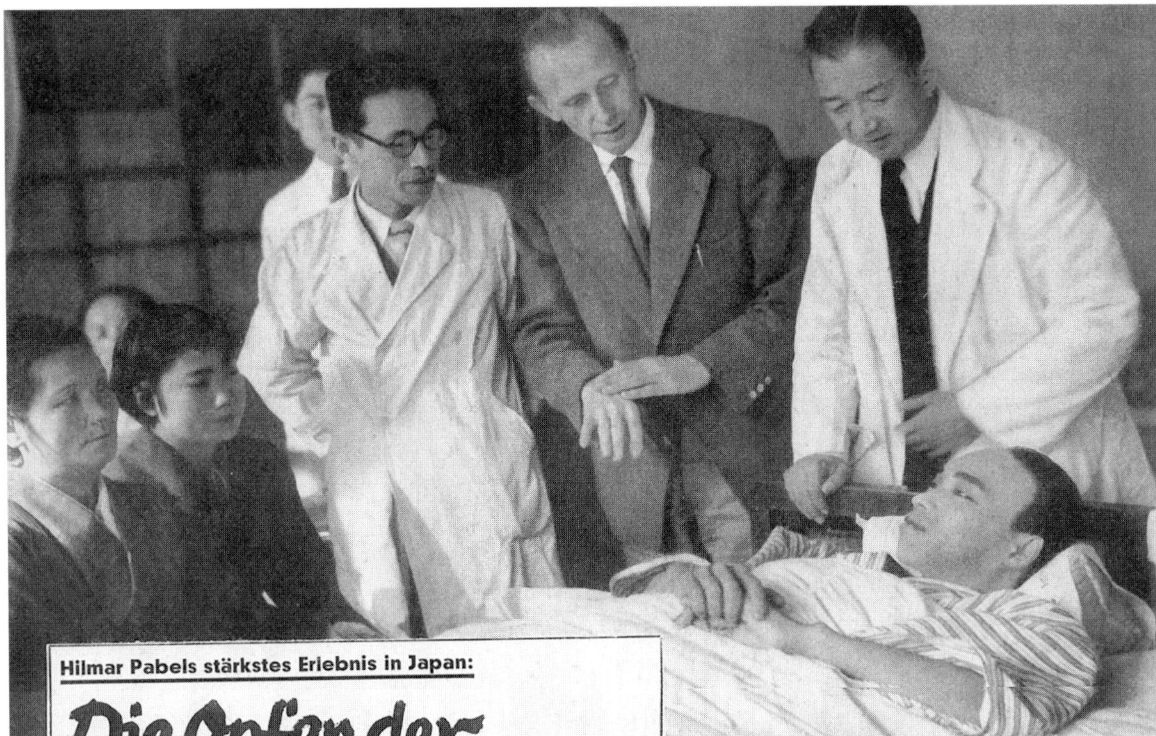

Hilmar Pabels stärkstes Erlebnis in Japan:

Die Opfer der „Atom-Pest"

Als einziges Land der Erde erlebte Japan im Kriege die Atombombe. Jetzt, mitten im Frieden, ist es wieder von dieser tödlichen Waffe bedroht: H-Bomben-Versuche der Amerikaner und — der Russen verseuchen Japan.

Beklemmende Minuten an einem Krankenbett in Tokio:

Die „Atom-Pest" geht um . . .

„Mein erster Besuch in Tokio galt den Opfern der ‚Atom-Pest'", erzählt Hilmar Pabel. „Gemeinsam mit Japans berühmtesten Spezialisten, Professor Kitamura (rechts) und Doktor Miyoshi, stand ich am Krankenbett des 30jährigen Fischers Hattori. Seit zehn Monaten versuchen die beiden Ärzte, Hattori und die übrigen 21 Besatzungsmitglieder des Schiffes ‚Glücklicher Drache' am Leben zu erhalten. Sie waren die Opfer des radioaktiven Aschenregens, der im März 1954, 26 Seemeilen außerhalb der Sicherheitszone um Bikini, nach einem amerikanischen H-Bomben-Versuch auf sie niederging. Bis heute fand sich noch kein Heilmittel . . ."

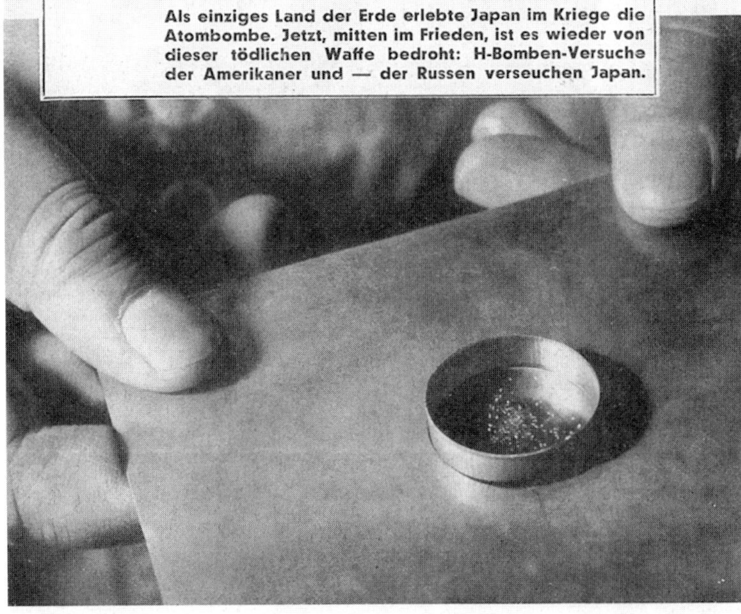

Gezeichnet — für sein ganzes Leben? „Hoffnungslos und verbittert, so fand ich den 30jährigen Fischer Yoshio Misaki. Zwar sind seine äußeren Verbrennungen ausgeheilt. Aber er weiß: winzige radioaktive Teilchen verseuchen seine Blutbahn — die ‚Atom-Pest' hat ihn befallen. Sie droht, trotz aller Gegenmittel, langsam seine inneren Organe zu zerstören. Ärzte zeigten mir in einer Schale Aschenteilchen der Atom-Explosion vom März 1954, die heute noch lebensgefährlich sind. Man hoffte, daß diese 22 Fischer die einzigen Opfer Japans bleiben würden. Nun aber zeigt sich:

Die „Atom-Pest" bedroht jetzt ganz Japan

Fortsetzung nächste Seite

MENSCHEN UND RAKETEN SIND BEREIT FÜR

Ziele, die im Monde liegen

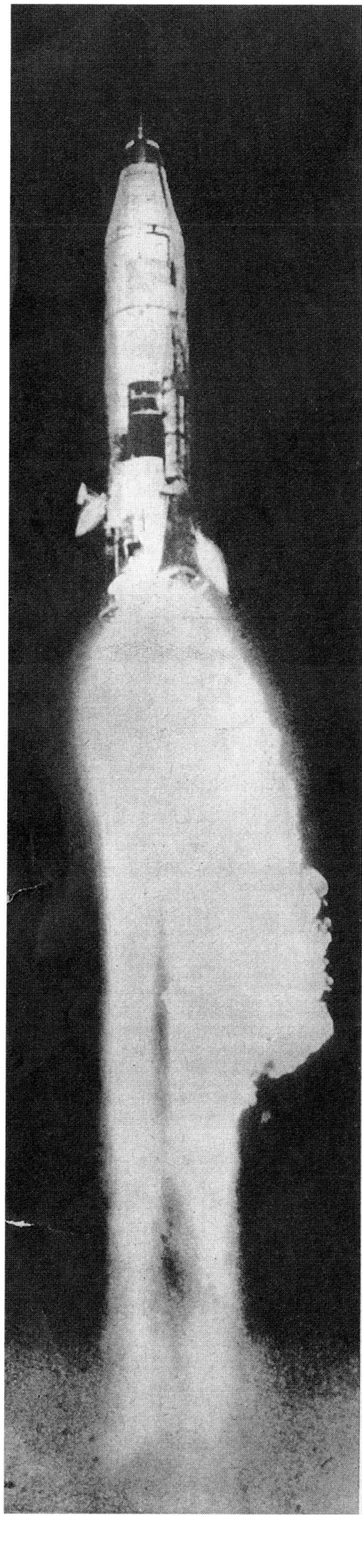

Der amerikanische Flieger Donald Farrel (28) — Bild links — darf sich rühmen, der erste Mann im Westen zu sein, der die Gefahren eines Fluges zum Mond auf sich nehmen will. Fürs erste soll er nun eine Woche lang in der Raumkammer des luftfahrtmedizinischen Institutes in San Antonio (Texas) unter jenen (freilich künstlich geschaffenen) Bedingungen leben, die ein Mensch auf der Fahrt zum Mond in einem Raumschiff zu bestehen haben wird. Donald Farrel wird während dieses Testes eine Woche lang in einer kleinen Kammer auf einem Stuhl sitzen und mörderische Druckveränderungen über sich ergehen lassen müssen. Bevor er diese Tortur über sich ergehen ließ, sagte er zu Presseleuten: „Vielleicht entdecke ich auf diese Art, wie weit eigentlich der Mond von unserer Erde entfernt ist, ein Versuch, der gar nicht so furchtbar sein muß, da ich ja während der ganzen Zeit meine Kammer in Texas nicht verlassen muß." — Aber nicht nur die Menschen bereiten sich für einen Flug zum Mond vor. Auch die Raketen sind, scheint's, bereit, das große Wagnis anzutreten. Jedenfalls erklärte ein Sprecher der amerikanischen Luftwaffe, daß jene „Atlas"-Rakete, die vor wenigen Tagen erfolgreich abgeschossen worden ist (Bild links außen), so stark sei, daß sie ohne Zweifel den Mond erreichen könnte.

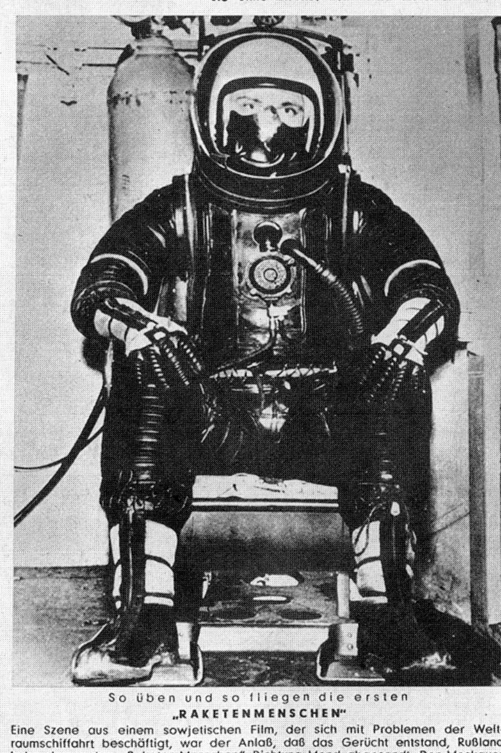

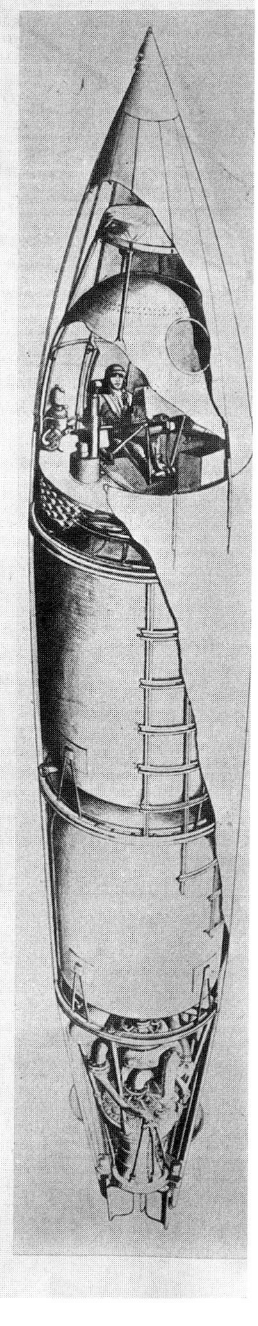

So üben und so fliegen die ersten
„RAKETENMENSCHEN"

Eine Szene aus einem sowjetischen Film, der sich mit Problemen der Weltraumschiffahrt beschäftigt, war der Anlaß, daß das Gerücht entstand, Rußland habe den ersten „Raketen-Menschen" Richtung Mond abgesandt. Der Moskauer Korrespondent des italienischen KP-Organs „L'Unita", der seinerzeit als erster Reporter über den Abschuß des Sputnik II und seiner Hündin Laika berichtet hatte, wußte sogar zu melden, daß dieser erste sowjetische „Raketen-Mensch" eine Frau gewesen sei. Die Russen selbst gaben dann bekannt, daß dieses Gerücht von dem „Raketen-Menschen", der aus 300 km Höhe mit Hilfe eines Fallschirms auf die Erde zurückgekehrt sei, durch den genannten Film entstanden sein könnte, in dem das Bild so eines zukünftigen „Raketen-Menschen" (oben) gezeigt worden ist. Aber nicht nur die Russen, auch die Engländer beschäftigen sich mit dem Problem des „Raketenmenschen". Die Zeichnung (rechts) zeigt die britische Version zu dieser vorläufig noch utopischen Reise zum Mond. Hier ist es eine umgebaute deutsche V 2-Rakete, die in ihrer Spitze den Sitz und die Instrumente für einen Weltraumfahrer aufnehmen soll.

Wien: Gufler erklärt, warum er Geständnis ablegte
Basel: Schweiz 5:0 besiegt / Barcelona–HSV 1:0
Jerusalem: Eichmanns Verteidigung wird widerlegt

MORGEN-KURIER 1 Schilling

Donnerstag, 13. April 1961

ÖSTERREICHS GRÖSSTE TAGESZEITUNG / UNABHÄNGIG, ÜBERPARTEILICH

Loden aus Tirol

So flog der erste Mensch ins All

Russischer Pilot umkreiste die Erde in einem Sputnik
Über 1½ Stunden im Weltraum: Er sah die Kontinente

Vorsprung aufholen. Im Dezember 1957 explodiert ein US-Satellit am Boden, was jedoch, wie die Zeitungen aufmunternd verlauten, »kein Grund zur Panikstimmung« sei, während die Verwendung der Eskimohündin Laika als Versuchstier im zweiten sowjetischen Erdsatelliten bei westlichen Tierschützern ein ungünstiges Echo hervorruft. Anfang 1958, nach Gründung der NASA (National Aeronautics and Space Administration) wird schließlich unter dem schon etwas trutzigen Titel »Und er fliegt doch« vermeldet: »Die freie Welt darf aufatmen. Dem russischen Sputnik I und Sputnik II ist der erste amerikanische Satellit in den Weltraum gefolgt. Diesmal hat keine Propaganda den Startversuch angetrommelt. Diesmal ist dafür der Start geglückt. ›Alpha 58‹, wie der US-Satellit heißt, kreist seit 1. Februar um die Erde, seine Signale wurden schon vielfach gehört. Er funktioniert, es ist alles in Ordnung. Das Gleichgewicht der Kräfte, das durch den russischen Satelliten-Vorsprung etwas gestört war, wird langsam wiederhergestellt werden.« Und im August 1958 »wurde selbst der Sputnik blaß«, nachdem das US-Atom-U-Boot Nautilus den Nordpol unterquert hatte. Am 12. April 1961 umkreist als erster Mensch Juri Gagarin die Erde. »Die Russen«, vermeldet die WIENER ILLUSTRIERTE, »sind wieder schneller gewesen. Der erste Mensch, der heil aus dem Weltraum zurückgekehrt ist, ist ein Russe.« Der Sowjetspion George Blake schrieb damals aus dem Gefängnis Brixton: »Das stärkte natürlich meine Moral. In dem Flug sah ich eine Bestätigung, daß ich nicht umsonst gearbeitet, daß ich der Seite des Fortschritts geholfen hatte ...«

Raumfahrt wie Atomrüstung wurden von der ständigen Konfrontation und Rivalität der beiden Großmächte überschattet, und so schien es nur logisch, den Kalten Krieg auch im Weltall auszutragen. Apokalyptische Gefühle brachen jedoch unter den Bedingungen einer permanenten atomaren Bedrohung nicht aus, derartige Alptraumszenarios sollten erst in den sechziger Jahren auftreten. Anfang des Jahres 1962 wird etwa die amerikanische Ethnologin Margaret Mead einen Vorschlag zur Erhaltung der menschlichen Art veröffentlichen. Um im Falle eines globalen Atomkrieges das Überleben der Menschheit nicht dem blinden Zufall zu überlassen, plant sie so etwas wie eine moderne Arche Noah: Junge, ausgesucht gesunde und intelligente Ehepaare aller Rassen und Nationen sollten sich ab sofort in atombombensicheren Bunkern aufhalten. Eine Ablösung der Menschheitselite ist von Margaret Mead alle 14 Tage geplant. Kosten und Auswahl will die Ethnologin den Vereinten Nationen überlassen.

»Mechanische Hexenmeister«

Die technologische Überlegenheit der USA und ihr Bruttoinlandsprodukt, das 1950 noch doppelt so hoch wie das von Frankreich und Deutschland gewesen war, ermöglichten eine gewaltige wissenschaftliche Revolution. Mehr als alle vorangegangenen Perioden basierten die fünfziger Jahre auf wissenschaftlicher Forschung, deren Ergebnisse dem Laien, etwa in Form der HOBBY-Hefte, erst erklärt werden mußten. Die Zukunft war nicht länger die lineare Verlängerung der Gegenwart. Novitäten, die in ihrer praktischen Anwendung zum eigentlichen Kaufanreiz für technische wie alltägliche Produkte werden sollten, signalisierten, daß »neu« nicht nur »besser« hieß, sondern »grundlegende technische Revolution« bedeutete (Eric Hobsbawm) und Innovationen dabei einen qualitativ neuen Stellenwert einnahmen. Hinzu kam, daß die neuen Technologien zwar großer Investitionen, jedoch immer weniger Menschen bedurften. Der seltsame Traum des Jahrzehnts beschwor eine Produktion ohne Menschen für die Menschen, wobei man nicht vergaß, in der nunmehr propagierten »Freizeitgesellschaft« Arbeitszeitverkürzung in Konsumsteigerung umzumünzen. Der Wiener Heinz Zemanek, der ab 1956 das »Mailüfterl«, einen der ersten volltransistorisierten Computer, entwickelt, ist hinsichtlich der Auswirkungen der Automation, die er als »Benützung der Nachrichtenmaschine in der Industrie« definiert, durchaus optimistisch und meint, daß die kommende »Freizeitgesellschaft« neue Berufe im Gefolge haben werde.

Um 1950 hatte man in den USA begonnen, die damals noch aus Elektronenröhren bestehenden Computer in Industrie und Wirtschaft einzusetzen, 1960 entstand die zweite Computergeneration, bei der die Röhren durch Transistoren ersetzt wurden. Die Erfindung des integrierten Schaltkreises wird wenig später zur Entstehung der dritten Computergeneration, zur Verbilligung der Produktion und damit zur privaten Aneignung der Geräteleistungen führen. Roboter nannte man in den fünfziger Jahren jene computergesteuerten Automaten, die der Menschheit höchsten Lebensstandard bei geringster Arbeitsleistung und ungebremster Konsumation ermöglichen sollen. Einen ebensolchen gilt es im Sommer 1953 auch in Österreich zu bestaunen. »Sabor« nennt sich der Roboter, der laut WIENER ILLUSTRIERTEN folgendermaßen aussieht: »Das Elektronengehirn, wie das mechanische Gehirn genannt wird, hat nichts Menschenähnliches an sich. Ein Riesenraum, Schaltbretter, ein Wirrwarr von Drähten und Kontakten, von genialen Händen und nimmermüden Erfindergeist ins System gebracht, das ist dieser Wunderapparat, die Denkmaschine unseres technischen Jahrhunderts, er rechnet, registriert, schaltet und kalkuliert. Ein mechanischer Hexenmeister produziert Arbeit.«

Als eine österreichischerseits konkrete Ausformung utopischer Lösungsvorschläge kann das Schicksal der Alweg-Bahn genannt werden. Das nach dem schwedisch-amerikanischen Millionär Axel Lennart Wenner-Gren benannte Einschienensystem auf Stelzen wurde bereits seit 1953 im Magazin HOBBY eifrig beworben und sollte »demnächst« und »in naher Zukunft« Berlin mit Shanghai verbinden. Der Wiener Gemeinderat, in dem offenbar auch einige HOBBY-Leser vertreten waren, nahm sich im September 1957 der neuen Idee zur Beseitigung der unterdessen bereits beachtlichen Verkehrsmisere an: »Kein Bodenbedarf für Gleisanlagen, keine Gefahrenquellen an Übergängen«, hieß es dazu in einem Zeitungsbericht über die Vorzüge des Systems. »Schnelle Montage und geringe Herstellungskosten – das sind Kennzeichen der Alweg-Bahn. Hinzu kommt die für die österreichische Landschaft vorteilhafte immense Steigfähigkeit. Heute Zukunftsmusik – morgen Wirklichkeit?« Im Jänner des darauffolgenden Jahres ist es dann fast soweit. Unter der Überschrift »Per Alweg-Bahn nach Hütteldorf?« wird vermeldet, daß »führende Persönlichkeiten des Wiener Stadtsenats und der Wiener Verkehrsbetriebe« in naher Zukunft die Versuchsstrecke der Alweg-Einschienenbahn in Köln besichtigen werden, »um zu prüfen, ob dieses neue Verkehrsmittel für Wien in Frage kommen könnte.« Im Juni 1958 verspricht dann die Zeitschrift HEUTE: »Wien steigt in die Alweg-Bahn ein.« So soll der Bau der Strecke Meidling – Gumpendorfer Straße demnächst in Angriff genommen werden, die wahrscheinlichste Streckenführung durch die Eichenstraße und über den Gaudenzdorfer Gürtel verlaufen. Im Dezember 1961 wird endgültig beschlossen, daß die Alweg-Bahn bis Ende 1963 zunächst auf der Strecke Gumpendorfer Straße – Philadelphiabrücke errichtet werden soll. »Wird diese Strecke ein Erfolg«, formuliert diesbezüglich die WIENER ILLUSTRIERTE, »soll später die gesamte Stadtbahn auf das System der Alweg-Einschienenbahn umgebaut werden.« Daß es dann schließlich doch nicht dazu kam, der Gemeinderat vielmehr beschloß, einige Straßenbahnlinien unter die Erde zu verlegen, mag auch mit den geänderten HOBBY-Themen des Winters 1961 in Zusammenhang stehen.

Per ALWEG-Bahn nach Hütteldorf?

WIENS VERKEHRSPLANER INTERESSIERTEN SICH FÜR DIE EINSCHIENENBAHN

Führende Persönlichkeiten des Wiener Stadtsenats und der Wiener Verkehrsbetriebe wollen die Versuchsstrecke der ALWEG-Einschienenbahn in Köln besichtigen, um zu prüfen, ob dieses neue Verkehrsmittel für Wien in Frage kommen könne. Man weiß, die Wiener Stadtbahn ist veraltet. Ihr Umbau, ihre Modernisierung ist mit so hohen Kosten verbunden, daß man bei dieser Gelegenheit gleich nach einer Lösung Umschau halten will, die als Verkehrsmittel der Zukunft angepriesen wird. Wie sieht so eine Einschienenbahn aus? In Köln-Fühlingen fährt seit kurzem bereits der erste ALWEG-Zug. Und hat auch schon das Interesse vieler Verkehrsspezialisten aus Europa und Übersee gefunden. Das ist eigentlich der erste große Erfolg des schwedischen Initiators der Bahn, der ihr auch den Namen gab – Dr. Axel L. Wenner-Gren – und seit fünf Jahren zäh und unbeirrt die mühevolle Arbeit finanziert. Er und seine deutschen Ingenieure wissen nun, daß sie recht hatten, als sie der Balkenbahn alle Eigenschaften beimaßen, die von einem Massenverkehrsmittel der Zukunft verlangt werden: Schnelligkeit, Raumersparnis, Billigkeit in Herstellung und Betrieb, Sicherheit, Geräuscharmut, Steigfähigkeit und hohe Beschleunigung. – Zwei geniale Gedanken haben sich tatsächlich als richtig und anwendbar erwiesen. Der erste: Der Balken ist nicht nur tragende Brücke, sondern gleichzeitig Fahrbahn. Der zweite: Das Fahrzeug reitet auf dem Balken und erreicht dadurch einen ungewöhnlichen Grad an Sicherheit. Außerdem steht heute auch schon die Wirtschaftlichkeit der ALWEG-Bahn außer Zweifel. Je Kilometer beträgt der Kapitalbedarf: bei einer U-Bahn 17 Millionen DM, bei der Hochbahn 8 Millionen DM, bei der Straßenbahn ohne eigenem Bahnkörper 1,7 Millionen DM, bei der Straßenbahn mit eigenem Bahnkörper 2,3 Millionen DM – und bei der ALWEG-Bahn ebenfalls 2,3 Millionen DM. Das heißt, die kreuzungsfreie, keinen anderen Verkehrsstrom behindernde, sichere und auch sonst alle Vorzüge der Verkehrsmittel mit eigenem Bahnkörper in sich vereinenden Balkenbahn ist in der Herstellung nicht teurer als eine Straßenbahn mit eigenem Gleisbett. Vielleicht bestimmt gerade diese Tatsache die Wiener Verkehrsexperten, die Kölner ALWEG-Bahn besonders intensiv zu studieren. Vielleicht fahren wir dann in ein paar Jahren schon „Per ALWEG-Bahn nach Hütteldorf“. Reportage: Kurt Gelsner

DIE FAHRBAHN, die der ALWEG-Zug mit seinem Fahrwerk umfaßt, und auf denen er gleichsam reitet, besteht aus Stahlbeton – Hohlbalken, die von Stahl- oder Stahlbetonstützen getragen werden. Ein 15 Meter langer Hohlbalken, der die Entfernung von Stütze zu Stütze überbrückt, wiegt bei 1,40 Meter Höhe und 80 Zentimeter Breite nur 28 Tonnen und kann in einer Stunde erbaut werden.

Im Vertrauen auf den technischen Fortschritt wird statt dessen in der Bundeshauptstadt ein neues Wundermittel propagiert, das unliebsames, weil häufiges Aufreißen von Straßenzügen endgültig in die Vergangenheit verbannen soll. »Dank einer Neuerfindung können nun Kabel und Rohre mit einem neuartigen Stoßbohrgerät in wenigen Stunden unter Straßen, Flüssen und Dämmen verlegt werden, ohne daß dadurch der Verkehr gestört wird«, verspricht eine diesbezügliche Gemeindeaussendung.

»Atomalerischer Gschnas« lautet im Fasching 1954 das Motto für die traditionellen Feste im Wiener Künstlerhaus, dreidimensionale Magazine mit dazugehöriger 3-D-Brille erreichen uns aus Amerika, und »einer sensationellen amerikanischen Erfindung verdankt Frau Irminger (Wien) elf Kilo Gewichtsabnahme«. Nur wenige Tage nach der Zündung der ersten britischen H-Bombe am 15. Mai 1957 auf den Weihnachtsinseln im Pazifik liest man in einer Wiener Zeitung unter dem Titel »Ist Regen giftig?«: »Ob uns durch atomverseuchten Regen Gefahr droht, darüber gehen die Meinungen auseinander. Wer einen Kleppermantel trägt, der ist stets wohlgeborgen.«

Aus einer UN-Statistik geht hervor, daß zwischen 1945 und 1953 auf den verschiedenen Tribünen der Vereinten Nationen das Wort »Frieden« mehr als 300.000mal ausgesprochen wurde. Temperaturschwankungen im Ost-West-Klima führen im Sommer 1956 amerikanische Wissenschaftler zur Ansicht, »daß längstens bis zum Jahre 1980 der Mensch die Witterung leitet und bestimmt«. Laut WIENER BILDERWOCHE wird im Jahre 1980, »gemäß den Prophezeiungen der zweifellos ernstzunehmenden ›Wettermacher‹ die ganze Welt verändert sein: Es wird keinen verregneten Urlaub mehr geben, nur in den Nächten wird Regen fallen, und zwar nur dort, wo er gerade gebraucht wird, keine Stürme oder Orkane werden mehr auftreten, sämtliche unfruchtbaren Gebiete werden in fruchtbarsten Ackerboden umgewandelt, und die Sahara wird ein riesiger Getreide-, Obst- und Blumengarten sein.« Dies alles wird bis zum Jahre 1980 ermöglicht durch die Beeinflussung warmer Luftströme, die in bestimmten Richtungen gelenkt werden können, und durch frisch gepflanzte Algen, die auf den Eisbergen das Eis zum Schmelzen bringen, was offenbar mit großen Vorteilen verbunden ist.

Anfang 1958 entwickelt der Brite Frank Tinsley den etwas realistischeren Plan für einen Tunnel unter dem Ärmelkanal. Er ist damit nicht der erste, doch sein Konzept sieht vier Eisenbahngeleise auf drei Stockwerken, samt Fernlastzügen, Personenautos sowie, erstaunlicherweise, Fußgängern vor. Im Mai stellen die Bayer-Werke Chemiefaserstoffe, »aus Formeln geboren«, wie Dralon und Perlon im Wiener Palais Auersperg aus, und im Juni sind die Zeitungen voll mit Berichten von der Brüsseler EXPO, der weltweiten Technik-Schau, die einen ersten Überblick über den technologischen Fortschritt der fünfziger Jahre geben sollte. Österreich ist in Brüssel unter dem Motto »Menschlicher Fortschritt« vertreten und präsentiert die Wiener Musikakademie, die Notenblätter Mozarts, die technischen Erfindungen eines Ressel und andere jüngere Beispiele österreichischer Innovationskraft. Diese künden

Das Atomium: Symbol der Expo in Brüssel

laut Ausstellungsgestalter alle »vom Geist des Humanismus, der, wenn ihn auch die ganze Welt so gern für sich in Anspruch nimmt, bei uns in Österreich verbriefte Staatsbürgerrechte besitzt«. Kurzum: Auf der EXPO in Brüssel fehlt im Österreich-Beitrag bewußt »das Protzige, die marktschreierische Tendenz«, die dort andere Staaten auszeichnete.

Ängste eines Jahrzehnts

Die Angst saß tief in jenen Jahren und konnte mit Zukunftsoptimismus allein nicht behoben werden. Daß in Österreich technologischer Fortschritt nicht selten mit skeptischer Rückwärtsgewandtheit bis kopfschüttelnder Ablehnung kommentiert wurde, mag mit Joseph Ressels Schicksal erklärt werden, lag aber vermutlich vor allem daran, daß ein die Aufbaujahre begleitender Rückzug ins Private die Bedrohung durch die modernisierte Öffentlichkeit vermindern sollte.

Doch Ende der fünfziger Jahre gerät auch das private Eheglück langsam ins Wanken. Im Sommer 1954 stehen in Wien 13.695 Ehelichungen 4.356 Scheidungen gegenüber. Das Verdikt »Bis daß der Tod euch scheidet« wird ab 1954 immer häufiger dank des in Mode kommenden Unkrautvernichtungsmittels E 605 vor allem im ländlichen Raum unterlaufen – doch zurück zum Beginn. Wie das Eheanbahnungsinstitut Bernert bekanntgibt, versuchen derzeit viele Menschen auf dem Wege über Zeitungsinserate einen neuen Partner zu finden. Dabei gibt es laut Bernert zwei Gruppen von Suchenden: bei der einen sei Geist und Herz erwünscht, bei der anderen, größeren, Wohlhabenheit und Geschäftspartnerschaft. Im Jahre 1959 dokumentiert die Lebensberaterin der WIENER ILLUSTRIERTEN (»Frau Herta gibt Rat«) die ausbrechende Partnerschaftskrise recht deutlich. Von 125 Leserbriefschreibern befragen 68 »Frau Herta« zu Problemen von Ehe und Scheidung, 25 äußern sich zu Lebensschwierigkeiten verschiedener Art, und der Rest von 32 Lesern möchte eine Antwort auf Fragen der Erziehung, Ausbildung, Arbeit und des guten Benehmens erhalten. Bezeichnenderweise wird Ende des Jahres der Ratgeber dann durch die beschwingte, öffentliche Tratsch- und Gesellschaftskolumne »Ganz privat« von Paula Elges ersetzt.

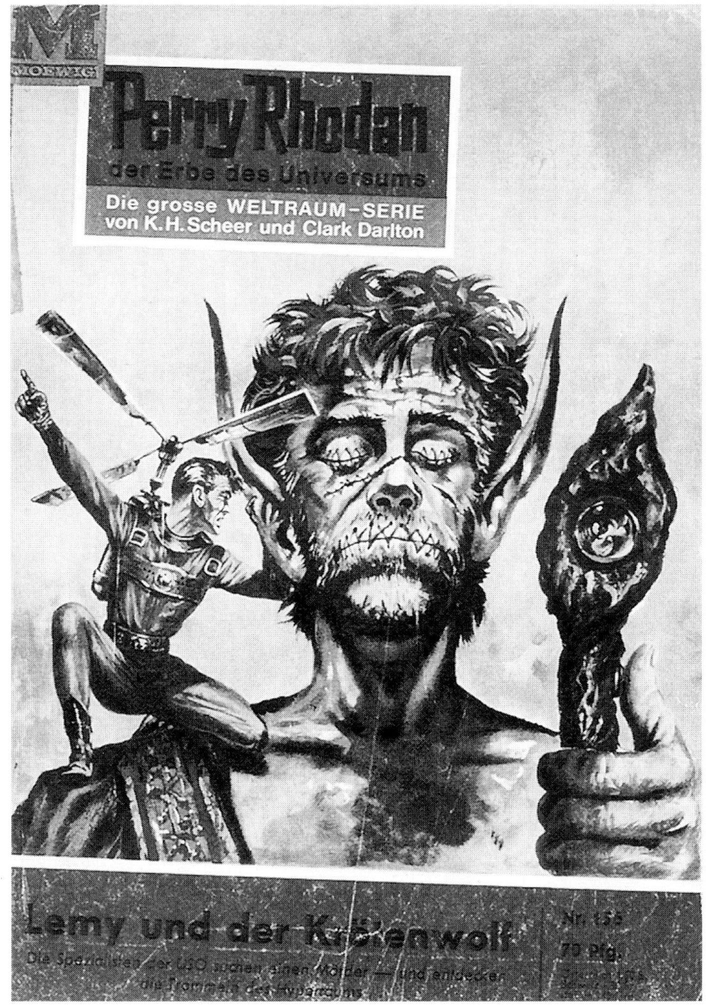

Angst grassierte aber nicht nur in der staatlich sanktionierten Beziehung, sie entstand auch dort, wo die Arbeitsteilung fortschritt und die Gesellschaft immer unüberschaubarer wurde. Am Ende des Jahrzehnts zeigte sich deshalb der Aufbauoptimismus der frühen Jahre etwas angekratzt. In einer großangelegten Umfrage des österreichischen Gallup-Instituts, die im März 1960 publiziert wurde, gaben 45 Prozent der Befragten an, in den nächsten Jahren werde es schlechter werden, 13 Prozent meinten, es bleibe, wie es ist, 8 Prozent äußerten keine Meinung und lediglich 34 Prozent sahen optimistisch in die Zukunft. Dabei bildete Österreich eine deutliche Ausnahme, in zehn anderen europäischen Ländern glaubte der größte Prozentsatz daran, daß es in den nächsten Jahren zu einer

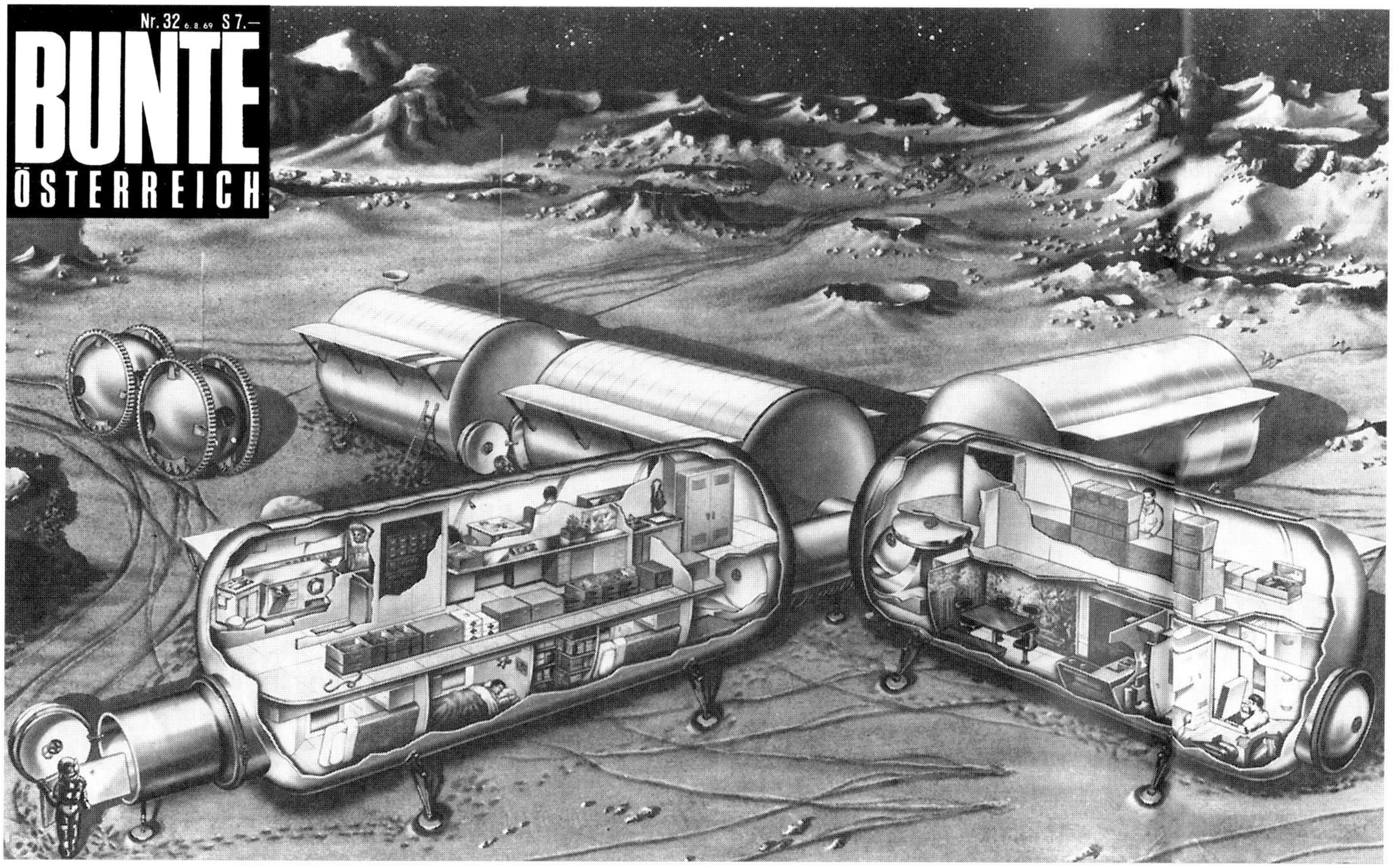

Der Mond wird – wenn auch bis auf weiteres nur im Kopf – kolonialisiert. US-Wissenschaftler entwickeln als Zukunftsbild Lebens- und Arbeitsviertel auf dem Erdtrabanten

weiteren Steigerung der Lebensqualität kommen werde. Wie MAGNUM, »Die Zeitschrift für das moderne Leben«, in ihrer ersten Nummer Ende 1953/Anfang 1954 rasch erkannte, hatte es der alles durchdringende Fortschritt nicht nur so an sich, daß er, laut Nestroy, viel größer ausschaut als er wirklich ist, sondern daß dieser auch imstande sei, Angst und Unbehagen hervorzurufen. »Es ist der Optimismus dieses Heftes, daß wir an einen Fortschritt in unserer Zeit glauben«, liest man eingangs, wo bereits der auf Vernunft und Naturbeherrschung beruhende Fortschrittsglaube des 19. Jahrhunderts hinterfragt wird: »Unser Fortschrittsglaube ist dabei ein wesentlich anderer, als der unserer Großeltern war, der Unterschied allein schon kennzeichnet die Moderne.« Und das neue Lebensgefühl dieser Moderne drückt sich laut MAGNUM folgendermaßen aus: »Wir sehen uns heute an der Schwelle einer neuen gigantischen technischen Entwicklung, aber wir haben kein besonders hoffnungsvolles Behagen angesichts der hereinbrechenden Supertechnik. Vor allem glauben wir heute nicht mehr an eine durch die Technik sich ergebende Souveränität des Menschen über die gesamten modernen Daseinsbedingungen, eher befürchten wir eine Souveränität der Technik über den Menschen.« Die Zeitschrift MAGNUM, so etwas wie ein Ästhetisierungsorgan der Moderne im Zeitalter des Massenkonsums, ersetzt, für Österreich seit Karl Kraus nicht unüblich, Sozialkritik durch Kulturkritik und sieht nach dem Zusammenbruch des »mechanischen Weltbildes« eine »historische Zäsur« und das Hervorbringen neuer »organischer Grundlagen« im Geistesleben voraus, in deren Atmosphäre »durch Ge-

Rasant in die Zukunft der Motorisierung

Parkplatz-Idylle vor dem Wiener Stadion, Mai 1955

Messen als Motor der Massenmobilisierung

sche Normierung mit Modulcharakter abzuzeichnen beginnt. Moderne, gleichförmige Stile mit austauschbaren Elementen sollen nun den Anschluß an die Zukunft ermöglichen, denn »gleicher Geschmack, gleiche Bedürfnisse und gleiche Interessen«, urteilte obige Illustrierte im September 1953, »setzten sich über Länder und verschiedenartiges Kulturgut hinweg«. Es mag aber auch nachdenklich stimmen, daß Österreichs Autobahnen, trotz Vorplanung durch die Nationalsozialisten und hoher ERP-Mittel, trotz Mystifizierung als Symbol der modernen Zeiten, als Anschlußstücke an die Zukunft, nur zögernd in die Länge wachsen.

Auf der Frühjahrsmesse 1954 wird der Renault 4 CV, der bereits in fast 500.000 Exemplaren in alle Welt verkauft wurde, neben der Renault-Fregate ausgestellt; De Soto, ein Produkt der Chrysler-Corporation, zeigt das Modell »Firedom«, die »große Sensation in Amerika«, Mercedes-Benz als letzte Neuerung den Typ 220; Steyr-Fiat führt seine Modelle mit Vollsicht-Dach und Schlafsitzen vor, Studebaker »ist der billigste und sparsamste Amerikaner in europäischer Linienführung«, und die neue NSU-Max, die »schnellste 250-ccm-Maschine der Welt«, findet sich neben den beliebten, wenn auch nicht ganz so schnellen Puch- und Lohner-Rollern. Den ersten Spatenstich für die Autobahn Salzburg – Wien nimmt am 17. Juli Bundeskanzler Julius Raab vor, und sowohl der Kanzler »als auch alle anderen Redner heben die Bedeutung dieser ›Straße des Friedens‹ hervor und erklären, daß der Bau der Autobahn während der nächsten fünf Jahre Tausenden Brot und Arbeit sichern werde«. Wie sich Walter Prskawetz erinnerte, war es dann der 15. Mai 1955, der Tag des Staatsvertrages, an dessen denkwürdigem Abend Wiens Stadtgebiet den bis dahin größten Verkehrsstau erlebte. »Der Abend des 15. Mai 1955: Das war der Augenblick, in dem das Auto die Oberhand über die Ordnung gewann.«

Die Wiener Internationale Automobilausstellung im Frühjahr 1956 ist noch immer mehr Vorzeige- denn Verkaufsschau. Die neuen Modelle von Cadillac (286 PS), Oldsmobile (223 PS), Buik (225 PS) und Chevrolet Sedan (164 PS) machen deutlich, daß Erdöl in den USA nach wie vor zu den Billigprodukten zählt. Breiteres Käuferinteresse findet hingegen der Mittelklassewagen Renault-Dauphine, mit seinen 31 PS und fast 120 Stundenkilometern kostet er 38.500 Schilling; das Goggomobil, »Stolz der Familie« und

Symbol der beginnenden Massenmotorisierung, ist um rund 10.000 Schilling billiger. In Vorarlberg eröffnet 1955 das erste Motel seine Pforten, ein Jahr später werden die ersten Zebrastreifen für Fußgänger angelegt; ein Liter Benzin kostet 3,10 Schilling, und am 8. April 1957 wird die bald beliebte Sendung »Autofahrer unterwegs« aus dem Wiener Einkaufszentrum AEZ erstmals übertragen.

Das Stadtbild der Zukunft

Im Sommer 1956, auf dem XXIII. Kongreß für Wohnungswesen und Städtebau in Wien, steht das Stadtbild der Zukunft zur Debatte. Das neue Wien zeichnet sich bereits an einigen Punkten der Stadt deutlich ab. Die schrittweise »Entmischung«, die Verlagerung der Industrie von den städtischen Wohngebieten in die Randzonen, und die Absicht, das Gebiet nördlich der Donau zu einem planmäßig gestalteten Stadtteil, einer »Trabantensiedlung« werden zu lassen und neue Erholungsgebiete zu schaffen, sind wieder nur mit einer entscheidenden Ausweitung des Verkehrssystems möglich. Ebenso die schleichende Verbauung des Wienerwaldes mit Einfamilienhäusern, die mit ihrer lokalen wie sozialen Distanz Prestige schaffen. Nun soll eine neue Verkehrsachse, bestimmt vom Wasserweg der Donau und des Donaukanals sowie der neuen Industriestandorte im Marchfeld und in Schwechat, gebildet werden.

Der Ungarnaufstand läßt erstmals in Europa Sorgen um die Benzinversorgung aufkommen, in Schweden und den

Wiener Straßenszene, Mitte der fünfziger Jahre

USA wird ein Sicherheitsgurt entwickelt, und Federico Fellinis »La Strada« kommt in die heimischen Kinos. Die Stadt Salzburg, die bereits an die deutsche Autobahn angeschlossen ist, veranstaltet unter dem Slogan »Gastliches Österreich« die erste Fremdenverkehrsmesse Österreichs. Durch den Ausbau der Westautobahn Richtung Mondsee muß auch »Österreichs berühmte Kleinbahn« von Salzburg nach Bad Ischl im Oktober eingestellt werden. Dagegen protestieren rund zweitausend Menschen aus dem Salzkammergut. Der Unterschied zwischen der alten und der neuen Zeit wird deutlich, als die lange Kolonne des Protestmarsches an der glatten modernen Fassade des eben vollendeten Hochhaus-Hotels am Salzburger Bahnhofplatz vorbeizieht. In Wien zeichnet sich das neue Hotel Europe in der Kärntnerstraße ebenfalls »durch die moderne, gradlinige Bauführung aus, durch ihre großen Fenster und die reiche Verwendung von Glas«. Hotel-, Amts- und Siedlungsbauten unterscheiden sich in ihren Fabrikationsprinzipien nicht mehr von normalen Zweckbauten, ihre Formgebung entspricht dem »styling« aller anderen Gebrauchsgüter. »Noch nie zuvor in der Geschichte hat eine so bedenkenlose und vorerst noch keineswegs abgeschlossene Traditionsvernichtung stattgefunden, wo immer das von Erfordernissen der technischen Entwicklung nahegelegt wurde«, wird 1965 Alexander Mitscherlich in »Die Unwirtlichkeit unserer Städte« ankla-

Trabantensiedlungen aus Fertigteilen

gend formulieren. Verstärkter Fremdenverkehr erfordert weitere Hotelbauten, wobei in den modernen Zeiten auf historische Bausubstanz nicht allzuviel Rücksicht genommen werden soll. »Dem Stadtpark wird kein Grashalm gekrümmt«, beruhigt die GROSSE ÖSTERREICH-ILLUSTRIERTE Anfang 1957. Andererseits: »Wien darf nicht eine Weltstadt ohne Betten bleiben. Der Kursalon ist weder schön noch traditionsreich.« Sagen wir deshalb »freudig ›Ja‹ zur Errichtung eines fashionablen Hilton-Hotels«, denn, so heißt es weiter in der Zeitschrift, »nicht jeder alte Stein ist wertvoll und nicht jeder neue Bau verschandelt das Bild unseres Wien. Die Seele Wiens ist gewiß mit einem Dollar-Scheck nicht aufzuwiegen, auf der anderen Seite darf man aber auch nicht jeden, der uns helfend die Hand reichen will, wie einen Einschleichdieb behandeln. So wie bei den Bauten gegenüber der Oper auf den Stil der Umgebung Bedacht genommen wurde, müßte es auch beim ›Vienna-Hilton-Hotel‹ sein. Moderne Formen lassen sich durchaus dem Alten homogen beifügen«, denn »was wir heute bauen, ist die Brücke zum Morgen«. »Auch eine Stadt muß ihr Antlitz verändern«, unterstreicht im Streit um die Modernisierung Wiens der mit dem Bau des Hotels beauftragte Architekt Georg Lippert, »sonst fällt sie früher oder später unweigerlich der Überalterung anheim. Das Gebäude des Kursalons, um das es im speziellen Fall geht, ist auf die Dauer ohnehin nicht zu erhalten«, sei »mittelmäßig in seiner Schöpfung«, man sollte also, so der Architekt, der bald die Stadt tatkräftig in ihrem Erscheinungsbild verändern wird, »die Gelegenheit ergreifen, hier etwas großzügiges Neues zu schaffen«. »Krokodilstränen« vergießen laut STERN dann im Herbst 1966 jene, »die schon um die pseudobarocke Scheußlichkeit des Kursalons gezetert haben«, über den geplanten Abriß des Wiener Künstlerhauses. Zur Jahrhundertfeier seiner Eröffnung soll es nach dem Willen der Architekten Lippert und Jaksch, den Erbauern des neuen Heinrichshofes, der Bun-

desländerversicherung und des Dianabades, einem IBM-Neubau weichen. Architekt Karl Schwanzer, Schöpfer des Museums des 20. Jahrhunderts und des Philips-Hauses, wieder denkt nach amerikanischem Vorbild an eine monatliche Zuwendung an die Künstlerhausgesellschaft als Trostpflaster, allerdings mit der daran verknüpften Bedingung: »Nur wenn der ganze Raum verbaut wird, ist das Projekt finanziell tragbar und die Apanage an das Künstlerhaus zahlbar«. Eine »Ringstraßenarchitektur dritter Güte«, nennen es die Zeitungen, eine »architektonische Jämmerlichkeit«. Und auch Mr. Donald Devine aus New York, Vizepräsident der größten amerikanischen Developer-Firma Collins Tuttle, die Großbauten errichtet und vermietet, versteht die Aufregung, die Welt und speziell Wien nicht mehr. »Wen geht es«, so fragt er laut STERN, nach Ablehnung des Projekts durch die Künstlerhausgesellschaft, »eigentlich etwas an, wenn eine private Vereinigung einer ebenso privaten Firma einen alten Kasten für einen Neubau verkauft?«

Im Oktober 1956 wird »Wiens modernster Bahnhof«, ein »neuer Prunkbau« als »Symbol des Wiederaufbaus« fertiggestellt. »Schon von der Straßenfront her«, schreibt die WIENER ILLUSTRIERTE über den neuen Südbahnhof, »beeindruckt dieser gigantische Komplex aus Beton, Glas, Chrom und Neon. Die überdimensionierte Kassenhalle, die Rolltreppen, die Gepäckablagen, die Helle und Weite des Raumes, das alles macht diesen grandiosen Neubau zu einer Sehenswürdigkeit.« Mit dem 1. April 1958 startet die AUA, die Fluglinie mit dem optimistischen Namen, mit viermotorigen Vickers »Viscount« ihren Jungfernflug nach London, der dann allerdings, das angekündigte Datum bedenkend, noch am 31. März stattfindet.

Trotz neuer Fluglinie, moderner Bahnhöfe und zahlreicher Streckenelektrifizierungen wächst unbeeindruckt davon der Individualverkehr weiter. Anfang 1957 zählt man bereits 142.000 Personenautos. Die Sensation der Frankfurter Autoschau sind vor allem die Kleinwagen wie die von DKW, BMW, Lloyd, Fiat oder Goggomobil, die als Viersitzer mit 600er-Maschinen angeboten werden. VW zeigt ein neues Modell mit verbreitertem Rückfenster, und die Produktion von Österreichs erstem Kleinwagen, des Steyr Puch 500, rollt an. »Das Kleinauto für österreichische Bedürfnisse« kostet 23.000 Schilling, und Patriotismus ist schon deshalb angesagt, da ein Vertrag mit Fiat-Turin, das als einziges Werkstück die Karosserie liefert, jeglichen Export untersagt. Der 1954 gegründete Autofahrerclub ÖAMTC wird nun seine gelbgewandeten Straßenwächter damit ausrüsten. Am 26. April 1958 findet die Eröffnung des Autobahnteilstücks Salzburg – Mondsee statt, »23,5 Kilometer des breiten, weißen Betonbandes, das einmal quer durch Österreich führen und neben der verkehrstechnischen Funktion auch eine völkerverbindende Mission erfüllen soll«, wie die Zeitungen hervorheben. Versprochen wird auch: »Bis zum Ende des Jahres sollen 124 Kilometer Autobahn fertiggestellt sein, weitere Teilstrecken sollen folgen. Und im Jahre 1961 wird man end-

Eröffnung eines Teilstücks der Westautobahn, 1954

lich, vom westlichen Autobahnnetz kommend, auf einer österreichischen Autobahn bis Wien fahren können.« »Laßt hupen für neue Autos«, heißt es im Oktober 1958 in einer Illustrierten auffordernd. »Dank des österreichischen Wirtschaftswunders hat auch bei uns die Motorisierung ein Tempo angenommen, das ebenso imponierend wie katastrophal ist. Denn der Ausbau unserer Straßen hat mit diesem Trend zum Auto nicht Schritt gehalten.« 282,9 Kilometer Westautobahn müssen noch fertiggestellt werden, »damit der Autofahrer von der Wiener Stadtgrenze bis nach Salzburg nicht mehr vom Gashebel steigen muß«. Gleichzeitig wird die Forderung erhoben, im Süden von Wien mit dem Beginn der Autobahn bis Wiener Neustadt und später Richtung Graz zu beginnen, was wieder dem strategischen Denken hoher Bundesheeroffiziere widerspricht, die eine Streckenführung nahe der ungarischen Grenze entschieden ablehnen. Im Dezember werden dann die Teilstücke von St. Christophen bis Melk und von Enns bis Sattledt eröffnet, und Verkehrsminister Bock hofft, in 16 Jahren werde in Österreich das Gesamtnetz der Autobahn fertiggestellt sein.

Architekt Roland Rainer plant einen Auto-Schnellweg über die Wiener Universitätsstraße zur Lastenstraße hin und von dort über Getreidemarkt und Karlsplatz zum Donaukanal, samt einem Umbau der Schottenringkreuzung. Dafür wird der alte Baumbestand auf der Zweierlinie gerodet. »Diese zweite Ringstraße«, so der nunmehrige Wiener Stadtplaner, »soll ausschließlich eine Autostraße werden, um den Verkehr flüssiger zu gestalten«. Im Mai 1963 werden dann »auf Grund des von Prof. Rainer ausgearbeiteten generellen Projekts«, wie die WIENER ILLUSTRIERTE vermerkt, 255 Bäume beim Ausbau der Grünbergstraße zum fünfspurigen Verkehrsweg gerodet und die barocke Tivoli-Brücke aus der Zeit Maria Theresias abgerissen. »Ein Juwel im modernen Wien« wiederum stellt Rainers 1957 auf dem Vogelweidplatz emporwachsende Stadthalle dar, die nach Fertigstellung aus 37.500 Kubikmeter Stahlbeton, 600 Quadratmetern Hartglas, 11.500 Tonnen Zement und 440.000 Stück Ziegeln bestehen wird. Sportveranstaltungen und Festlichkeiten, Ausstellungen und Theatervorstellungen werden, so hofft ihr Erbauer, die Auslagen von 240 Millionen Schilling in wenigen Jahren amortisieren.

oben: »Grüne Welle« für den Individualverkehr: Vor der Wiener Oper werden die Fußgänger unter die Erde verlegt.

Links: Roland Rainers Stadthalle, »ein Juwel im modernen Wien«

Am Wiener Neuen Markt errichtet Architekt Karl Schwanzer eine erste Stockwerksgarage, das Gebäude, »ein imposanter Bau aus Stahlbeton und Glas«, wird auf fünfzehn Geschossen neben dreihundert Autos auch eine Tankstelle, Servicestation mit Wasch- und Schmierplätzen und ein Espresso aufnehmen. 1961, man zählt unterdessen 200.000 Autos in Wien, soll eine Parkgarage am Hof für fünfhundertsieben Autos, die an der Schottenkreuzung für vierhundert, gegenüber dem AEZ eine Hochgarage für etwa fünfhundert und auf dem Concordiaplatz eine für zweihundert PKW errichtet werden. Parkplatzprobleme vermeldet im Sommer 1958 auch die 1935 eröffnete Großglocknerstraße: Fuhren 1957 180.000 Autos über die Glocknerstraße, so war in den ersten hundert Tagen des

Folgejahres diese Zahl um 33 Prozent überschritten worden. 2.000 Autobesitzer täglich sind es nun, die Erholung in den Alpen suchen. Während 1959 61.262 Neuzulassungen, die »Kurven der Umsätze optimistisch anklettern« lassen, wird in Tirol an der größten Brücke des Kontinents gearbeitet. Die Europabrücke soll Ende 1961 als Verbindungsstück der bereits seit 1958 im Bau befindlichen Autobahn Kufstein – Brenner in einer Höhe von 186 Metern und mit einer Spannweite von 785 Metern die Sill-Schlucht überspannen. Die Gesamtkosten werden auf 90 Millionen Schilling veranschlagt, doch scheint das Bauwerk, »Lebensquell unserer westlichen Bundesländer« und wichtige Voraussetzung für die IX. Olympischen Winterspiele 1964 in Innsbruck, schon allein aus Konkurrenz- und Tourismusgründen unabdingbar und wird bereits, ebenso wie die Inntalautobahn, ungeduldig von Fremdenverkehrsmanagern und Anrainern angefordert. »Die großzügigen Straßenbauten unserer Nachbarn im Westen«, vermeldet dazu die WIENER ILLUSTRIERTE im März 1960, »waren ganz dazu angetan, den transalpinen Nord-Süd-Verkehr an sich zu ziehen. Durch die Autobahn Kufstein – Innsbruck – Brenner mit dieser Brücke bleibt Tirol Drehscheibe des europäischen Verkehrs.« – »Es war noch kein olympisches Feuer«, heißt es in der Illustrierten zur festlichen Eröffnung am 12. Oktober 1963 voll Überschwang, »aber es waren Flammen der Begeisterung, die in Tirols Bergen hochschlugen, als der Bundeskanzler die Europabrücke dem Verkehr übergab, wobei auch die Hoffnung ausgesprochen wurde, bis 1968 möge die »Vogelfluglinie«, die Autobahn Oslo – Neapel endgültig fertiggestellt sein.

Die Deutsche Bundesbahn führt versuchsweise Autoreisezüge ein, und eine neue Felberstraße soll ab Sommer 1966 durch die Tauern führen. Im Mai 1963 wird eine 300-Millionen-Anleihe den Weiterbau von Österreichs Autobahnen absichern, jener »Lebensadern«, die, so die Zeitungen, »ein Schlüssel« sind, »der das Tor zu den noch schwachen Fremdenverkehrsbetrieben und zu den industriell noch nicht erschlossenen Räumen aufsperren kann«.

Die Camping-Welle rollt

Einen bequemen Schlüssel zur Eroberung der Landschaft stellt, seit im Frühjahr 1958 ein Ford-Reisebus mit hochkurbelbarem Dach zum Abzug der Küchengerüche samt eingebautem Propangaskocher vorgestellt wurde, das Camping per Auto dar. Unter dem neuentdeckten Motto »Zurück zur Natur« sind im Frühjahr 1960 neben Plastikgeschirr, Kunststoffluftmatratze, Schlafsack, praktischen, klappbaren Sitzmöbel und etwas unpraktischen Kochgelegenheiten Zelte zum Preis von 500 bis 8.000 Schilling für den motorisierten Wandervogel zu haben. »Das Campingfieber hat auf den kleinen Mann genauso übergegriffen wie auf den Großverdiener«, beschreiben die Blätter soziales Distinktionsverhalten in der Natur, und die Kabarettisten Pirron und Knapp besingen derartiges Treiben recht drastisch. Tatsächlich gibt es bereits Wohnwagen-Anhänger, die über eine Zimmer-Küche-Kabinett-Ausstattung verfügen und sich in der Preislage zwischen 25.000 und 70.000 Schilling bewegen. Vom bescheidenen Spirituskocher bis zum Propangasherd mit Backröhre ist für den zünftigen Natur-Camper ebenfalls alles zu haben. Unter dem Motto: »Wer heute Camping treibt, muß auf keinerlei Komfort verzichten« wird das rollende Weekend-Haus von 1960 mit Schlafcouches, Klapptischen, Einbauschränken, Einbauküche mit Propangasrechaud und Griller sowie mit Plastik-Abwasch angeboten, während gleichzeitig die idyllischen Seeufer und Waldesränder immer häufiger eingezäunt werden. Der jährlichen sommerlichen Urlaubsmigration zu natürlichen Gestaden wird nun eine deutlich privatrechtliche Grenze gezogen. Zwar sind auch hierzulande die Zugänge zu Bergen, Seen und Flüssen grundsätzlich der Allgemeinheit gestattet, doch sorgt ab Ende der fünfziger Jahre ein von Paragraphen gesicherter Wald aus »Betreten verboten«-, »Baden verboten«-, »Achtung, bissiger Hund«-, »Privatweg«-Schildern dafür, daß die Bäume in einer solcherart geregelten Natur nicht in den Himmel wachsen. Privatrechtliche Monopolstellung an unvermehrbarem Grund und Boden steht somit dem neuen Statussymbol Campingwagen der Mittelstandsgesellschaft kämpferisch gegenüber. An der Natur teilzuhaben wird zur Prestigefrage. Der Wunsch nach Einfachheit und Stille endet schließlich in einer Verrechtlichung und Verregelmäßigung der Natur, in der Monotonie der Ferienhäuser ebenso wie in der Gleichförmigkeit austauschbarer Campingplätze. Die Kontrasterfahrung des Städters in der Natur wird nunmehr vor allem von der Fremdenverkehrsindustrie propagiert und geht dank Motorisierung und Massentourismus mit Landzerstörung einher. Die Flucht der vielen aus der modernen Massengesellschaft, die Sehnsucht nach vorindustriellen Lebenswelten, nach dem Ursprünglichen und Elementaren, verändert nun rasch die ländlichen Regionen. Und die Schlüsselwörter heißen, wie schon bei der Campingbewegung, Bequemlichkeit und Komfort.

»Im kleinsten Ort jeder Komfort«

So lautet im Sommer 1957 die Devise heimischer Tourismusvereinigungen: »Vor ein paar Jahren hatten wir unseren Fremdenverkehrs-Gästen nicht viel mehr als die Naturschönheiten unserer Heimat zu bieten«, heißt es rückblickend in einer farbenfrohen Werbeankündigung. »Seit über 700 Millionen an ERP-Mitteln in die Modernisierung der Hotellerie gepumpt wurden, kann man tatsächlich behaupten, daß es auch schon im kleinsten Ort jeden Komfort gibt. Österreichs Fremdenverkehr ist konkurrenzfähig. Der österreichische Charakter wurde natürlich bei allen Modernisierungen und Neubauten gewahrt. Beim Kramerwirt in Mayrhofen zum Beispiel ist man in prächtiger Umgebung ›am Land‹ und braucht doch nicht auf die daheim gewohnten Bequemlichkeiten zu verzichten.« Diese erwähnten Bequemlichkeiten auf dem Land kosten pro Bett rund 85.000 Schilling an Investitionen, was die Banken freut, und gehen Hand in Hand mit dem Wandel in der Landwirtschaft durch massiven Einsatz technischer Geräte, mit dem Kleinbauernsterben und dem daraus resultierenden Freisetzen von Arbeitskräften. Im Sinne des Massentourismus möchte kein Ort, und sei er im hintersten Tal gelegen, bei der Modernisierung des Landes abseits stehen, was die Gemeindesteuer-Zahler bald weniger freut. Kein Ort, nirgendwo, wird sich nun den Anforderungen des beginnenden Massentourismus engherzig verschließen.

Im Oberen Pinzgau etwa zieht jetzt ebenfalls, freudig von den Einheimischen begrüßt, die neue Zeit ein. Wie die WIENER ILLUSTRIERTE zustimmend ausführt, werden

Verlorene Lebenwelten: Sommerfrische vor dem Beginn des modernen Massentourismus

wiedererwecktes Brauchtum ebenso wie wiederentdeckte Sehenswürdigkeiten in den Dienst der guten Sache gestellt. »Wir zeigen ihnen«, schildert die Illustrierte im August 1957 in poetisch-märchenhaften Bildern eines Neckermann-Kataloges, »die Sorgen und die Freuden eines Alpendorfes, das davon träumt, vom Fremdenverkehr wachgeküßt zu werden.« Zu bieten hat die hier beschriebene Gemeinde Maria Alm etwa »Österreichs spitzigsten Kirchturm, ein Meisterwerk sakraler Baukunst, göttliche Ruhe und eine reizvolle Umgebung«. Damit dies auch so bleibt, will man zum Riemannshaus am Fuße des Sonnwendsteins rasch eine Gondelbahn bauen, auch die Straße zum Sportheim Hintermoos, viel zu eng und voller Schlaglöcher, soll nach Ansicht der Gemeinde mit Bundesmitteln

Vom Neusiedlersee bis zum Bodensee werden in diesen Tagen die Fenster geputzt, die Betten frisch überzogen und die Fußböden blankgescheuert. Überall herrscht fieberhafte Betriebsamkeit, denn die Fremden kommen. Ein ganzes Land putzt sich heraus und das ist das Besondere: Der Österreicher sieht in seinem Gast nicht etwa einen Fremden, sondern einen willkommenen, lieben Besucher.

Die Fremden kommen...

Imponierende Zahlen

39,763.627 Übernachtungen = 22% mehr als im Verlauf des Jahres 1958

*

Die Ausländerübernachtungen stiegen um 17%, die Inländerübernachtungen um 25%.

*

Die Deviseneinnahmen aus dem Fremdenverkehr erreichten einen Wert von 5,3 Milliarden Schilling, d. s. nahezu 1 Milliarde Schilling mehr als 1958

*

Der Aktivsaldo des Fremdenverkehrs beträgt 4,2 Milliarden Schilling.

*

Bei den Ausländern führt Tirol (39,8%) vor Salzburg (17,6%) und Kärnten (15,2%), bei den Inländern Niederösterreich (26,2%) vor Steiermark (19,6%). Oberösterreich fiel auf den 3. Platz zurück.

*

Der Anteil der Übernachtungen von Besuchern aus Ländern der EWG beträgt 83%, der aus EFTA-Ländern 10%.

Jeder Zoll ein Globetrotter, der selbstverständlich alles aufs Bild bannt, was ihm irgendwie interessant erscheint. „Denken Sie mal", sagte er uns, „jetzt bin ich erst vier Tage in Österreich und habe schon zwanzig Filme verknipst! Überall sind Motive..."

In Tirol gibt es die meisten Betten

Österreich hat 375.289 verfügbare Betten, davon in Hotels, Gasthöfen und Pensionen 207.000, in Privatquartieren 121.000. Der Rest verteilt sich auf Sanatorien, Kuranstalten, bewirtschaftete Schutzhütten (10.500). Es ist nun charakteristisch, daß Tirol mit 93.900 Betten überhaupt bei weitem an der Spitze steht. An zweiter Stelle folgt Salzburg mit 52.000 und an dritter Kärnten mit 51.000 Betten. Meint Professor Pöschl: „Ja, die Tiroler ernten jetzt, was sie vor Jahren gesät haben."

Junge Leute, zu allen Zeiten von Fernweh erfüllt, haben sich Österreich in steigendem Maße als Reiseziel erkoren. „Hier gibt es so unendlich viel zu schauen und zu erleben!" erklärte ein Teenager. Und die anderen wollten unbedingt die Lipizzaner sehen…

In Zahlen ausgedrückt sieht das Bild für das abgelaufene Jahr 1959 folgendermaßen aus:

Herkunftsland	Nächtigungen	Anteil
Bundesrepublik Deutschland inkl. Westberlin	17,151.831	72
Großbritannien	1,472.356	6
Niederlande	1,085.234	5
Frankreich	831.107	4
USA	761.174	3
Schweiz	435.759	2
Italien	399.337	2
Belgien und Luxemburg	354.880	1
Schweden	231.473	1
Dänemark	227.515	1
Norwegen	20.200	
Portugal und andere	6.700	

breit ausgebaut werden. Den Schandfleck des Dorfplatzes stellt jedoch in Zeiten der Veränderung und des Geschäfts mit Glaube und Heimat »ein alter Heustadel mit ungenützten Stallungen« dar. »Sein Besitzer verlangte das nette Sümmchen von 150.000 Schilling dafür. Trotzdem wurde er von der Gemeinde zum Zwecke des Abbruchs angekauft. Grünanlagen und ein Parkplatz sollen an die Stelle des Stadels treten. Die Almer rechnen damit, daß sie heute oder morgen vom Fremdenverkehr entdeckt werden, und dann braucht man Parkplätze.« Bürgermeister Hölzl hat viel vor mit den Sehenswürdigkeiten der Gemeinde, die sehnsüchtig auf den Tourismus wartet und von diesem endlich, wie die Indianer von Columbus, entdeckt werden möchte. Jeder der 1.300 Einwohner brachte von 1954 bis 1956 durchschnittlich 4.753 Schilling für die Modernisierung von Maria Alm auf, wobei vermutlich das meiste in den Stadel-Ankauf geflossen sein dürfte. Während traditionelle Altlasten zwecks Parkplatzbewirtschaftung abgebrochen werden, soll nunmehr gleich in der Nähe des Autoabstellplatzes die ein wenig in Vergessenheit geratene, doch unterdessen frisch eingeübte heimische Volkskultur für künftige Auslastung des ehemaligen Stadelortes sorgen, denn »aufs Jodeln und Feiern verstehen sich die Bergbauern, wenn sie sonst auch meist ziemlich wortkarg ihrer schweren Arbeit nachgehen. Ein so prächtiger Anlaß, wie jene drei goldenen Hochzeiten, die vor einiger Zeit in dem alten Wallfahrtsort gefeiert wurden, lockte die Bauern der entlegensten Höfe hinunter ins Tal. Bunt geschmückte schwere Pinzgauer-Pferde zogen die Wagen mit den fröhlichen Festgästen.« Neben volkskulturellen Umzügen soll auch Hochkulturelles die Umwandlung der wortkargen Bauernsöhne und -töchter in eloquentes Dienstpersonal begleiten, denn »der Stolz von Maria Alm ist die berühmteste Tochter des kleinen Ortes«, die Opernsängerin Rosl Schwaiger. »Im Chor der schönen spätgotischen Kirche begann die Gesangkarriere der Rosl. Auch heute noch gehört sie mit zur verschworenen Gemeinschaft von Maria Alm, die es sich in ihre harten Schädel gesetzt hat, aus ihrem Heimatdorf eine Fremdenverkehrsgemeinde zu machen.«

Aber auch andernorts in Österreich hatten sich derartiges viele in ihre harten Schädel gesetzt und sich ebendiesen über eine Ankurbelung des Tourismus zerbrochen, sodaß im Jahre 1959 bereits 15,856.100 Übernachtungen im ganzen Lande registriert werden konnten, wobei Wien mit 54 Prozent nach wie vor den ausbrechenden Tourismusboom anführte. 1960 brachte der Fremdenverkehr, »die Quelle unseres Wohlstandes«, wie die Zeitungen schrieben, sechs Milliarden Schilling ins Land, etwas später konnte der Stand von 1961 mit rund 47,5 Millionen Nächtigungen um 23 Prozent überboten werden, wobei der Anteil der westdeutschen Touristen 76,64 Prozent betrug.

Travnicek auf Reisen

Am Anfang der fünfziger Jahre werden Auslandsreisen vielfach noch mit abenteuerlichen Entdeckungsfahrten gleichgesetzt. Heinrich Harrer und Herbert Tichy berichten in Büchern von ihren beschwerlichen Reisen rund um die Welt, im Mai 1953 startet Tiefseeforscher Hans Hass erstmals mit dem eigenen Schiff »Xarifa« eine große Expedition in die Karibische See; wenig später erreichen Edmund Percival Hillary und Sherpa Tenzing Norgay den Gipfel des Mount Everest. Das unsterbliche Dirndl und Himalaja-Loden »für Regen und Kühle« sind nach Ansicht der Trachtenmodefirma Lanz bei heimischen Sommerferien »aus dem Urlaubskoffer nicht mehr wegzudenken«. Da kommen jene ersten Tourismusanzeigen eben recht, die an Italiens sonnigen Küsten »bezaubernde Orte von internationalem Ruf« und »erhebliche Eisenbahn- und Benzinpreisermäßigungen« versprechen. »Sonnenbaden am Meeresstrand von Korčula, dem wiederentdeckten Juwel der süddalmatischen Inseln« bewirbt das Österreichische Verkehrsbureau mit zwölftägigen Sonderfahrten um 995 Schilling, während 14 Tage Mallorca noch 1.815 Schilling kosten.

»Die Menschen von heute brauchen den Ortswechsel«, beginnt eine Umfrage über die Urlaubsgewohnheiten der Österreicher, aus der hervorgeht, daß im Jahre 1958 Italien, und dort besonders der 150 Kilometer lange Adriastrand zwischen Grado und Rimini, mit 1,713.506 österreichischen Übernachtungen mit großem Abstand das erträumte Urlaubsland ist. 603.770 Österreicher besuchen in diesem Zeitraum Jugoslawien, besonders Dalmatiens Küste wird nunmehr in zahlreichen Zeitungsanzeigen heftig beworben. Travnicek, die kabarettistische Schöpfung des mißlaunigen Österreichers von Carl Merz und Helmut Qualtinger, packt widerwillig seine Koffer. »Wann mi des Reisebüro net vermittelt hätt'« wird zum geflügelten Wort

Erste österreichische Urlauber in Grado

für jene dem Fremden gegenüber aufgeschlossenen österreichischen Touristen, die als Gruppenreisende, allein unter lauter Landsleuten, bald sämtliche exotischen Genüsse des Mittelmeeres gegen bodenständige Küchenprodukte Wiens eintauschen würden. Tatsächlich wird Portugal im Sommer 1958 lediglich von 2.412 und die Türkei von mageren 2.970 Österreichern besucht. »Neue Reiseländer«, verlautet dazu das Österreichische Verkehrsbureau, »beginnen bei uns immer erst eine gewisse Spanne nach der Entdeckung durch den bundesdeutschen Wirtschaftswunder-Bürger begehrt zu werden.«

Touristische Mobilität macht sich jetzt in vielerlei Gestalt bemerkbar. Nach einer Meldung der Zeitschrift HEUTE vom 6. Dezember 1958 wurde vor kurzem die von der burgenländischen Gemeinde Stinkenbrunn beantragte Umbenennung in Steinbrunn vom Ministerrat genehmigt. Das Ansuchen war mit der Feststellung begründet worden, die mehr und mehr in die Welt reisende jüngere Generation des Ortes sei bei Nennung der Herkunft »der Lächerlichkeit preisgegeben, was früher, da die Bevölkerung kaum über die Gemeindegrenzen hinausgekommen sei, nicht der Fall war«.

Nach einer Umfrage des Touring-Clubs vom Frühjahr 1960 besitzt jeder 25. Österreicher unterdessen einen PKW, ein Personenwagen entfällt somit auf fünf Haushalte. Besonders stark motorisiert sind die Eisenstädter, auf neun Einwohner kommt hier ein Auto, das Schlußlicht bilden die Städte Graz und Wien. Mittelklasseautos werden am meisten angekauft, beliebt sind vor allem deutsche Erzeugnisse, gefolgt von den österreichischen Lizenz-Fiats, und lediglich fünf Rolls-Royce finden sich auf heimischen Straßen. Während 48 Prozent der Befragten angeben, das Auto auf dem Weg zur Arbeitsstätte zu benützen und 13 Prozent berufliche Zwecke nennen, sind es immerhin 39 Prozent, die mit ihrem PKW ausschließlich Vergnügen und Freizeitgestaltung verbinden. Autowäsche und Reparatur wird nun zum Wochenenderlebnis, ebenso wie der sonntägliche Ausflug ins Grüne, der dem Umland der Städte erstmals gegen Abend Kolonnen und Staus und das Schauspiel veritabler rush-hours beschert. Im Herbst 1960 hat die neue Wachau-Straße »an einem ihrer schönsten Punkte, in Spitz an der Donau, eine Tankstelle als notwendige Ergänzung ihrer touristischen Bestimmung erhalten«, und nicht ohne Willen zur Werbung hebt dabei die WIENER ILLUSTRIERTE hervor: »Die weitläufige und architektonisch hervorragend gestaltete Anlage wurde von der Esso Standard (Austria) errichtet. Der Zuspruch, den diese Station schon in den ersten Tagen fand, ist ein Beweis für die Richtigkeit ihrer Planung.«

Am »Wien von morgen« wird ebenfalls 1960 gebaut: »Ein Stück Amerika mitten in Wien«, schreibt Kurt Grotter in obiger Illustrierten schwärmerisch, »ist die imposante unterirdische Verkehrsanlage beim Südtiroler Platz.« Daneben existieren in der Stadt achtundsechzig Verfallsgebiete, die assaniert werden müssen, wobei lediglich die Fassaden erhalten bleiben sollen, will man doch »Traditions-Inseln« schaffen, »welche die Atmosphäre der Stadt künftig bewahren«. Das Modell der Bellaria-Kreuzung am Ring wieder zeigt, »mit welcher Großzügigkeit hier für die Zukunft geplant wird. Im Frühjahr 1961 werden die unterirdischen Kreuzungen längs des Ringes dem Verkehr übergeben werden. Alles freut sich darauf.« Und während die erfreuten Fußgänger am Ring in Unterführungen gesteckt werden, um den Autoverkehr an der Oberfläche dank »grüner Welle« zu beschleunigen, entstehen drei zeitgemäße Hochhäuser nahe der Reichsbrücke als »neues Wahrzeichen Wiens«, »moderne Bildhauerarbeiten bilden den Kontrast zu der geradlinigen Zweckmäßigkeit«.

7.380 Wohnungen wurden 1959 von der Gemeinde Wien vergeben, zumeist am Stadtrand gelegen und am schnellsten mit dem Auto erreichbar. Im Spätsommer 1966, ein Vierteljahr vor seinem Tod, trat Heimito von Doderer, von einem Freund chauffiert, seine letzte Reise nach Linz an. Die vielen Neubauten am Rande von Wien nahm er während der Autofahrt nur ablehnend zur Kenntnis. Das war seine Stadt nicht mehr.

Das österreichische Wunder

Der Anfang des Wohlstands und das Ende der Barmherzigkeit

»Erinnern wir uns an die Jahre nach dem Krieg und vergleichen wir den Mangel von damals mit der Fülle von heute: was hier die Konsumgüterindustrie hervorgebracht hat, darf wirklich das ›Österreichische Wunder‹ genannt werden«, schreibt im Advent 1953 die WIENER ILLUSTRIERTE unter dem besinnlichen Titel »Wirtschaftsrüsten für das Weihnachtsfest«. Ob es um buntes Kinderspielzeug, gedrechselte Puppen, kleine Spielzeughäuser, Kodak-Kameras, Matador-Baukästen, Gloriette-Hemden (»eine gute Idee, über die sich jeder Mann ehrlich freut«), Hoover-Waschmaschinen nach dem »Leicht-bezahlt-System«, zweifarbige Winterpullover mit breitem Rollkragen oder um ein knitterfreies Kleid aus Baumwollflanell Marke »Angola« handelt, »alles ist dazu angetan, uns die Normalisierung der Wirtschaft sichtbar und fühlbar zu machen. Daß wir diese guten Dinge des Lebens wieder in vollen Zügen genießen können, ist der schönste Erfolg unserer österreichischen Privatindustrie. Ihrem Aufschwung danken wir nicht zuletzt diese festliche Zeit.« Diesen Aufschwung verdankt die heimische Industrie aber auch ein wenig dem ehemaligen US-Außenminister George Marshall, der soeben für das Jahr 1953 den Friedensnobelpreis erhält.

Die Wiener Frühjahrsmesse 1954 zeigt Siemens-Radiogeräte vom kleinsten Batterie- bis zum UKW-Großsuper, AEG-Union eine Anzahl neuer Elektrogeräte wie E-Herde, Heißwasserspeicher und Kompressorkühlschränke sowie »alle Elektrowärmegeräte, die heute im Zeitalter der Elektrifizierung des Haushaltes aktuell sind«. Das Material dieses Sommers heißt Popeline, und Bikinis werden nunmehr aus Jaguar-Pelz angeboten. Dior kreiert die Linie H mit ihrer kaum markierten Taille und wenig betontem Busen, gehobenen Achseln und glatten, geraden Ärmeln. Laut Steuerstatistik 1955 des österreichischen Finanzministeriums gibt es unter den 265.000 Einkommensteuerpflichtigen – man höre und staune – 431, die ein Jahreseinkommen von mehr als einer Million Schilling vorweisen können. Obwohl die steuerpflichtigen Millionäre nur zwei Promille aller Steuerfälle ausmachen, beträgt ihr Einkommen rund 1.100 Millionen Schilling.

Im Zeichen der Staatsvertragsfeiern geht die Restaurierung der Spanischen Hofreitschule ihrer Vollendung entgegen. Vor dem Wiener Rathaus wird aus dem gleichen Grund ein Volksfest veranstaltet, das die WIENER ILLUSTRIERTE zu philosophischen Reminiszenzen über den Lauf der Geschichte verleitet: »Endlich hat auch das oftgebrauchte und oftmißbrauchte Wort Befreiung seinen alten Wert wiederbekommen, darf ausgesprochen werden, ohne an seinen Doppelsinn zu mahnen. Denn seit dem 25. Oktober steht kein fremder Soldat mehr auf Österreichs Boden.« Nicht alle freilich verlassen das Land, etwa hundert alliierte Soldaten beschließen, als Zivilisten in Österreich zu verbleiben, unter ihnen der ehemalige Bezirkskommandant von Gmunden am Traunsee, Captain Howard M. Kelly, der nun in Wien die »American Popcorn Company« gründet.

GEBE
mit der Zeit gehen
Gebe wählen

Fröhlicher Sonntag

Vertrauen Sie einmalige Erlebnisse dem Kodak Film an
Heute, wie an jedem Tag seit 1888, werden auf der ganzen Welt mit Kodak-Filmen und Kodak-Cameras mehr Bilder gemacht als mit irgendwelchen anderen.
Kodak-Repräsentanz für Österreich, Johann KRAUS, Wien III.
Für bessere Bilder, bei jedem Licht – ob Sonne, trübes Licht oder Blitzlicht – verwenden Sie den Verichrome Pan. Versuchen Sie ihn bald in Ihrer Kamera.
Kodak Verichrome Pan

Elin
. . . ERPROBT
GELOBT . . .
. . . BEWÄHRT
BEGEHRT . . .
ELIN UNION
Elektro-Haushaltgeräte

Hochkultur: Erbgut und Schöpferkraft

Am 15. Oktober 1955 wird das Burgtheater mit Franz Grillparzers Staatstragödie »König Ottokars Glück und Ende« wiedereröffnet, ein patriotisches Drama zur rechten Zeit, wird doch darin die Lobpreisung Österreichs als »wangenrote(r) Jüngling« in den Mittelpunkt gestellt. Widerstrebend, »wie dem Bräutigam die Braut«, wird dem Hochzeiter Rudolf, dem ersten Habsburger, das Land angepriesen, wobei innerhalb des Lobgesanges die »Braut« dann interessanterweise ihr Geschlecht wechselt und erneut zum »Jüngling« wird. Auch sonst ist die Laudatio Austriae nicht ohne Symbolik. Der einheimische Dienstmann Horneck, wahrlich ein Freund lakonischer Rede, stimmt gegenüber Rudolf einen längeren Lobgesang österreichischer Wesensart an, in dem er zwar einräumt, daß anderswo Leute mehr die schriftliche Kultur schätzten, allein was nottut, sei der klare Blick, der offene, richtige Sinn, um schließlich in knappen siebenunddreißig Zeilen mit dem Verschweigen der eigenen Meinung eine Art Nationaltugend zu stiften: »Da tritt der Österreicher hin vor jeden, / Denkt sich sein Teil und läßt die andern reden!«

»Du hoher Sendling aus dem Reich des Schönen, / mit leisem Wort willst du gefeiert sein. / Das Laute mag der Alltag übertönen, / in deine Welt drängt nichts Gemeines ein.« Die Verse Josef Weinhebers werden jetzt rund um den 27. Jänner 1956, dem 200. Geburtstag von Wolfgang Amadeus Mozart, dem »Genius aus Salzburg«, häufig zitiert. Die Stadt Salzburg steht im Mittelpunkt einer von Bund und Land den einschlägigen Vereinen, Verlagen und Schallplattenfirmen, dem »Mozart-Kartell« (Gert Kerschbaumer), überantworteten Festgestaltung, und wie schon 1941, zum 150. Todestag Mozarts, knattern wieder über Salzburg die Fahnen im Jännerwind, wird der »edelste Ausdruck des Österreichertums«, »Salzburgs größter Sohn« und eine »in Mozarts Geist geeinte brüderliche Welt« aufwendig mit Festen und Feiern, Konzerten und Kranzniederlegungen, Münzen und Marken begangen. »Mozart wäre kein richtiger Österreicher gewesen«, betont Bundeskanzler Raab beim großen Staatsakt im Festspielhaus, »wenn er sich nicht über die Grenzen seines Vaterlandes hinaus allen Menschen hätte verständlich machen können.« Ungeachtet der verständlicherweise vernachlässigten Tatsache, daß das Erzbistum Salzburg erst am 26. Dezember 1805 dem Habsburgerreich anheimfällt, gleichwohl dem Österreicher Mozart und dem Barocken verpflichtet, spielen die Wiener Philharmoniker unter der Leitung von Karl Böhm und unter der Regie von Oskar Fritz Schuh die Oper »Idomeneo«, und »was in diesen Tagen an Mozart-Verehrung, Mozart-Liebe und Mozart-Verherrlichung aufklang«, urteilt die WIENER ILLUSTRIERTE, »wurde in der Festaufführung dieser Oper sublimiert«.

»Du bist so groß, den Tod selbst zu versöhnen«, reimte Weinheber einst weiter, »in seinem Schatten bleibst du ewig dein, / und ewig bleibt, was lebt aus deinem Blute: / Das zwecklos Schöne als das sinnvoll Gute.« Ähnliche Gedanken mögen auch den Festredner Bernhard Paumgartner in seiner Ansprache beim Staatsakt im Salzburger Mozarteum bewegt haben: »Das Fluidum von Mozarts künstlerischer Wesensheit ist wie ein altes Volkslied unverlierbares Erbgut der geistigen Welt geworden. Das lichte Reich seiner Musik hat kein Aufhören. Als holdseliger Heros ewig junger Frühlingskraft lebt Mozart unvergänglich, geheiligt und geliebt in unseren Herzen. Erhebendes Los der Nachwelt, Glück unserer Gegenwart, Beseeligung der Zukunft, ihn immer inniger zu erkennen, auf den Schwingen seiner Töne des göttlichen Odems allgegenwärtiger Schöpferkraft immer teilhafter zu werden!« Und wer vermeint, daß Weinhebers »Blut« und »unverlierbares Erbgut« zufälligen Gleichklang bedeuten, sei daran erinnert, daß letztere Passage, wie Gert Kerschbaumer recherchierte, von Paumgartner aus dem Schlußkapitel seines 1940 erschienenen Mozart-Buches in die Festrede übernommen wurde, wobei lediglich einige aktuelle Wortkorrekturen wie »Schöpferkraft« statt »Schöpfergewalt« vorgenommen werden mußten.

Die festliche Krönungsmesse findet anschließend im Salzburger Dom statt, und wie die Illustrierte weiter vermeldet, zelebriert dort, »in barocken Gewändern aus der Zeit Mozarts« Erzbischof Rohracher einen Festgottesdienst unter Anwesenheit des Bundespräsidenten und zahlreicher Festgäste. Die »Krönungsmesse«, die von zwanzig US-Stationen ausgestrahlt und dort von elf Millionen Hörern empfangen wird und die erste österreichische Fernseh-Eurovisionssendung darstellt, besiegelt nicht nur Österreichs hochkulturelle Sendung in alle Welt, sondern ermöglicht auch Herbert von Karajans harmonische Rückkehr in das zwecklos schöne Reich der Weltmusik.

Die »Krönungsmesse« war übrigens 1779 für Fürsterzbischof Graf Colloredo-Waldsee komponiert worden, der Mozart wenig später einen »Lumpen«, »liederlichen Kerl«, einen »elenden Buben« hieß und ihn mit Schimpf und Schande davonjagte. »Ich schwöre ihnen bey meiner Ehre«, hatte Mozart schon während seiner Arbeit an »Idomeneo« seinem Vater geschrieben, »daß ich Salzburg und die ihnwonner – ich rede von gebohrnen Salzburgern – nicht leiden kann; – mir ist ihre sprache – ihre lebensart ganz unerträglich ...«

In gewissem Sinne als Apotheose des neuentstandenen Österreichs kann die im Jahre 1960 im Stift Melk abgehaltene Barockausstellung gedeutet werden. Barock und Gegenreformation, von Staat und Kirche gesteuert, waren, so urteilt der Historiker Ernst Hanisch, »zum Teil eine brutale Gehirnwäsche und Disziplinierung der Menschen. Zum ersten Mal versuchten Staat und Kirche auch den intimen Lebensbereich der Bevölkerung in den Griff zu bekommen.« Die »öffentliche Sphäre, wo man konformistisch, und die private Sphäre, wo man nonkonformistisch agierte, fielen auseinander«. Disziplinierung, Bürokratisierung, die Mischung aus Universellem und Provinziellem, der Widerspruch zwischen öffentlicher und privater Sphäre, schließlich der Sinn für ein ausgeprägtes staatlich inszeniertes Repräsentationstheater wirkten in der Zweiten Republik deutlich nach. Nahezu 400.000 Besucher sahen die Ausstellung, und 35.000 Kataloge »Barock in Österreich« von Rupert Feuchtmüller wurden während dieser verkauft. »Allgemein äußert sich der Wunsch nach barocker Form«, befand die WIENER ILLUSTRIERTE gegen Ende des Jahres. »Die Menschen des 20. Jahrhunderts, an die klaren und glatten Linien aus Glas und Beton im täglichen Umgang gewöhnt, haben Sehnsucht nach Romantik und spielerischer Schönheit. Das Auge möchte wandern und sinnen und ausruhen. Der Erfolg der österreichischen Barockausstellung war ein Test. Dieser Test offenbarte die künstlerische Sehnsucht einer ganzen Generation.« Die

Feierliche Eröffnung des Wiener Burgtheaters: Grillparzers patriotisches Drama zur rechten Zeit

Ausstellung, die zum neuen Mäzen wurde und umfangreiche Restaurierungen an Exponaten und Werken von Jakob Prandtauer ermöglichte, ermunterte die Niederösterreichische Landesregierung, auf dem mit Erfolg beschrittenen Weg fortzufahren. Die Landesausstellungen als jährliches kulturelles Großereignis waren geboren.

In ihren Geleitworten am Beginn der immer zahlreicher erscheinenden Ausstellungskataloge verweisen die jeweiligen Politiker, wie Dieter Bogner aufzeigt, immer häufiger auf die Rolle traditioneller Kunst im Sinne des Fremdenverkehrs, auf die »ewigen Werte« als Erholungsort inmitten eines rasant gewordenen gesellschaftlichen Wandels. Kultur wird dem hegemonialen Konsummodell unterworfen, und die steigenden Besucherzahlen werden zur Registrierkasse marktgerechter Erfolge.

Kontinuität durch Antiquität

Wo Kultur und Lebensgefühl im Zeichen des Wirtschaftswunders auseinanderklaffen, blüht das Antiquitätengeschäft, und Versatzstücke bäuerlicher Lebenswelten halten in städtischen Wohnungen Einzug. Antiquitätenkäufe drücken mitunter – abgesehen vom kulturhistorischen Interesse – auch Ablehnung und tiefe Verunsicherung gegenüber der ästhetischen Moderne aus.

Im Wiener Dorotheum zeigt sich jetzt, wie Pierre Bourdieu konstatierte, daß »der Wert eines Gegenstandes von dem sozialen Rang seiner ehemaligen Besitzer abhängen kann«. Unter der Katalognummer 548 kündigt 1960 die Kunstabteilung des Wiener Leihhauses für den 15. September die Versteigerung eines Rokokobauernbettes an: »Haupt mit bewegt konturierter Bekrönung, geschnitzten Rocaillen, Besitzermonogramm AG und Datum, Fußende in entsprechender Art mit geschnitzter Kartusche und gemaltem Blütenkandelaber, bemalte Seitenladen mit drei erhabenen Feldern, drehprofilierte Füße, moderner Einsatz, Länge 200 cm, steirische Volkskunst, datiert 1761.« Der Wert des Stückes wird, vor dem Hintergrund eines durchschnittlichen Monatseinkommens aller österreichischen Arbeitnehmer von 1.833 Schilling, mit etwa 5.000, der Ausrufungspreis mit 1.500 Schilling beziffert. Aus der gleichen Periode kommt auch eine Kassettentruhe, aus dem Oberösterreichischen stammend, unter den Hammer. Das »reizvolle, originelle Stück«, so der Versteigerungskatalog, hat ein »unbekannter Künstler aus dem Volke« einer »Elisabeda Hochreudenerin 1777« in die gute Stube gestellt. Diese Kassette repräsentiert einen geschätzten Wert von 1.500 Schilling und soll für 500 Schilling ausgerufen werden. Den Liebhabern rustikalen Mobiliars wird ferner ein naturbelassenes, aus Zirbelholz gefertigtes Tiroler Wandschränkchen aus der zweiten Hälfte des 17. Jahrhunderts, Ausrufungspreis 1.800, Wert 5.000 Schilling, angeboten; eine Bauerntruhe, Wert 2.000 Schilling, und ein Tiroler Bauernkasten, Wert 1.800 Schilling, dürften demnächst ebenfalls ihren Abnehmer finden, zumal Kenner des Marktes versichern, daß es sich bei der hier dargebotenen Ware um durchwegs preisgünstige Stücke handelt.

Nach Bauernmöbeln auch der einfachsten Art herrscht im Österreich des Jahres 1960 laut HEUTE »regste Nachfrage«. »Der Interessenkreis im Inland wird noch durch ungehemmte Nachfrage aus nördlicheren Breiten erweitert«, und so mancher reich Gewordener habe sich, auf der profanen Jagd nach Spinnrocken, Wiegen und Heiligenfiguren, »den ewigen Werten des einfachen Mannes vom Lande zuzuwenden begonnen«. So sind unterdessen einfache Bauernstühle nicht unter 500 bis 600 Schilling pro Stück erhältlich, während ausgediente Fleischstöcke, als Teetische verwendbar, um die 1.500 Schilling rangieren. Im Wiener Dorotheum, das erst vor einiger Zeit mit großem Erfolg das Heimatmuseum einer Tiroler Gemeinde samt und sonders versteigerte, findet besonders jenes Mobiliar reißenden Absatz, das sich zu modernem, mondänem Hausrat umarbeiten läßt: Findige Tischler arbeiten Wiegen und Truhen im Handumdrehen zu Hausbars um, Ochsenjoche zu Beleuchtungskörpern, Pferdesättel zu Barhockern, die in einstigen Heustadeln nun die Dekoration für darin untergebrachte Touristenlokale abgeben.

Besonders muntere Formen scheint der Verkauf alter Bauernwerte vor allem in dem um Wiedervereinigung ringenden Land Tirol angenommen zu haben. Jedenfalls sah sich der Innsbrucker Landtag bereits 1959 zu einem Beschluß veranlaßt, der strenge Schutzmaßnahmen gegen eine Verschleppung wertvollen Kulturgutes ins Ausland forderte. Doch wird Tirol eine derartige Abwanderung kaum verhindern können, wenn etwa für eine neuzeitliche Krippe westdeutsche Interessenten 50.000 Schilling bieten und dem Tiroler Volkskunstmuseum lediglich ein Jahresbudget von 20.000 Schilling für seine Ankäufe bewilligt wird. Im schweizerischen Unter-Wallis erzeugen unterdessen geschäftstüchtige Besitzer von holzverarbeitenden Betrieben bauerngotische Truhen, die wieder, nicht selten in die »echte« Umgebung eines Bauernhauses gestellt, günstige Preise erzielen. Dies »wäre hierzulande«, grübelt die Zeitschrift HEUTE über das bäuerliche Kunstwerk im Zeitalter seiner technischen Reproduzierbarkeit, »eine bewußte Förderung der Volkskunst und des verwandten Kunstgewerbes angesichts der regen Nachfrage nach solchen Artikeln eine Überlegung wert«. Denn »schließlich kaufen allein Millionen österreichische Touristen auch Jahr für Jahr ›Original-Volkskunst‹ in Jugoslawien, Italien oder Spanien, ohne sich um das Herstellungsjahr zu kümmern«. Und in der Männerstrafanstalt Stein lauschen einige Häftlinge gedankenvoll dem Läuten der Mittagsglocken während der Sendung »Autofahrer unterwegs«, folgt doch danach stets eine ausführliche Beschreibung der in der jeweiligen Kirche aufbewahrten Kunstschätze.

In einer schlichten Notiz, die im Sommer 1961 durch die Tagespresse ging, hieß es: »Ein ›oberennsischer‹ Trachtenanzug wird gegenwärtig mit großem Erfolg in Oberösterreich propagiert. Der Anzug wurde von der Volkskundeabteilung des Linzer Landesmuseums entworfen.« Doch auch damit will die konforme Kostümierung der Inwohner nicht recht gelingen. Ein erneuter Vorstoß der offenbar kulturkolonialistisch gestimmten Abteilung führte dann Jahre später, im Mai 1967, zu einer regelrechten volkstümlichen Fehde, diesmal um den burgenländischen Nationalanzug. Die Gegner: Josef Teuschler, Schneidermeister und Burgenländer, und Dr. Franz Lipp, musealer Volkskundler und Oberösterreicher. Streitobjekt: die neue burgenländische Landestracht. Während Teuschler eine Tracht in Heidegrün samt Krawatte und Weste in den symbolischen, an den einstigen Anschlußwillen gemahnenden Landesfarben

Freizeitkleidung ersetzt Festtagskleidung.

Rot, Schwarz und Gold nähte, kreierte Lipp den neuen Heimatanzug in düsterem Schiefergrau. Obwohl offiziell zur Landestracht bestimmt, liefen Fremdenverkehrsvereine, burgenländische Gazetten und Schneidermeister Teuschler Sturm. Während die Fremdenverkehrswirtschaft auf die wenig fotogene Freudlosigkeit der Tracht verwies, nannte der BURGENLAND-KURIER den monokoloren oberösterreichischen Burgenlandanzug ein »ungutes Zwitterding«, Schneidermeister Teuschler wieder hoffte, die Landesregierung doch noch zum Heidegrün bekehren zu können. Da streiten sich die Leut' herum, wohl um den Wert des Glücks, und dies in Zeiten, in denen die Geschlossenheit des ländlichen Milieus längst aufgebrochen worden ist, in denen die Freizeit- langsam die Festtagskleidung zu ersetzen beginnt und die von der Jugend bevorzugten Kleidungsstücke Lumberjacks, Overalls, Jeans, Nylons oder Petticoats heißen.

Jazz, Musical, Oper

Realtiv unbelastet von derartigen Sorgen um einheitliche regionale Bekleidungsvorschriften blicken im Jänner des Jahres 1956 Jazzfreunde vor allem nach Wien, wo Louis Armstrong auftritt. »Vital wie ein Buschneger«, vermelden etwas drastisch die Zeitungen, »agierte ›Satchmo‹ Armstrong mit schlenkernden Armen, stampfenden Beinen, rollenden Augen, pulsierender Kehle und wackelndem Afrika-Haar-Kopf auf dem Konzerthaus-Podium.« Ein Jazzrummel mit Fatty George in der Wiener Innenstadt wird von der Polizei aufgelöst. Ein Jahr später trifft Lionel Hampton zu seinem dritten Gastspiel in Wien ein und macht anschließend gemeinsam mit Uzzi Förster und Fatty George, der eben auf dem Petersplatz ein Jazzlokal eröffnet, die Innenstadt unsicher. Duke Ellington tritt im November 1958 in der Wiener Stadthalle auf, und der »elegante Neger«, wie die WIENER ILLUSTRIERTE formuliert, spricht mit seinen Jazz-Klängen vor allem die erste Nachkriegsgeneration an: »Das lederwestenbewaffnete Publikum«, befand die Illustrierte über die feinen Bekleidungsunterschiede, »das die Existenzgrundlage eines Presley oder Haley ausmacht, fehlte. Diejenigen aber, die sich die Mühe nahmen, ein sauberes Hemd und eine Krawatte an-

Fatty George in seinem Jazzlokal am Wiener Petersplatz

DUKE ELLINGTON MACHT

Jazz im Smoking

Julia Migenes und Adolf Dallapozza in der »West Side Story«

Winterspiele 1964

zuziehen, hatten den Eindruck, wirklich gute Musik gehört zu haben.« Cole Porters Musical »Kiss Me Kate« wird in der Volksoper aufgeführt, der Modetanz der Saison heißt Cha-Cha-Cha, und Harry Belafonte macht den Calypso auch hierzulande populär. Eine Broadway-Musical-Welle bricht in Wien los, ein amerikanisches Genre der Zwischenkriegszeit, das sich vor allem an ein bürgerliches Erwachsenenpublikum wendet. »Das Musical«, beruhigt die WIENER ILLUSTRIERTE die heimischen Musikliebhaber angesichts allzu vieler amerikanischer Kultur, »steht damit nicht im Gegensatz zur Operette, sondern ist gewissermaßen eine Weiterführung, andererseits eine Zurückführung aus der Welt der ›Hoheiten‹ in unsere Sphäre.« Leonard Bernsteins »Wonderful Town« und die »West Side Story« sowie »Annie, get your gun« von Irving Berlin werden in diesem Sinne folgen.

Jugendidole finden sich auch im österreichischen Sport. Erstmals hatte das Fernsehen im Rahmen seines Versuchsprogramms eine Olympiade ausgestrahlt, deren Wirkung beträchtlich war. Im Februar werden Toni Sailer und die übrigen Olympiakämpfer von Cortina am Westbahnhof von Tausenden jubelnden Wienern im Triumphzug eingeholt. »So etwas hat Wien noch nie erlebt«, weiß die sichtlich um Vergleiche ringende WIENER ILLUSTRIERTE über die schier unübersehbare Menge zu berichten, die an diesem Sonntagnachmittag trotz zwölf Kältegraden den Bahnhof und die anschließende Mariahilfer Straße umlagert, »diese Begeisterung übertrifft noch jene

Sehr feierliche Eröffnung der Wiener Staatsoper: »Hier tönt das Abendland.«

in den geschichtlich gewordenen Märztagen des Jahres 1938«.

Am 5. November 1955 findet mit »Fidelio«-Klängen die feierliche Eröffnung der Wiener Staatsoper statt, mit denen symbolisch der Abschüttelung der Fremdherrschaft der vergangenen zehn Jahre gedacht werden soll. »Ein Fest voll Glanz und Schönheit«, nennt es die GROSSE ÖSTERREICH-ILLUSTRIERTE und befindet: »Hier tönt das Abendland«, womit auch ein wenig an zarte Kontinuitätsbande aus der Zeit vor der alliierten Besatzung angeknüpft werden sollte. Karl Böhm dirigiert nun die Beethoven-Oper, die zuletzt unter seiner Stabführung am 25. Mai 1944 in diesem Hause erklungen war. »Ergriffen von der Größe des Augenblicks, glücklich über das gütige Schicksal,

das ihn, den letzten Direktor des alten Hauses mit dem Beginn der neuen Ära wieder an die Spitze der Wiener Staatsoper gestellt hat«, sprach laut Illustriertenbericht Direktor Böhm den Mitwirkenden seinen Dank aus. Das gütige Schicksal hieß übrigens Unterrichtsminister Heinrich Drimmel, der für das Haus auch Kontakt zu Herbert von Karajan aufnehmen wird. Anläßlich der Wiedereröffnung bewirbt die Österreichische Tabakregie die zu diesem Anlaß auf den Markt gebrachten Zigarettenmarken »Premiere« und »Smart«, verweist die Firma Leitgeb in Anzeigen auf die in der Oper verlegten »unzähligen Quadratmeter Faserplatten« und Brown Boveri auf die zahlreichen Kabeln und Schaltpulte aus eigener Fertigung, werden zum Hohelied der weiblichen Gattentreue trotz Tyrannenhaß »festliche Stunden mit Hofbauer-Bonbons« ebenso versprochen wie die Erinnerung an die »schönsten Stunden zur Eröffnung der Wiener Staatsoper« dank Harmona-Longplay 3000. Mit den Klängen von Österreichs inoffizieller Bundeshymne, mit dem Johann-Strauß-Walzer »An der schönen blauen Donau«, wird im Fasching 1956 im wiedererrichteten Haus am Ring der erste Opernball eröffnet. »Da waren für eine Nacht«, vermelden die Gesellschaftsjournalisten, »Bühne und Zuschauerraum zu einem einzigartigen Tanzparkett geworden, umschlossen vom weiten Rund der vollbesetzten Logen und Ränge, überstrahlt vom Glanz Tausender Lichter, ein Ballsaal, in dem Wiens Gesellschaft ihre glanzvollste Premiere der Nachkriegszeit beging.«

»Es geht uns gut!«

So urteilt Ende November 1957 die GROSSE ÖSTERREICH-ILLUSTRIERTE. »Die Tische biegen sich und die Geschäftsleute haben alle Hände voll zu tun.« Im Vergleich zum Vorjahr werden um 55.000 Kilogramm Geflügel mehr verspeist, dabei erwartet man für die kommenden Weihnachtswochen noch eine Steigerung von bis zu 20 Prozent. Die »schlanke Linie« ist trotz Dior stark aus der Mode geraten, dafür kauft alles Pelzmäntel, noch nie war die Nachfrage nach derartigem so groß wie jetzt. Dabei herrscht auch für teure Stücke, wie etwa Persianer, großes Interesse. 1960 ist der Nerz und der schwarze Persianer zum vielerworbenen »Volksmantel« geworden, Fernsehgeräte sind im November 1957 in Österreich ausverkauft, und die Industrie kommt mit der Lieferung nicht nach. Schätzungsweise 18.000 Empfangsgeräte gibt es jetzt in ganz Österreich – genaueres läßt sich nicht sagen, denn es werden ja noch keine Gebühren eingehoben. Im Zeichen des Massenkonsums samt Ratenzahlungen sind auch die Spareinlagen so hoch wie noch nie, am 30. September 1957 betragen sie allein in Wien über 6,5 Milliarden Schilling. Am 31. Oktober 1960, dem Weltspartag, werden, im Sinne des Ansparens für langlebige Konsumgüter wie Kühlschrank und Auto, zahlreiche Prominente zur Propagierung des Spargedankens verpflichtet. Neben dem Sparefroh für die Schuljugend sind es nun die Schauspieler Anni Rosar, Rudolf Carl, Maxi Böhm, Christiane Hörbiger oder Lotte Ledl, die unter dem Motto »Sparsinn ist Familiensinn« in der Öffentlichkeit den Spargedanken hochhalten. Über 13 Milliarden Sparkapital liegt unterdessen bei den österreichischen Banken und dient in Form von Krediten und Darlehen dem Privatkonsum ebenso wie der Wirtschaft.
Seit dem EFTA-Beitritt Österreichs im Sommer 1960 kostete ein englischer MG-Sportwagen anstatt 62.900 lediglich 61.500 Schilling, Fischmarinaden wurden um 10 Groschen pro Kilogramm und Dry Gin um runde 3 Prozent billiger. »Die Gefahr ist groß, daß mancher Unternehmer, Händler und Importeur ganz einfach die erste Zollsenkung einsäckelt«, befürchteten die Zeitungen im Oktober nicht ganz zu Unrecht, »hier soll der Verbraucher wachsam sein.«
Anfang 1960 steigen die Ausgaben für die ein wenig vernachlässigte Wohnkultur. »Schöner Wohnen« lautet nun

das Schlüsselwort, das Mittel für Einrichtungen, Möbel und Geschirr flüssigmacht. Auch für Kleidung und Wäsche wird nun deutlich mehr ausgegeben. »Luxus ist der I-Punkt auf jeder Wirtschaft«, registriert die WIENER

ILLUSTRIERTE in ihrem Überblick über das Jahr 1959. »So viel, so teuer wurde noch nie gekauft. Also ging es uns auch noch nie so gut.«
Und die Prognose für das Jahr 1960 sieht noch besser aus: »Ganz Westeuropa erlebt gegenwärtig eine Prosperität wie bisher noch nie zuvor, und weiteste Kreise der Bevölkerung haben einen Lebensstandard, der ohne Beispiel ist. Die hohen Investitionen für das zerstörte Europa nach dem Krieg haben sich bezahlt gemacht. In ganz Europa geht es gut.« Tatsächlich näherte sich die österreichische Wirtschaft an der Jahreswende 1959/1960 einer weiteren Phase der Hochkonjunktur mit neuen Merkmalen und Problemen. Die Kapazitäten sind in hohem Maße ausgenützt und Arbeitskräfte oft nur schwer zu bekommen. Im Februar 1960 überlegt deshalb, nach einer Meldung der Zeitschrift HEUTE, die Bundeswirtschaftskammmer einen Import italienischer Bauarbeiter während der Hochsaison, auch, »um Lohnforderungen der Gewerkschaft ein wenig in die Schranken zu weisen«. Ende des Jahres werden bereits mittels Kopfprämien burgenländische Poliere und Hilfsarbeiter am Wiener Ostbahnhof von rivalisierenden

Unternehmern einander abgeworben. Das neue Arbeitsheer für die Hochkonjunktur wird aber schließlich nicht aus Italien, sondern aus dem Balkanraum kommen. Im ECHO DER HEIMAT, herausgegeben von Gustav Adolf Neumann und geleitet vom einstigen NS-Publizisten Fritz Stüber, ist dann im Sommer 1961 bereits diesbezüglich von »balkanesischen Haderlumpennationen« die Rede, von ethnischen Vertretern wie »Heiducken, Zwiebeltürken und Angehörigen sonst recht ehrenwerter, aber uns seelisch doch nicht besonders nahestehender Völker«.

Wenig später beginnt, nicht weit vom neuerrichteten Donauturm entfernt, der Balkan am Rande Wiens. Auf engstem Raum zusammengepfercht leben im 21. Bezirk Fremdarbeiter aus Jugoslawien und der Türkei mit Frauen und Kindern in baufälligen Baracken, die nach dem Krieg als Notbehelf errichtet worden waren, umgeben von Wäsche an Stricken und Zeitungsausschnitten an den Wänden. An Samstagen treffen sie sich auf den Wiener Bahnhöfen und blicken den Zügen nach. Die österreichische Wirtschaft braucht sie und die heimischen Vermieter verlangen 100 Schilling im Monat pro Quadratmeter. »Gewiß sind die Quartiere nach unseren Maßstäben nicht schön«, räumt ein Herbergsvater am Bruckhaufen ein, »aber die Leute fühlen sich wohl. Es sind eben Menschen mit anderen Sitten.«

Preise und Löhne zeigen Anfang 1960 eine leicht steigende Tendenz. In den Arbeiterhaushalten wurde im Vorjahr über 40 Prozent des Lohnes für Erholung, Urlaub und Sport und rund 6 Prozent für Wohnkultur aufgewendet. In seiner Neujahrsrede verspricht Bundeskanzler Julius Raab, auch 1960 werde »die Vollbeschäftigung gesichert sein«, und Gewerkschaftspräsident Franz Olah fordert begleitend: »Notwendig ist jetzt ein Konzept, damit wir auch wissen, was wir in fünf Jahren verkaufen.« Auch der Geschäftsführer vom Herrenausstatter »Knize« blickt optimistisch in die Zukunft und meint, »jeder sucht nach dem Erlesenen. In allen Kleiderschränken ist die Grundausstattung komplett, man läßt sich heute gern von einer kleinen modischen Laune verführen.« Erstklassige Stoffe und Accessoirs seien besonders gefragt. »Zu den Aristokraten von einst«, so der Geschäftsführer über den nivellierenden Charakter der neuen Einkaufswelle weiter, »zu den Filmstars und Industriekapitänen sind zum exklusiven Herrenschneider völlig neue Käuferschichten gestoßen.

Seit der Wiener Internationalen Gartenschau 1964 hat die Bundeshauptstadt ein neues Wahrzeichen.

Wir haben Grund, zuversichtlich zu sein.« Von »befriedigend bis ausgezeichnet« lautet auch die Wertskala, mit welcher der Prokurist eines großen Einrichtungshauses auf der Kärntnerstraße die letzten Jahre beurteilt. »1959 sind die Barverkäufe im Durchschnitt um 40 Prozent gestiegen, im Weihnachtsmonat sogar um 70 Prozent.« – »Keramik ist tot, es lebe das Porzellan«, urteilt Geschäftsinhaber Wilhelm Rasper. »Im Jahre 1959 ist die Nachfrage nach Qualitätsware um 30 Prozent gestiegen.« Rückblickend meint der Geschäftsmann: »Zuerst kam die Freßwelle, schließlich die Autowelle, und jetzt ist die Geschmackswelle dran.«

Anfang 1959 hat die Cocktailstunde, laut WIENER ILLUSTRIERTEN, den Fünf-Uhr-Tee endgültig abgelöst, und zu Hubert Mikettas eben erschienenem »Brevier des Herrn« besorge man sich am besten eine rustikale Hausbar, womöglich mit eingebautem Barhocker, und bediene sich

des Rezepts »Der dritte Mann«, bestehend aus 1/3 Gin, 1/3 Cointreau und 1/3 Zitronensaft. Die »Kellerstube« jener Jahre sieht nach obiger Illustrierten dann folgendermaßen aus: »Die Bank ist mit schwarz-rot lackiertem Rohleinen bezogen. Der Tisch hat eine massive Ahornplatte. Der Sitzplatz ist stimmungsvoll, aber preisgünstig mit braunen Weichholzbrettern überdacht. Der geschmiedete Luster trägt elektrische Birnen und echte Kerzen.« Auf dem Filmball 1959 werden Romy Schneider mit Alain Delon, Conny Froboess ohne Peter Kraus, Sabine Sinjen, Peter Vogel und, »vielbeschäftigt wie immer in weiblicher Gesellschaft«, Franz Antel gesichtet. Am Opernball zählt, laut Schätzungen gewiegter Reporter, »gut ein Viertel der 5.000 Gäste zur Prominenz«. König Baudouin und Prinzessin Beatrix urlauben gleichzeitig am Arlberg, ohne daß sich dabei eine von den Illustrierten erhoffte Verlobung ergibt, und Männer nehmen in diesen Zeiten Pitralon, »weil Pitralon so eigenartig duftet. Der herbe, unverwechselbare Pitralongeruch entspricht der Atmosphäre kraftvoller Männlichkeit.« Wie überhaupt, nach Ansicht der WIENER ILLUSTRIERTEN vom Februar 1959, ein Gentleman einem »Wolf« gleiche, »der Geduld hat«, während »die größte Klugheit einer klugen Frau« darin bestehe, »diese Klugheit nicht zu zeigen«.

Die feinen Unterschiede

Geduld und Klugheit werden nun häufig in Kursen für gutes Benehmen gelehrt, die jetzt von Tausenden Interessierten besucht werden, so etwa an den Wiener Volkshochschulen, wo der Doyen der österreichischen Tanzschulbesitzer, Oberstleutnant a. D. Willy Elmayer-Vestenbrugg, Kurse im Umfang von 9 Doppelstunden abhält. Besuchten anfangs in Wien 3.274 Lernwillige die siebenunddreißig angebotenen Kurse, zählt man im ersten Trimester

Gutes Benehmen wieder gefragt

1961 bereits 2.826 Absolventen. Gute Manieren im Sinne der sozialen Abgrenzung lautete der gesellschaftliche Auftrag in Zeiten, in denen aus dem Arbeiter ein »Arbeitnehmer« und beachtlicher Teil der »Freizeitgesellschaft« geworden war. »Wenn die Dame das Wort an den Oberkellner richtet, bei diesem etwas bestellt oder sich nach der Zubereitung eines Gerichtes erkundigt«, heißt es etwa in Elmayers Bestseller »Gutes Benehmen wieder gefragt« aus dem Jahre 1957, »so ist das ein gesellschaftlich unmögliches Benehmen; sie darf mit dem Bedienungspersonal nur über den Herrn verkehren« – ein recht zutreffendes Bild vor dem Hintergrund von rund 1,3 Millionen berufstätiger Frauen. »Unentbehrlicher Ratgeber für das Benehmen in feiner Gesellschaft« nennt auch Loriot in der Illustrierten STERN seinen Benimm-Kurs, wo er unter anderem in heiklen Situationen rät: »Ein Brandloch im Teppich läßt sich schlecht verheimlichen ... setzen Sie das ganze Haus in Brand, dann merkt's keiner!«

Den Disziplinierungs- und Normierungsversuchen des Benehmens und der Vielfalt des Geschmacks steht ein breites Warenangebot gegenüber, und fast alle Wünsche scheinen nunmehr in Erfüllung zu gehen. In einer Karikatur fragt im Dezember 1959 ein Kunde den Weihnachtsbaumverkäufer: »Hätten Sie nicht etwas Besseres, vielleicht in Eiche oder Mahagoni?« Weihnachten 1965 wird dann in New Yorks größtem Kaufhaus, dem »Macy's«, der festliche Baum zwar nicht aus Eiche, jedoch aus Polyvinylchlorid gefertigt sein, ewig grün bleiben und nach Tanne duften. Laut Statistik wurden noch niemals so viele Sektflaschen leergetrunken und Hühner verzehrt wie in diesen Tagen des Jahres 1959, und im HEUTE spricht Hans Weigel von der »Sumpfblütenzeit der zweiten Backhendelzeit«. »Ich steh' an der Bar und habe kein Geld« tönt es nun aus den Radiogeräten, ein Schlager von der Tragödie des Konsumzeitalters.

Spätestens ab 1959 stellt sich die Wohlstandsgesellschaft die Frage nach dem Wert von Kultur abseits der staatlichen Repräsentation, und diese wird jetzt häufig abschlägig beantwortet: Die »Exl-Bühne« in der Wiener Praterstraße, die »Insel« in der Johannesgasse und das »Neue Schauspielhaus« an der Philadelphiabrücke werden in Kinos verwandelt, das »Bürgertheater« auf der Landstraße und die »Scala« in der Favoritenstraße im Schillerjahr abgerissen. Das Theater flüchtet in den Keller oder reduziert sich zur Kleinbühne: Neben dem »Experiment« am Liechtenwerd bezieht im Herbst 1960 Stella Kadmons »Theater der Courage« ein neues Haus am Franz-Josefs-Kai, das frühere »Theater am Parkring« macht in der Liliengasse als »Theater im Zentrum« auf, Veit Relin eröffnet das »Atelier-Theater« am Naschmarkt, und die »Wiener Kammeroper« hat vor kurzem ebenfalls ein neues Heim am Fleischmarkt gefunden. Das seit 1801 bestehende »Theater an der Wien« ist, nachdem 1955 die Staatsoper auszog, der Spitzhacke gerade noch von der Schaufel gesprungen. Am 28. Mai 1962 wird es mit Mozarts »Zauberflöte« neuerlich eröffnet.

Zwar hatte bereits im August 1954 Albert Paris Gütersloh unter Hinweis auf die »modernen Romantiker« Helmut Leherbauer (der spätere Leherb) und Wolfgang Hutter proklamiert, daß Österreich dabei sei, »die Kunstsprache zu wechseln«, doch bleibt diese neue vorerst noch weithin ungehört. Im August 1956 wird in Parsch, am Stadtrand von Salzburg, wo eben die Festspiele erklingen, ein moderner Kirchenbau eröffnet und damit auf die Architekten der Arbeitsgruppe 4, Holzbauer, Spalt und Kurrent, aufmerksam gemacht, doch zwischen der Hollywood-Schaukel der Firma Karasek, den Lodenmoden von Lanz und der garantiert abwaschbaren Resopalküche gedeiht die künstlerische Avantgarde weiterhin lediglich im Verborgenen. Auf diesen Umstand spielt der Name des im Dezember 1954 gegründeten »club exil« an, in dem die Literaten Artmann, Bayer, Rühm und Wiener verkehren und hier vorbereiten, was später die »Wiener Gruppe« genannt werden sollte. In diesem Jahr entsteht auch die »Galerie nächst St. Stephan« unter Leitung von Monsignore Otto Mauer, in der sich bald die »Informellen« Josef Mikl, Wolfgang Hollegha, Markus Prachensky mit Arnulf Rainer und Oswald Oberhuber treffen. Die Vertreter der Wiener Schule des Phantastischen Realismus, Ernst Fuchs, Wolfgang Hutter, Arik Brauer und Anton Lehmden, treten erstmals in Erscheinung, und der Maler Friedrich Hundertwasser veröffentlicht 1958 als Protest gegen den Funktionalismus in der Architektur sein »Verschimmelungsmanifest«. Der akademische Maler Rudolf Hausner wieder ringt, wie die Zeitungen anläßlich seiner Ausstellung im Oberen Belvedere im Februar 1960 vermelden, ein wenig eigenbrötlerisch »um sein Antlitz«: »1949 – Ein zerissener, kranker Mensch, so sah sich Hausner selbst, als er vor rund zehn Jahren begann, sein Selbstporträt zu malen. 1954 – Das Selbstporträt dieser Zeit verrät es: die Krise ist noch lange nicht überwunden.« Erst 1959, »nach Jahren des Ringens verläuft das Leben des Künstlers jetzt in geordneten Rahmen für seine Familie und seine Kunst. Zehn Jahre Unruhe sind überwunden.«

Die grundlegende Transformation der österreichischen Gesellschaft in den fünfziger Jahren beruhte auf Massenproduktion und Massenkonsum und folgte einer Ausgabenstruktur, die der Wirtschaftshistoriker Roman Sandgruber 1985 ähnlich wie zuvor schon Geschäftsmann Wilhelm Rasper beschreibt: »Zuerst nahmen die Nahrungsmittelausgaben zu, dann wurde der Bedarf an Kleidung gedeckt. Ab der Mitte der fünfziger Jahre stiegen die Aufwendungen für Wohnungseinrichtung und im letzten Drittel des Jahrzehnts die sonstigen Ausgaben für Verkehr, Urlaub und Unterhaltung am stärksten.« Ein Großteil des Wirtschaftswunders basierte auf einer Anpassung an amerikanische Trends und Produktionsmethoden, vielfach über Westdeutschland vermittelt. Güter und Dienstleistungen wurden nunmehr für den Massenmarkt produziert. Was früher Luxus für Minderheiten gewesen war, gehörte jetzt zum alltäglichen Komfort, ein Lebensstil mit vielfältigen kulturellen Angeboten entstand mit außerordentlicher Geschwindigkeit und Universalität, dessen ästhetisches Kennzeichen die Stilmischung darstellte. Nichts schien zu bleiben, wie es einstens war, und vor allem das Individuum trat nun dank der Kommerzkultur seinen emanzipatorischen Weg gegen die Gesellschaft an und trennte sich von traditionellen sozialen Beziehungen. Am Ende des Jahrzehnts wird dann die große Verständnislosigkeit zwischen Jung und Alt herrschen.

Vom Verschwinden der »Gstettn«

»In diesem ›katastrophalen‹ Desinteresse der jungen Generation am öffentlichen Kollektiv hat man inzwischen das Spezifische dieser Jugend entdeckt«, formuliert die Zeitschrift MAGNUM bereits Anfang 1954. Die Jugend von heute, schreibt wieder der bekannte Wiener Psychiater Hans Hoff im Juni 1956, »sei erschreckend anders«, und er führt das »Halbstarkenwesen« auf die Frühreife des Körpers, die Einflüsse der Zivilisation und auf eine seelische Nichtbetreuung durch die berufstätigen Eltern zurück. Die Jugend beuge sich nur noch »sehr zögernd der Autorität«, fährt Professor Hoff fort und gibt die Schuld daran vor allem der »Reizüberflutung« durch Reklame, den »aufreizenden Bildern« und den »mehr als zweideutigen Büchern und Heften«. Vor allem der »Moloch Film flimmert Themen von der Leinwand, wie sie erregender und gewagter nicht mehr gedacht werden können«. Diese »Reize der Zivilisation«, das »Bedürfnis breitester Kreise nach dem höheren Lebensstandard« sowie das Fehlen von elterlichen »Identifikationsobjekten« sind es, die den »Trieb übermächtig« werden lassen, der dann »über den an sich schwachen Willen des Kindes siegt«. »Schon in der Kleidung«, so Hoff abschließend, »wollen sie anders sein als die Jugend früherer Zeiten.« In diese Kerbe schlägt auch im Frühjahr 1960 die katholische Kirche und spricht in ernster Besorgnis von einer erotisierten Umwelt und erstaunlich kenntnisreich von deren Ausformungen: »Da prangt in den belebtesten Hauptstraßen ein seidenbestrumpftes Frauenbein in meterhohen Dimensionen, da sieht man von Lichtreklame umrahmt, unter einem durchsichtig gemalten Dessous die verlockenden Konturen einer ›Pariserin‹. Da flackern durch die Nächte der Großstädte verführerische Titel von den Plakatwänden.« Wenige Tage zuvor bereits war die Kußszene auf dem Plakat zu Fred Zinnemanns Film »Verdammt in alle Ewigkeit« kirchlicherseits verdammt worden und mußte laut einem Innsbrucker Gerichtsbeschluß die Werbung für das Programm der Wiener Eisrevue »Im Land der Träume« entfernt werden, »weil die gesundheitliche Entwicklung jugendlicher Personen durch die Reizung der Lüsternheit gefährdet« werde. Demnächst soll in allen Kinos, wie schon vor 1945, ein Jugendverbot bis 18 Jahren verhängt werden, beschließt die Konferenz der Landeshauptleute im März 1960, und künftig davon lediglich Produkte ausgenommen sein, die »nicht nervenschädigend« sind, »keine grobe Verfälschung des Weltbildes« aufweisen und »keine verrohende Wirkung krimineller oder sexueller Natur« ausüben. Von 276 eingereichten werden im Jahr 1960 54 Filme als »ab 14« eingestuft und 141 Streifen grundsätzlich nicht freigegeben. Allgemein werden »schwüle Liebesszenen« in den Bundesländern für die Jugend als besonders gefährlich erachtet, nicht jedoch Gewalttaten, die sind dafür wieder in Wien nicht gern gesehen.

Verrohende Wirkung ohne Pause?

Allerorten wird die zunehmende Jugendkriminalität beklagt, die 1959, laut WIENER ILLUSTRIERTEN vom April 1960, um 6 Prozent gegenüber dem Vorjahr angestiegen ist. 38.274 Verbrechen, Vergehen und Übertretungen werden zur Anzeige gebracht, ein Anteil an der Gesamtkriminalität, der in Österreich 8,2 und in Westdeutschland 12,3 Prozent ausmacht. Doch welche Tateinheiten waren da gemeint, wenn es noch im Mai 1961 anläßlich eines neuen Jugendgerichtsgesetzes, dem Motivenbericht des Justizministeriums zufolge, heißt, künftighin werde »die Wegnahme einer Handvoll Kirschen aus des Nachbarn Garten« nicht mehr als Verbrechen, sondern nur noch als Übertretung des groben Unfugs geahndet werden? Pädagogen wie Politiker, Konservative und Kommunisten nehmen sich nun dieses Themas an, wissenschaftliche Werke wie Hans Heinrich Muchows »Sexualreife und Sozialstruktur der Jugend« und »Jugend und Zeitgeist« oder Helmut Schelskys »Die skeptische Generation« und ein wenig später Alexander Mitscherlichs »Auf dem Weg zur vaterlosen Gesellschaft« versuchen eine Antwort zu geben auf jugendliches Devianzverhalten, auf deren Abweichen vom vorgesehenen Weg. Der deutsche Pädagoge Muchow etwa charakterisiert jugendliche Reserviertheit gegenüber der Konsumgüterindustrie 1959 folgendermaßen: Die Jugend »geht

Städtische Ödlandschaften werden zu öden Stadtlandschaften.

durch diese unsere Welt, wie die Seh-Leute durch eine der großen Lebensmittelausstellungen, hier beschauend, dort prüfend, hier fragend, dort eine Kostprobe verzehrend«, doch im Grunde »von vornherein zu keinem Kauf bereit, zu keiner Bestellung entschlossen« und gehe mit dieser besorgniserregenden Haltung auf die von Erwachsenen für Erwachsene geschaffene Lebenswelt »auf Distanz«. »Die Jugendlichen von heute wehren sich dagegen, in Griff genommen zu werden«, fährt Muchow an anderer Stelle fort, sie sind »abweisend, widerspenstig, ruppig und gelegentlich bissig«, kurzum: sie wollen nicht so werden wie ihre Eltern.

Bereits im August 1958 hatte Franz Kreuzer im HEUTE darauf hingewiesen, daß sich der soziale Fortschritt gegen die Jugendlichen wende, daß »zwischen der entsprechend großen Zahl Wiener Kleinwohnungen« und dem »Herumlungern von Jugendlichen an den Straßenecken ein Zusammenhang« bestehe. Zudem hätte man ihnen die letzte »Gstettn« genommen und städtische Ödlandschaften, einst Spielplatz und Raum für Bewegung, restlos verbaut. Die Wiener Stadthalle, so Kreuzer weiter, »ursprünglich als Herzstück eines Systems von Bezirksjugendzentren geplant«, wurde dann als kommerzielle Institution installiert, die zudem dem Spitzensport und der Wiener Eisrevue

Koteletten, ist über Nacht zu einer unrühmlichen Berühmtheit geworden. Er, der Hinterwäldler aus Tennessee, gilt als Erfinder des ›Rock and Roll‹, der neuesten Entartung der Jazzmusik. Noch vor kurzem mußte Elvis als Fernfahrer und Jahrmarktshändler mühsam sein Brot verdienen. Jetzt erhält er für ein dreimaliges Auftreten im Fernsehen 50.000 Dollar. Elvis, der zur Inkarnation der ›Halbstarken‹ wurde, Elvis, der die jungen Leute von Ohio bis Oslo zur Ekstase bringt, soll nun Soldat werden. Was ihm nicht schaden wird.«

»Der epileptische Gartenschlauch«, wie ihn HEUTE im April 1959 nennt, steht bereits seit längerem als Sündenbock für unbewältigte Jugendprobleme zur Verfügung. »Eine neue Seuche greift um sich«, urteilt im Oktober 1956 bereits die WIENER ILLUSTRIERTE, die Jugend sei »außer Rand und Band geraten« seit dem Auftreten von Elvis Presley, dem »neuen Idol der Halbwüchsigen«. Anfangs war es die Jugend Amerikas, die beim Anhören der neuen Musik »in wildes Grölen und hysterisches Schreien ausbrach, sich auf den Boden warf und in wilder Ekstase um sich schlug«. Bald hatte diese rätselhafte Epidemie auch Europa erfaßt. In England kam es zu zahlreichen Tumulten vor und in den Kinos, in denen der Columbia-Film »Rock around the Clock« mit der Musik von Bill Haley anlief, in Skandinavien war es nicht anders. Jetzt ist der Fim auch in Deutschland zu sehen, und viele, wie der Volkskundler Richard Wolfram, theoretisieren gedankenvoll über diese globale Wirkung der neuen Jugendkultur. Während Wolfram, einst besinnlicher Volksmusikforscher des SS-Ahnenerbes, damit die Tanzkrankheit des Mittelalters wieder ausgebrochen sieht, »tägliches Rauschgift«, ähnlich dem »Rauschtanz der Naturvölker« zu erkennen glaubt und zuvor schon den Jazz als »Negermusik«, als »Kulturverfall der weißen Menschheit«, analysieren konnte, geht das Rätseln der Illustrierten über die lautstarken Entäußerungen der neuen Musik in eine andere Richtung: »Sollte die aufreizende Wirkung von ›Rock and Roll‹ bei den Texten liegen? Dem Eingeweihten sagt der Sinn dieser Texte schon mehr. Sie sind nicht nur zweideutig, sie sind eindeutige Zoten, vulgär, und deshalb werden sie nur undeutlich gesungen.« Doch auch diese Erklärung allein genügt nicht völlig: »Man fragte, ob vielleicht nur Jugendliche mit dunklem Haar dem Wahn erliegen, dann sah man, daß die dunkle Pigmentierung keinen Einfluß auf die Massenhysterie hatte. Man spielte die magischen Rhythmen des ›Rock and Roll‹ sechs Schimpansen im Zoologischen Garten von Liverpool vor. Aber die biederen Tiere blieben ungerührt und quittierten die Vorführung nur mit mildem Beifall.« Doch wer weiß, ob derartige Versuche im Liverpooler Zoo nicht doch eine gewisse Langzeitwirkung hinterlassen haben, denn fest steht, daß auf die relativ kurze Epoche des Rock-'n'-Roll von 1955 bis 1960 um 1965 mit den Beatles die Beat- und Pop-Jahre folgen werden.

Die 78-U/min-Schallplatte wird bald am universalen Idiom der Jugend ihren Hauptanteil haben und den Schallplattenmarkt explodieren lassen. Die Plattenfirmen, die nun ein Vermögen mit der neuen Musik verdienen, haben diese nicht selbst erschaffen, sondern von Außenseitern wie Elvis Presley übernommen. Prägte der Jazz noch ein eigenes soziales Milieu, seine jeweilige Öffentlichkeit (die oftmals gar nicht so offen war) samt spezifischer Verwertung, so ist dies bei der entstehenden Rockmusik nicht mehr so offensichtlich. Schneller Verkauf von Massenartikeln für den kurzfristigen Verbrauch werden bald, getreu der Logik der Konsumindustrie, nicht nur für rasch wechselnde Modezyklen sorgen, sondern in den sechziger Jahren eine fast unübersehbare Flut von Sounds, Trends und Bands hervorbringen.

Ende 1956 verkauft der geschmähte Elvis Presley acht Millionen Platten und überflügelt damit alteingesessene Stars wie Bing Crosby und Frank Sinatra bei weitem. Ein Jahr später zahlt das US-Fernsehen an Elvis Presley für jedes Lied, das er in einer Direktsendung singt, 20.000 Dollar, die FOX-Filmgesellschaft bietet ihm 750.000 Dollar für drei Filme an, und aus öffentlichen Veranstaltungen bezieht der Rock-'n'-Roll-Star ein weiteres Einkommen von 25.000 Dollar wöchentlich. Die größten Einnahmen erzielt er jedoch mit seinen Schallplatten sowie mit Andenken und Werbeprodukten, auf denen sein Name gedruckt steht: Zahlen, die auch den autoritärsten Persönlichkeiten langsam zu denken geben. Die durchaus patriarchalisch organisierte Unterhaltungsindustrie versucht dementsprechend, am Erfolg des »widerlichen Jünglings« zu partizipieren: Die Wurlitzer-Welle greift jetzt auf Österreich über, allein im Jahre 1957 wandern 144 Millionen Schilling in derartige »Musikautomaten mit Tradition« (Eigenwerbung), was etwa 12 Kilometern Autobahn oder 890 Einfamilienhäusern entspricht; Ausgaben, die durch den im

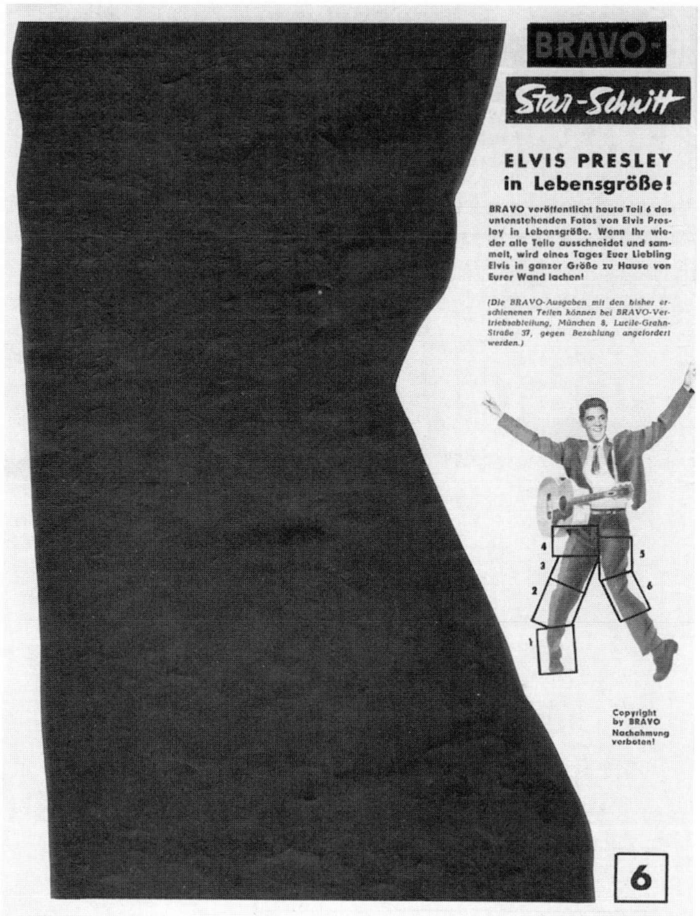

Elvis an der Kinderzimmerwand

Die Wurlitzer-Welle greift auf Österreich über.

März 1957 eingeführten Silber-Zehner mit Goldhaubenmotiv und den zwei Jahre später neugeprägten kupfergelben Ein-Schilling-Stücken noch erleichtert werden.

Herr der Ringe

Als weltweit verwertbares Nebenprodukt der Rock-'n'-Roll-Kultur erwies sich bald der Hula-Hoop-Reifen. Für Amerika und Europa wurde der Plastikring für Jung und Alt mit seiner inneren Weite von 60 beziehungsweise 90 Zentimetern an einem trüben Apriltag des Jahres 1958 geboren, als der Spielwarenhändler Artur Melin mit seinem Kompagnon Richard Knerr in San Gabriel, Kalifornien, darüber nachdachte, wie man aus den Schulden herauskommen könnte. Nach der Idee eines australischen Gymnastikprofessors stellten die beiden sechs Reifen aus Kunststoff her, die bei ihren Kindern sofort Begeisterung hervorriefen. Drei Monate später waren Artur und Richard Millionäre geworden. Ihre kleine Fabrik in San Gabriel war durch eine zweite in Chicago und eine weitere in New York vergrößert worden. Im Laufe von drei Monaten lieferten die neuen Herren der Ringe den Amerikanern 25 Millionen Hula-Hoop-Reifen. Die Welle schwappte nach Europa über, auch wenn ihre Begründer schon längst eine Produktionsstätte für künstliche Aorta-Teile betrieben. »Man presse den Reifen fest gegen den Rücken«, heißt es in der aus den USA mitgelieferten Gebrauchsanweisung, »und bringe ihn dann mit einem kräftigen Schwung der rechten Hand in eine drehende Bewegung: durch krei-

Hula-Hoop: Der Reifen verscheucht die schlechte Laune, besonders bei ihren Produzenten, die in kurzer Zeit Millionäre werden.

sende Körperbewegung der Hüften, des Oberkörpers, aber möglichst unter Ruhigstellung der Schultern, wird erreicht, daß der Reifen in ständiger Umdrehung bleibt und nicht zu Boden fällt.« Als Vorteile werden garantiert: Der Reifen mache den Organismus gelenkig, setze das Gewicht herab, verscheuche schlechte Laune, allerdings sei dabei eine gewisse Müdigkeit in den Eingeweiden beobachtbar. Letzteres änderte aber nichts an der Hula-Hoop-Begeisterung, die sich auch in einigen recht bemerkenswerten Rekorden zeigte: Der 19jährige John Filmens stellte einen Zeitrekord mit 10 Stunden und 10 Minuten auf, Francis Elmen bewegte vierzehn Ringe gleichzeitig, und die 11jährige Mary May hielt mit 18.000 Umdrehungen in 3 Stunden und 30 Minuten den Schnelligkeitsrekord.

Herr der Rillen

1960 besitzt jeder dritte deutsche Haushalt einen Plattenspieler, und nur jeder sechste verfügt über ein Bad. Während in den USA jährlich umgerechnet 12 Milliarden Schilling für Schallplatten ausgegeben werden, bilanzieren die deutschen Konzerne 1958 mit 58 Millionen verkauften Platten, 60 Prozent davon wurden von Jugendlichen erworben. Nach Stahl und Öl nimmt weltweit die Schlagerindustrie den umsatzträchtigen dritten Platz ein. In Verbindung mit dem Rundfunk decken die BRD-Konzerne bald den deutschsprachigen Markt mit billigen heimischen Pro-

Akurat und adrett: die deutsche Antwort auf Elvis Presley

dukten ab. Der »lachende Vagabund« Fred Bertelmann etwa singt ebenso wie Conny für Electrola und erreicht 1960 mit seinen Platten eben die Millionengrenze, knapp gefolgt von Gerhard Wendland und Caterina Valente (beide Polydor), Vico Torriani (Decca), Jimmy Makulis (Ariola), Ted Herold, Rex Gildo und anderen. »Heimweh«-Freddy Quinn (Polydor) wird von der Jugendzeitschrift BRAVO, die im Jänner 1959 Elvis zum Ausschneiden in Lebensgröße anbietet, mit 85.178 Stimmen zum beliebtesten deutschen Schlagersänger gewählt, mit einem Abstand von 9.498 Stimmen folgt Peter Kraus (Polydor). »Das hab ich in Paris gelernt« singt der ehemalige BFN- und WDR-Disc-Jockey Chris Howland (Columbia); zuvor war dieser Schlager von Irene Mann fast unbemerkt auf der Hausschallplatte des Kaufhauses Neckermann herausgekommen, doch Howland hatte im Rundfunk von dessen Verbreitungsmacht gelernt und startet mit diesem Song einen Hit. Neben Neckermann steigt auch das Versandhaus Quelle in eine eigene Schallplattenproduktion ein, mehrere Schallplattenclubs entstehen, deren größter, Bertelsmann, allein 300.000 Mitglieder umfaßt. Deutsche Grammophon mit Polydor liiert sich nun mit dem Bertelsmann-Ring, aber auch Philips mit seiner Firma Fontana möchte mit Buch- und Plattenclubs zusammenarbeiten, geplant ist ein Abkommen mit der Tonbandfirma Tefifon, die bespielte Bänder in den Handel für Bars, Gaststätten und Großkaufhäuser bringen wird. Die Marke Baccarola schließt Verträge mit dem Lebensmittelgroßhandel ab, die SPAR-Kette führt Platten im Versandkatalog, doch bleiben nach wie vor die Rundfunkanstalten der größte Bewerber des Musikgeschäftes. Es kann daher nicht wundernehmen, daß sich die Plattenfirmen, koste es, was es wolle, um gute Beziehungen zu den Disc-Jockeys bemühen, die bald selbst eifrig als Interpreten oder Produzenten in Erscheinung treten. Nun seien bereits dreiundzwanzig Disc-Jockeys von einundzwanzig Plattenfirmen bestochen worden, vermeldet die WELT AM MONTAG am 4. Jänner 1960, dies allerdings aus den USA.

Im Juni desselben Jahres griff der Kabarettist Gerhard Bronner in seinem Referat vor dem österreichischen Rundfunkprogrammbeirat die diesbezüglichen heimischen Bräuche mit den Worten an: »Dem Rundfunk ist es anscheinend noch nicht aufgefallen, daß er schon längst zu einem Gratiswerbebüro der großen Schallplattenfirmen geworden ist. Es sitzen soundso viele Leute da, zwanglos verteilt im Haus, welche für jeden Schlager, der einmal gesendet wird, Vergütungen beziehen. Das ist ein offenes Geheimnis.« Von seiten des Aufsichtsrates wurde daraufhin angeregt, eine »Disziplinarordnung« auszuarbeiten. Die Selbstkontrolle der Rundfunkanstalten wieder hat es fertiggebracht, die einst aggressiven Rock-'n'-Roll-Texte zu säubern und zu verharmlosen. Statt eines Elvis Presley tritt nun etwa ein auch von den Eltern als adrett empfundener Peter Kraus oder Rex Gildo, eine Lolita oder Gabriele auf, in deren Texten regionale Enge und weite Exotik gleichermaßen vertreten sind.

80 Prozent aller verkauften Platten fallen jetzt in den Bereich Schlager beziehungsweise U-Musik. Darunter sind es vor allem südländische Weisen, die im Zeichen des beginnenden Massentourismus vermehrt erklingen. Nicht nur Columbia-Star Rocco Granatas »Marina«, auch die Masse der deutschsprachigen Schlager preisen mittlerweile mediterrane Gefilde. Doch dies sollte sich im Wiener Rundfunk bald ändern.

»Grazie, Grazie«, sang im April 1959 Vico Torriani soeben, als ihn der Tontechniker schonungslos vom Plattenteller hob. Der Rundfunksprecher entschuldigte sich, laut Zeitschrift HEUTE, vor dem im Sendesaal anwesenden Publikum, die Schallplatte sei keineswegs auf dem Programm gestanden, sei vielmehr nur per Zufall hineingerutscht. Und, so fügte er mit dem Ernst der Stunde in der Stimme hinzu, die Hörer würden gewiß verstehen, daß man gerade diese Platte aus ganz bestimmten Gründen nicht spielen wolle. Das gewiß quiz-gewitzte Publikum reagierte augenblicklich mit spontanem Beifall. Im August 1961 wurde »Ja, ja, der Chiantiwein« im Rundfunk nur noch als Melodie dargeboten, was keinen großen Kulturverlust bedeutete, doch auch bei Opern fanden eher alte deutschsprachige Tondokumente denn neuere italienische Aufnahmen Verwendung. Unschwer wird man erraten, daß die Ereignisse in Südtirol, die unterdessen auch bei Austro-Olivetti eine Kassenkrise auslösten, zu solch patriotischem Tun Anlaß gaben. Seit die politischen Spannungen zwischen Rom und Wien vor der UNO ausgetragen wurden, existierte im Rundfunk eine »interne Empfehlung«, die diskret an das »Taktgefühl« der jeweils in den Länderstudios Verantwortlichen appellierte, »auf Gefühle und Ressentiments in der Bevölkerung Rücksicht zu nehmen« und im musikalischen

Während des Südtirol-Konflikts zensuriert der Österreichische Rundfunk italienische Schlager.

Bereich alles Italienische und Italien Betreffende tunlichst zu vermeiden.
Allzu häufig wird sich zwar die heimische Politik nicht mehr gegen die internationalen Plattenkonzerne stellen, doch gibt es auch andere Möglichkeiten, das Südtirolproblem medial publik zu machen. Zur Unterstützung des österreichischen Anliegens an die UNO übermittelt im Oktober 1960 der Bundespressedienst den Außenministerien aller UNO-Mitgliedsstaaten eine Esperantoausgabe der Broschüre »Südtirol im Jahre 1960«. Höhepunkt dieses Werkes ist das Andreas-Hofer-Lied. Der Originaltext: »Dann ruft er: Nun, so trefft mich recht! / Gebt Feuer! Ach, wie schießt ihr schlecht! / Ade, mein Land Tirol!« erlitt dabei folgende Übersetzung, nach der das Lied zu singen sei: »Li vokas: Ek al bona traf! / Ho jen, kid malbona paf! / Adiau, land Tirol!«
Österreichs Studenten streiken in diesen Jahren zwar einige Male – etwa gegen Professor Hoff, und Adiau galt es zuvor bereits zur rigiden Führung der Meisterklasse an der Kunsthochschule am Schillerplatz zu sagen –, doch entsprechen sie in ihrer überwiegenden Mehrheit dem frommen Bild, das sich das Volk von seinen Studenten macht. Zur Sicherheit aber beantragt im Oktober 1961 Unterrichtsminister Drimmel bei den Budgetberatungen für Universitäten und Hochschulen in Wien, Innsbruck und Graz 18 neue Nachtwächterposten.
Allgemein beklagt wird vor allem das Fehlen jugendlicher Ideale inmitten der prosperierenden Konsumgesellschaft. Das Wort von der Wohlstandsverwahrlosung kommt auf, und mancher sehnt sich nach der Moral der Not- und Nachkriegszeit zurück. »Der junge Mensch braucht Zucht, und er braucht vor allen Dingen einen Halt«, diagnostiziert der bekannte Psychiater Hans Hoff im April 1960. Eine »mangelnde Entwicklung des Gemüts« – »vielleicht spielt auch die Art der Ernährung eine Rolle« – , die »Zerrüttung der Familie durch die Berufstätigkeit der Mutter« seien die Gründe an der derzeitigen Haltlosigkeit der Jugend. »Vor 25 Jahren«, erinnert sich Hoff, »hatten die jungen Menschen falsche Ideale, aber es waren Ideale!«
Für die Hochhaltung derartiger ehemaliger Ideale spricht sich einen Monat später auch die Klagenfurter FPÖ aus. In ihrer Ablehnung einer Landessubvention für eine Robert Musil-Gedenkausgabe von Karl Dinklage begründet Parteikultursprecher Lehrer Berthold Kummer die Absage seiner Gefolgschaft mit dem knappen Satz: »Musil ist dekadent!« und wird dabei von besorgten Parteifreunden sekundiert (»War Musils Frau nicht eine Halbjüdin?«). Ein gewisser Joyce nämlich, holt Lehrer Kummer anhand von Knaurs Literaturführer weiter aus, sei genauso ein Geistesverwandter Musils gewesen. »Was aber sagt der Kritiker zu James Joyce?« Bevor Lehrer Kummer dies ausreichend beantworten kann, werfen Zwischenrufer und Hinterbänkler mit klarem Hausverstand ein: »Was geht uns der Joyce an?« Spitz darauf Lehrer Kummer: »Eben – er ist ein Geistesverwandter Musils!« Wenig später wird dann unter Mitwirkung aller drei Landtagsparteien die Feier zu 40 Jahre Volksabstimmung unter dem Motto »Kärnten bleibt Kärnten« stattfinden.

Studentendemonstration gegen Gebührenerhöhung in Wien

Mit ihrem Programm »Blattl vorm Mund« treten im Herbst 1960 Gerhard Bronner, Helmut Qualtinger, Kurt Jaggberg, Louise Martini, Georg Kreisler und Carl Merz auf, doch was vermag schon Kabarett in Zeiten wie diesen gegenüber der Realität auszurichten? Zumal es Zeiten sind, in denen Programmdirektor Rudolf Henz auf Wunsch der Bundesregierung im Rundfunk Helmut Qualtingers »Spiegel vorm G'sicht« verbieten und das Radiokabarett »Watschenmann« einstellen läßt, da es seine Watschen, unter Anleitung von Jörg Mauthe, Walter Davy und Peter Weiser, nach Meinung des Programmdirektors allzuoft an die »unrichtigen Personen« in der Bundesregierung ausgeteilt hätte.

Eine Watschenaffäre beschäftigt im Mai das Hernalser Bezirksgericht: Der Kritiker Hans Weigel, unterdessen enger Freund von Heimito von Doderer, hatte eine Ehrenbeleidigungsklage gegen die Schauspielerin Käthe Dorsch eingebracht, weil er von dieser vor dem Café Raimund zwei Ohrfeigen für eine Kritik erhalten hatte, durch die sich die Künstlerin schwer gekränkt gefühlt habe. Zur Bestätigung ihrer Ansicht verlas die Künstlerin, unter einer Flut von Briefen, auch ein Schreiben des Kammerschauspielers Raoul Aslan, in dem es hieß, Weigels Kritik sei nachgerade untragbar geworden, dies seien keine Kritiken mehr, sondern Frechheiten, für die man nur »Watschen« als Antwort geben könne.

»Glückliches Österreich«

Stürme im Wasserglas. Aber sie gewinnen an Bedeutung dort, wo Wohlstand und Fortschritt den Gleichschritt einfordern, wo Widersprüchliches in Alltag, Kultur und Politik nicht eben gefördert und ermuntert wird. Vom »glücklichen Österreich« spricht in einem Kommentar über die Konsensgesellschaft ohne Arg im Juni 1956 die Schweizer WELTWOCHE, von einem österreichischen »Wunder«, daß »hier eine Regierung, die in ihrer parteilichen Zusammensetzung fast ein Jahrzehnt alt ist, nicht nur ihre Position behalten konnte, sondern heute nahezu ohne Opposition regieren muß«.

Von einem »glücklichen Österreich« hatte aber bereits kurz nach dem »Anschluß« der deutschnationale Schriftsteller Bruno Brehm gesprochen. Sein reichillustriertes Werk sollte eine »Bestandsaufnahme« der Vorzüge des Landes im Rahmen des Deutschen Reiches darstellen. »Hier zeigt sich«, schreibt Robert Menasse in seinem Essay »Das Land ohne Eigenschaften«, »Brehms Buch als erste umfassende Vorformulierung jenes ›glücklichen‹ Selbstverständnisses, das wir, von nationalsozialistischen ideologischen Schnörkeln und Ornamenten befreit, in der Zweiten Republik wiederfinden: die Selbstdefinition Österreichs als Naturreservat und Museum.«

Der Bundeskanzler ohne Opposition, Julius Raab, war es dann, der in einer Rede die bemerkenswerte Feststellung traf: »Daß es uns allen einmal gleich schlecht gegangen ist, heißt noch nicht, daß es uns allen jetzt auch gleich gut gehen muß.« Diese nicht allzu häufig eingestandene soziale Differenzierung inmitten der Wohlstandsgesellschaft schuf am Ausgang des Jahrzehnts ein Klima, in dem das Ende der Barmherzigkeit und der verinnerlichten privaten Tugend angesagt war. Die Uneigennützigkeit der Gabe und die Anonymität des Spenders als Motiv der Wohltätigkeit verträgt sich nicht länger mit dem Wunsch nach individueller und sichtbarer Teilnahme am österreichischen Wunder. Zwar wird im Sozialstaat die Gabe sich von der sie begleitenden Dankbarkeit emanzipieren und ein regulärer Anspruch auf sie begründet, doch nicht jeder zählt zum Sozialstaat: Flüchtlinge und Arbeitslose sowie Teile der Jugend werden im Zeichen der Hochkonjunktur und der 45-Stunden-Woche als Wiederaufbau- und Wirtschaftswunderverweigerer ausgegrenzt.

Der Kampf um das Almosen hatte bereits recht früh eingesetzt. Im Zuge der Anti-Lärm-Kampagne wird 1954 die »Wiener Stadtkapelle«, eine Gruppe arbeitsloser Musiker, die seit Jahren mit zahlreichen Platzkonzerten im Zentrum der Stadt an die Spendenfreudigkeit der Wiener appelliert hatte, als unliebsame Lärmquelle entlarvt und verboten. Sie habe, urteilt die WIENER ILLUSTRIERTE, »ihren redlichen Anteil an der großen Symphonie des Lärms. Siehe Wilhelm Busch: ›Musik wird oft nicht schön gefunden, weil sie stets mit Geräusch verbunden‹.« Bis 1955 etwa sind am Dreikönigstag in österreichischen Gasthäusern umherziehende Gelegenheitsbettler anzutreffen, die wenig später durch die vom Päpstlichen Missionswerk neu belebten Sternsingeraktionen der Katholischen Jugend verdrängt werden. Ein »Vergelt's Gott!« werden sie am Tag

Das Almosensammeln wird monopolisiert.

der Epiphanie den die milden Gaben monopolisierenden Weltmissionssammlern nicht nachgerufen haben, zumal die drei Weisen aus dem Morgenland früher nicht Geld gesammelt, sondern selbst Gold, Weihrauch und Myrrhe verschenkt hatten (auch wenn über deren Verbleib uns nichts weiter überliefert wurde). »Müssen wir nicht wieder ein wenig ärmer werden, damit wir reicher sind?« fragte wenig später besorgt der Dichter Karl Heinrich Waggerl anläßlich des Salzburger Adventsingens, der Zeit seiner literarischen Hochkonjunktur.

Hieß es noch während des Ungarnaufstandes im November 1956, »Opferbereitschaft kennt keine Grenze«, las man drei Monate später in der WIENER ILLUSTRIERTEN: »SOS! – Das Flüchtlingsproblem geht über die Kräfte unseres Landes und seiner Menschen. Deshalb der Hilferuf an die freie Welt, deshalb die Forderung: Vergeßt die heimatlosen Ungarn nicht!« Österreich gewähre zwar allen in »Bausch und Bogen« Asyl, »Kindern und Alten, Kranken und Bresthaften, ohne Ansehen des Alters und des Gesundheitszustandes«, doch habe sich in der Haltung des Auslandes ein Wandel vollzogen, denn gerade diese sind außerhalb der Staatsgrenzen wenig gefragt; man »kann und darf« jedoch, wie die Zeitschrift mahnend fortfährt, »einem kleinen Land wie Österreich die Rechnung nicht allein bezahlen lassen, die für die gesamte freie Welt aufgelaufen ist«. Wenig später unterstrich der zuständige Staatssekretär Grubhofer, daß Österreich mit den noch immer verbliebenen rund 70.000 Menschen nicht allein fertig werden könne. Bisher habe Österreich 200 Millionen Schilling aufbringen müssen, ein Betrag, dem an internationaler Geldhilfe 40 Millionen in bar und ein in New York erliegender Scheck auf 50 Millionen Schilling gegenüberstehen. 22,50 Schilling pro Tag und pro Flüchtling müßten laut Grubhofer von der österreichischen Bundesregierung aufgebracht werden für 70.000 Flüchtlinge, die »auch ein bedeutsames Element der Unruhe bilden« könnten.

Zu sozialen Spannungen kam es im Jahre 1957 dann auf dem Grazer Nobelfest, dem Rot-Kreuz-Ball. Laut Zeitschrift HEUTE griff dort ein prominenter Besucher einem anderen, ebenso prominenten Besucher unter die Frackaufschläge und rief laut: »Das ist mein Frack, den ich für die Ungarnhilfe gespendet habe!« Da war nichts mehr zu vertuschen, der Prominente, der sich aus den Rot-Kreuz-Spenden selbst bedient hatte, war nun der Bediente, »aber wenn er nicht gestorben ist, gehört er heute bereits wieder zu den Prominenten. Denn die Prominenz vergißt rasch.«

Die Caritas sammelt 1961 3,2 Millionen an Sachspenden, von denen rund 40 Prozent als unbrauchbar zurückgewiesen werden müssen, und die Zahl der absolut Ärmsten in Wien wird nach einer Studie der SOS-Gemeinschaft mit 68.000 angegeben. Am Tag des Opernballes 1961 warten 439 Menschen vergeblich auf ein Spitalsbett. »Not erzeugt Haß, aber Wohlstand keine Liebe«, schlußfolgert ein Caritas-Mitarbeiter. Am Wiener Müllablageplatz Bruckhaufen, wo demnächst Fremdarbeiter ihr Quartier aufschlagen werden, hat sich unterdessen in den vergangenen zehn Jahren die Müllproduktion verdoppelt, 105 LKW transportieren täglich 3.000 Kubikmeter Abfall aus Wien fort. Zwar wird man am Bruckhaufen selten Ballkleidung finden, dafür aber Flaschen und Nylonsäcke, die früher gereinigt und wiederverwertet worden waren. »Nicht einmal Papier«, schrieb im Jänner 1962 die WIENER ILLU-

Die Gewerkschaft fordert: **3** Wochen Mindesturlaub (S. 2)

Team wird erst in Holland nominiert / Skerlan im Kader
Trainingsspiel in Kapfenberg endet 7:0 (1:0, 3:0, 3:0)

Irene geht noch nicht ins Exil: S. 2

Verteidiger Weinwurms erhält Drohbriefe

MORGEN EXPRESS

1 SCHILLING

Donnerstag, den 9. April 1964
Nr. 1825 Jahrgang 1964
Verlagspostamt Wien 112 P.b.b.
Erscheinungsort Wien

Redaktion, Verwaltung:	36 52 50
Tel. Anzeigenannahme:	36 61 41
Trafikversand Wien:	42 24 73
Nachbestellungen Wien:	42 45 35
Bundesländerversand:	42 45 54

Energisch trat gestern im „Opernmord-Prozeß" der Vorsitzende OLGR Doktor Schachermayr für den Pflichtverteidiger Weinwurms, Dr. Christian Prem, ein, der Drohbriefe erhalten hat. „Es ist mehr als geschmacklos, wenn ein Verteidiger durch Drohbriefe belästigt wird".

Der heutige Prozeßtag steht im Zeichen der Gutachten der beiden Gerichtspsychiater. Sie fällen die Entscheidung, ob Josef Weinwurm zurechnungsfähig ist und für seine Gewaltverbrechen verantwortlich gemacht werden kann. Über den Prozeß berichtet Herbert Zinnebner auf den Seiten 3 und 4.

Heute fällt die Entscheidung: Die Psychiater haben das Wort

ÜBER DIE JUGENDZEIT Josef Weinwurms wird heute, Donnerstag, vormittag seine Mutter vor Gericht befragt: Die schwergeprüfte Frau trägt ihr Schicksal mit Fassung.

GANZ EXPRESS

Politik
Geheimverhandlungen über die Reform der Wohnbaupolitik

Lokales
Nach Schützenmajor Klotz jetzt auch Amplatz verhaftet / Eltern im CSR-Gefängnis: Ein kleiner Bub fragt nach seiner Mutti

Kultur
Die „Schwarze Venus" von Bayreuth singt auf Engagement an der Wiener Oper / Karajan dirigiert sechsmal „Boheme" an der Mailänder Scala

TV / Film
Sonja Ziemann: „Mein Mann ist süchtig!" / Interview mit dem französischen Filmsternchen Agnes Spaak

Sport
Sonderbericht aus Kapfenberg / Hardt als Gast bei Vienna / Traudl Hecher nach Amerika

Grenze reißt Ehe entzwei (Seite 5)

EXPRESS fuhr gestern das Auto von morgen!

Wiener Wein wird numeriert und gesiegelt

Wiener Qualitätsweine sollen in Zukunft nur noch numeriert und mit dem Wiener Stephansturm als Wahrzeichen in den Handel kommen. Hiefür will man ein Weinsiegel schaffen, das nur für Weine vergeben wird, die allen Qualitätsansprüchen gerecht werden. Die Statuten für die Vergebung dieses Siegels wurden gestern, Mittwoch, festgelegt. Sie sehen unter anderem vor, daß die Zuerkennung des Weinsiegels durch drei namhafte Experten der Höheren Lehr- und Versuchsanstalt für Wein- und Obstbau in Klosterneuburg nach einer „gedeckten Verkostung" gefällt wird. Bei dieser Weinkost weiß keiner der Prüfer, aus welchen Rieden der Wein stammt. Zur Feststellung der Qualität dienen sogenannte „Pegelweine", deren Güte einheitlich festgelegt ist.

USA: Der erste Schritt zum Mond

Das Gemini – Programm, mit dem die USA ein Rendezvous im All und eine Mondlandung durchführen wollen, ist gestern, Mittwoch, mit dem erfolgreichen Abschuß der ersten Gemini-Kapsel von Kap Kennedy aus gestartet worden.

EXPRESS Barometer

Stark bewölkt, zeitweise Niederschläge, windig, Temp. 3 — 8 Grad

‚Starfighter' raste den Sowjet-Jägern davon!

Der „Starfighter", das Traumflugzeug jedes Luftwaffensoldaten, hat seine Kraftprobe bestanden: Ein „Super-Fighter" der deutschen Luftwaffe geriet kürzlich auf einem Übungsflug über Erfurt in die Sowjetzone. Der Pilot bemerkte plötzlich, daß ein Rudel sowjetischer Abfangjäger, Typ MIG-23, auf ihn herabstieß.

Der Pilot beschleunigte das Triebwerk auf Maximalleistung, zog einen halben Looping nach oben, beschleunigte auf doppelte Schallgeschwindigkeit und jagte den abgehängten Verfolgern Richtung Bundesrepublik davon.

DAS „AUTO DER ZUKUNFT" – ein Chrysler-Turbinenmodell – rollte gestern erstmals durch Wien. Der US-Straßenkreuzer (Bild oben: Bug, Bild rechts: Heck) erreicht eine Höchstgeschwindigkeit von 185 Stundenkilometer, wird faktisch ohne Schaltung mit Gas- und Bremspedal gefahren und fährt mit jedem Kraftstoff. Was ADABEI davon hält, lesen Sie heute auf Seite 6, über die fahrtechnischen Eindrücke im Motor-EXPRESS am kommenden Samstag.

Herr Karl und das 20. Jahrhundert

Die Abgründe der Gemütlichkeit im Neobiedermeier

Im Rückblick werden die Anfangsjahre des neuen Jahrzehnts von vielen als durchaus gemütlich und angenehm empfunden werden. »In zehn, in zwanzig, in dreißig Jahren werden wir uns sagen: Erinnert ihr euch noch?« schrieb Hans Weigel vorausblickend im Jänner 1959 im HEUTE. »Und dann wird jeder – und jeder mit Recht – auf besondere Vorzüge und Annehmlichkeiten dieser unserer Zeit, der guten alten Zeit in spe, hinweisen.« Gerührt wird man sich auf dieser empfindsamen Reise in die Vergangenheit etwa daran erinnern, daß von den Österreichern damals jährlich 2,6 Milliarden Schilling für Rauchwaren, 5,7 Milliarden für Alkohol, doch lediglich 3,7 Milliarden für den Wohnungsbau ausgegeben wurden, daß nach vorangegangener Verwaltungsreform das Sparbudget 1960 einen neuen Rekordstand von rund 300.000 Bundesbeamten und Amtspersonen (zu denen nun auch die Bediensteten der Liliputbahn im Wiener Prater zählen) sowie 9.707 Dienstfahrzeugen aufwies und daß 42.269 Vereine 1961 im Lande registriert waren. Etwa jeder dritte Österreicher war somit gesellig organisiert, und dies bedeutete auch die Existenz von 170.000 Präsidenten, Vizepräsidenten, Schriftführern und Kassierern. Abendliche Freizeitbünde waren es zumeist, die den Titel »Kulturelle Vereine« für sich in Anspruch nahmen und sich schöngeistige Namen wie »Sorgenbrecher« oder »Lauter Bleede« gaben. An der Spitze derartiger Zusammenschlüsse standen aber seit jeher die Sparvereine, von denen 8.614 aufschienen und die etwa auf den Namen »D'Ameisen«, »Biene« oder »Flotter Sparer« hörten. »I bin damals an Sparverein beigetreten«, erinnerte sich Helmut Qualtingers »Herr Karl«, »... zum Sparen hab i nix g'habt ... aber ich habe meine Arbeitskraft zur Verfügung gestellt ... i maan, man hat mich darum ersucht. Weil mi ham de Leit ja kennt, vom Wirtsg'schäft, net? I hab mas mehr so vom Organisatorischen her geleitet. An scheenen Namen erfunden: ›Eichkatzerl vom Grund‹, bin zur Konkurrenz von meiner Gattin gangen und hab g'sagt: ›Was krieg i, wann i Ihna an Sparverein bring?‹«

Die Mörder jener Jahre sahen aus wie der freundliche Nachbar von nebenan (und umgekehrt), trugen gemütliche, vertrauenswürdige Namen und hießen etwa Alfred Engleder, Alois Wunderl, Max Gufler, Mathias Kindlinger, Karl Pomaßl oder Josef Weinwurm, und im Dezember 1960 erwog die Wiener Gemeindeverwaltung, eine Volksbefragung über die aufgrund zahlreicher Selbstmorde empfehlenswert scheinende Entgiftung des Stadtgases einzuleiten. Die Ratenkäufe beliefen sich auf rund 3,5 Milliarden Schilling, was einen positiven Ausgang der Volksabstimmung in Frage stellte, und Österreichs Fußballer gewannen in Budapest 2:1 gegen den Erbfeind Ungarn, ein Ergebnis, das die Zeitungen eilig veranlaßte, ein neues Wunderteam auszurufen. Die beliebte 13er-Straßenbahnlinie, von der man behauptete, wer sie am Südbahnhof mit einer Kinderkarte besteige, müsse in der Alser Straße den Erwachsenentarif nachzahlen, wurde im Sommer 1961 durch einen Doppeldeckerbus ersetzt, und mehr als hunderttausend treue, meist ältere Benützer säumten zum

1961 wird der Abschied von der beliebten Wiener Straßenbahnlinie 13 gefeiert; ihr folgt ein Doppeldeckerbus.

Abschied die Straßen von fünf Wiener Bezirken. Den gegen eine Senkung des Kulturbudgets demonstrierenden Studenten wieder spendeten Passanten überall Beifall und unterstützten sie in ihren Sprechchören. Große Trauer waltete über der Stadt, nachdem auf der Marionettenbühne der Frau Wilhelmine Ruprecht in der Wiener Rosensteingasse der Kasperl gestorben ist; »brutal umgebracht«, wie es in den Nachrufen heißt, »von der modernen Zeit«.
Überhaupt, wie vieles Merkwürdige ließe sich über das Land sagen, in dem der Neubau des Allgemeinen Krankenhauses mit der Psychiatrie begonnen und seit März 1960 verzweifelt eine niederösterreichische Landeshauptstadt gesucht wird; jeder fünfte einen Leberschaden vorzuwei-

sen vermag und sich die Zahl der Hunde verdoppelt, während die der Neugeborenen im gleichen Zeitraum auf die Hälfte sinkt; wo der Rundfunkdirektor, es könnte bei Nestroy stehen, Alfons Übelhör heißt und die Fernsehzentrale in einer ehemaligen Schule für Blinde untergebracht ist.

Während Erich Neuberg für das Fernsehen Ödön von Horváths ungemütliche »Geschichten aus dem Wiener Wald« mit Hans Moser, Johanna Matz, Walter Kohout, Jane Tilden, Lotte Lang, Fritz Eckhardt und Helmut Qualtinger aufzeichnet, eröffnet eben der fünfzigste deutsche »Wienerwald«-Betrieb des Linzer Gastwirtssohnes Friedrich Jahn seine grüngestrichenen Pforten. Hier, wo laufend Hühner am Spieß gebraten werden, ist es nicht nur die Speisekarte, sondern auch das Interieur, das dem Besucher bald seltsam vertraut erscheint. Der »Wienerwald-Stil« wirkt, urteilen die Zeitungen, »heimelig und gemütlich. Fiakerlaternen und Biedermeier-Petroleumlampen geben Atmosphäre. Eine große Eß- und Trinkbar – wie man es heute gern hat – ist dabei. Viel gebeiztes Holz wurde verwendet.« Die Lokale, die bald auch hierzulande einander wie Volks- bzw. später Fast-food-Küchen gleichen, vermitteln den Eindruck, ein unentrinnbares Erntedankfest fände gerade darin statt, das im Herbst begonnen hat und aus Versehen noch immer nicht zu Ende ist. Im Rahmen der Wiener Kulinarischen Wochen bietet das Restaurant Marhold als Spezialität Schweinsstelze mit warmem Krautsalat sowie kalt und warm garnierten Tafelspitz, der Stiftl-Keller am Gürtel serviert Fiaker-Gulyas und Filetmignons »Metternich«, die Höldrichsmühle in der Hinterbrühl Forelle Müllerin und das Josefsstüberl Wiener Schnitzel, von dem eben penible Kulturhistoriker behaupten, es sei aus Byzanz über Spanien nach Italien und von dort erst nach Wien gelangt. Für die Ernährung wird rund ein Drittel mehr ausgegeben als noch Mitte der fünfziger Jahre; 350.000 Tonnen Fleisch verzehrt der Österreicher im Jahre 1960 und trinkt dazu durchschnittlich 70 Liter Bier, 20 Liter mehr als noch vor neun Jahren, doch ist ihm auch die Kultur täglich 33 Groschen wert. Kein Wunder also, daß der amerikanische Fernsehreporter David Brinkley mit seiner Darstellung Wiens als Stadt der Phäaken im Frühjahr 1962 hierzulande auf breite nationale Ablehnung stößt und arge Empörung an Stammtischen hervorruft. Erstmals wird von einem Butter- und Käseberg gesprochen und der Ver-

In München wird am 1. März 1955 der erste »Wienerwald« eröffnet – viele werden folgen.

brauch von Südfrüchten und Geflügel ist um das Sechsfache gestiegen. 1960 wird die höchste Konsum-Zuwachsrate seit 1955 verzeichnet, und die privaten Familienausgaben erhöhen sich um 7 auf insgesamt 92 Milliarden Schilling, die vor allem in Kraftfahrzeuge und elektrische Küchengeräte investiert werden. »Ich hab meine Wohnung ... eingerichtet ... sauber alles«, betont in diesem Zusammenhang der Herr Karl, »... den Radio ... Eiskasten hab i ... I brauchn ja eigentlich net. I hab ja nix drin. I iß eh net z'haus ... I kumm aa kaum zum Radiohern ...«

Mit dem 1. Oktober 1961 werden 2,021.199 Rundfunkhörer und 257.387 Fernsehkonsumenten registriert, womit auf hundert Haushalte siebenundachtzig Radiogeräte und zwölf Fernseher entfallen, und im neuen Medium geht es

vorerst nicht wie das Radio ohne Leistungsverluste auf tragbare Geräte verkleinern läßt, bleibt die Mobilität des Sehers notwendigerweise auf das eigene Wohnzimmer beschränkt. So beginnt das neue, private Medium bald Sport und Kino als herkömmliche Formen der öffentlichen Unterhaltung zu ersetzen. Am 1. August 1955 erhellen sich erstmals in den Auslagen der Radiohändler die Bildschirme der Fernsehempfänger, während der darauffolgenden Wiener Herbstmesse wird, von der Industrie finanziert, zwischen 11 und 18 Uhr im Prater ein »Messeprogramm« ausgestrahlt, dessen Höhepunkt, neben der ersten Fernsehsprecherin Franziska Kalmar, die Premiere des Fernsehkabaretts in Österreich darstellte: »Televisionärrisches« von und mit Karl Farkas, der dann das Medium getreu bis zu seinem Tod im Mai 1971 mit seiner Sendung »Bilanz des Monats« begleiten wird, auch wenn er einmal conferierte: »Bekanntlich haben Edison und Marconi

ausgesprochen gemütlich zu. Dem Familienleben wird ein hoher Wert zugeschrieben, und so pflegt man etwa in der monatlichen Fernseh-Familie Leitner harmonische Verwandtschaftsbeziehungen zwischen den von Erich Nikowitz, Friedl Czepa, Rudolf Strobl, Renée Michaelis, Alfred Böhm und Gertraud Jesserer unter der Regie von Otto Schenk dargestellten Hauptpersonen. Am 28. September 1958 erstmals gesendet, wird die Serie seit Juni 1961 auch im Zweiten Programm des Deutschen Fernsehens übertragen und sorgt dort, gleich dem »Wienerwald«, für eine speziell gemütvolle österreichische Note. Die US-Reihen »Vater ist der Beste« und »Lassie. Die Geschichte eines Hundes«, der in diesem Jahr 195 Millionen an Werbegeldern apportierend heimbringt, schaffen den Rahmen für trautes Beisammensein vor dem Bildschirm; aber auch »Soletti«, das TV-Salzgebäck, ist laut Werbung »immer dabei«.

Die Welt im Wohnzimmer

Begonnen hatte es ein wenig verspätet und recht unauffällig, großkoalitionär-familiär war es von Anfang an gewesen. Seinen steilen und raschen Aufstieg verdankt das Fernsehen der verbreiteten Neigung der sechziger Jahre, die Freizeit wieder zu Hause zu verbringen, und da es sich

Postgebühr bar bezahlt An einen Haushalt

Heim u. Mode

ILLUSTRIERTE ZEITUNG FÜR NEUZEITLICHE WOHNGESTALTUNG

FW-Wohnzimmerschrankwand ANDREAS

Dieser Wohnzimmerschrank hat eine einmalige Gliederung und viele Unterbringungsmöglichkeiten auch für Kleider und Wäsche. Bei den Ausführungen in Teak und Nußbaum liegt der Preis dieses repräsentativen Möbels unter S 10.000,–. Nähere Beschreibung Seite 16

JÄNNER 1966 HEIM UND MODE FOLGE 24

Heinz Fischer-Karwin – einer der ersten Fernsehmoderatoren – kommentiert die Wiedereröffnung des Burgtheaters 1955.

durch ihre Erfindung das Fernsehen erst ermöglicht. Wir wollen ihnen das aber im Hinblick auf ihre sonstigen Leistungen nicht allzusehr nachtragen.«

Offizieller Auftakt zum österreichischen Fernsehzeitalter wird, nach vorangegangener Bewährung der Reporter im Ungarnaufstand, die Übertragung der Börsenkrach-Operette »Fledermaus« in der Neujahrsnacht 1957 aus der Wiener Staatsoper, nachdem mit den Großsendeanlagen auf dem Wiener Kahlenberg, dem Schöckl bei Graz und dem Gaisberg bei Salzburg, wie die GROSSE ÖSTERREICH-ILLUSTRIERTE beruhigte, nunmehr »in den meisten Gebieten Österreichs ein klagloser Bildempfang« gewährleistet sei. Zuvor schon waren laut ARBEITER-ZEITUNG im Versuchsprogramm für rund 2.500 Empfänger die Übertragungen der Eröffnungsveranstaltungen aus Burg und Oper gesendet worden. Fernsehinszenierungen sollen jetzt im ehemaligen Schönbrunner Filmatelier erfolgen, doch die lassen noch ein wenig auf sich warten. Kaffee- und Gasthäuser rüsten mit Fernsehapparaten auf, die Ruhetage werden jetzt allgemein auf den fernsehfreien Dienstag verlegt, und häufig erheben sich beim Erklingen der Bundeshymne nach Sendeschluß die Gäste von ihren Sitzen. »Wann i was segn will, geh i an de Ecken zum Wirt. Der hat an Fernseh ... Ma muaß net hinschaun, aber ma kann«, urteilt der Herr Karl als Fernsehkonsument. »Da sitz i da und schau zua. Mir is wurscht, was g'spielt wird. Wann i müd bin, zahl i und geh furt.«

Das tägliche Programm des Jänners 1957 bietet ab 20 Uhr

3 bis 4 Stunden neben der »Zeit im Bild« ebenso Beschauliches wie Sport, Rätselsendungen, Tier-, Kultur- und Kinderbeiträge, die »Kleine Zeichenkunde«, die Verkehrssicherheitssendung »Schach dem Tod« mit Fritz Senger und als sonntäglichen Höhepunkt etwa »Maria Stuart« aus dem Wiener Burgtheater. »Alles in einen Topf« nannte sich folgerichtig im Juni die 25.000-Schilling-Quiz-Sendung mit Maxi Böhm. Der Kasperl der Wiener Uraniabühne tritt jetzt regelmäßig im Fernsehen auf, und Bundeskanzler Julius Raab reminisziert, dem Herrn Karl gar nicht unähnlich, weitsichtig über die Zukunft des Mediums: »Dös Kasperltheater hört sich eh bald wieder auf. Wer schaut schon rein in dös blöde Kastel?« Im Jänner 1958 proklamiert Papst Pius XII. die heilige Klara von Assisi als Schutzpatronin für das Fernsehen, da sie 1252 vom Krankenbett aus die Christmette gesehen habe, und der Österreichische Filmtheaterverband ruft im August zu einem Boykott des neuen Heimkinos auf. Die Wiener Frühjahrsmesse 1960 bietet das Siemens & Halske-Gerät »Radio-Stadion« an, das den bewährten Fernseher »Stadion« mit den Vorzügen eines UKW-Empfängers zu vereinen weiß, und in Österreich beginnt nun zwischen den Koalitionspartnern ÖVP und SPÖ, was Hans Weigel im Frühjahr 1960 den »Kampf um die Schirmherrschaft« nennt.

Am 14. November 1959 erfolgt die 100.000. Fernsehanmeldung, was einer potentiellen Zuschauermenge von 300.000 Personen entspricht, pro Tag kommen jetzt, während die Preise für die Apparate gleichzeitig sinken, etwa 400 neue hinzu; 1964 wird man bereits bei 500.000 Lizenzen angelangt sein, und der letzte Modeschrei wird Television-Dress, der »Hausanzug mit besonderer Note für die Frau« heißen.

In Westdeutschland hatte man bereits ab 1952 regelmäßig Fernsehsendungen ausgestrahlt, doch blieb die Seherdichte vorerst gering, da ein Empfangsgerät um die 1.000 D-Mark kostete. Weltweit führten damals die USA mit rund 25 Millionen Geräten, gefolgt von Großbritannien, Kanada und Frankreich. Aber auch Brasilien, Kuba und Mexiko verzeichneten je 30.000 Televisionsteilnehmer. »Das Fernsehen in Amerika«, vermeldete im Herbst 1953 die WIENER ILLUSTRIERTE, »ist heute zu einem lebensbestimmenden Faktor geworden und übt vor allem auf die mittleren und unteren Bevölkerungsschichten eine unvorstellbare Anziehungskraft aus.« Und wie schon der aus den USA exilierte Dichter T. S. Eliot erfolglos seine britischen Landsleute beschworen hatte, dem Medium zu entsagen, warnt auch die Illustrierte die Österreicher vorauseilend vor einem Apparat, der in den Vereinigten Staaten »dem Massengeschmack alle erdenklichen Konzessionen gemacht« habe: »Zu einer relativen geringen Anzahl ambitionierter und interessanter Programme kommt eine Unzahl von mehr oder minder kritischen Revue-, Kabarett-, Wildwest- und Sketch-Sendungen, die meist auf extreme Effekte abgestellt sind und ganz gewiß nichts zur Hebung des Publikumsgeschmacks beitragen.« Derartiges wird man dann dem heimischen Fernsehen der frühen Jahre nicht allzuoft vorzuwerfen haben, Walter Fangls »Let's learn English« ebensowenig wie Rudolf Horneggs Quizsendung »Einundzwanzig«. Otto Koenigs »Wunder der Tierwelt« gewährt nunmehr Einblicke in die exotische Welt des Wil-

helminenberges, Franz Ruhms »Fernsehküche« hebt den Publikumsgeschmack deutlich, »Was sieht man Neues?« fragt wiederholt Heinz Conrads, und gestenreich gestaltet bald Hugo Portisch seine aktuellen Kommentare zum Zeitgeschehen, so etwa zur Ermordung des US-Präsidenten John F. Kennedy am 22. November 1963. An Heribert Meisels Sportstammtisch kehren bald die österreichischen Olympiateilnehmer aus Japan zurück, ohne Medaillen und um 2,3 Millionen Schilling ärmer, doch, wie es ein verantwortlicher Funktionär versöhnlich formuliert: »Nach Tokio kommt man net alle Tag!« Die »Zeit im Bild«, eine Art »Belangberichterstattung« (Helmut Qualtinger), entspricht dem gemütlichen Grundton dieser Jahre: Sie vermeldet aus dem Inland rauschende Weinernten, auf extreme Effekte abgestellte Landwirtschaftsmessen wie überraschend angesagte Feiertage und Einweihungen und ist sich in ihren von United Press International gelieferten außenpolitischen Berichten und Kommentaren noch vor dem Pentagon gewiß, daß Amerika demnächst in Vietnam siegen werde. »Wenn man den Bildberichten glauben darf«, zürnte im August 1961 im HEUTE Herbert Löwy über den »unaktuellen Dienst des Fernsehens«, »insbesondere wenn man die internationalen Bildnachrichten mit den Streiflichtern aus Österreich vergleicht, dann muß man resigniert feststellen: so nichts los wie bei uns ist nirgends nichts los auf der Welt.«
Die einzige Sensationsmeldung ertönt in diesen Tagen aus den Printmedien: Wie die Illustrierte STERN zu berichten weiß, seien der Redaktion aus dunkler, jedoch zuverlässiger Quelle exklusiv für 10.000 Pfund Schulhefte von Prinz Charles angeboten worden, deren Inhalt möglicherweise nahegelegt, die bisherige Geschichte umzuschreiben. »Schön wär's«, so dachte der STERN skeptisch. »Denn wer sagt denn« – STERN-Reporter Gerd Heidemann ist immer noch im Kongo –, »daß die Schulhefte auch echt waren?« Doch die Gelegenheit will man sich nicht entgehen lassen, und so werden die historischen Dokumente in der folgenden Nummer tatsächlich veröffentlicht – der erwartete internationale Erfolg bleibt jedoch aus. Lediglich die Leser Julius Seifert aus Wien und Adolfine Plemont aus Salzburg schreiben an den STERN und vermeinen übereinstimmend, in dem Verfasser »kein besonderes Geisteskind« erblicken zu können.
Am Mittwoch, den 2. Jänner 1962, 20 Uhr 20, wird vom Deutschen Fernsehen »Das Halstuch« von Francis Durbridge übertragen und entwickelt sich, ebenso wie die Nachfolgeserie »Tim Fraser« zum »Straßenfeger«. Während die WIENER ILLUSTRIERTE am 24. Februar mit dem deutschen STERN, die GROSSE ÖSTERREICH-ILLUSTRIERTE Anfang 1964 mit der Münchner BUNTEN ILLUSTRIERTEN fusioniert wird, kooperieren die Österreicher immer häufiger mit den BRD-Fernsehanstalten. Lou van Burgs Rateshow »Jede Sekunde ein Schilling« etwa, seit 24. Jänner 1959 allmonatlich auf Sendung, wird zu 60 Prozent vom deutschen Nachbarn mitfinanziert. Auch wenn Unterhaltungschef Karl Lackner mutmaßt: »Es hat sich erwiesen, daß das deutsche Volk für Unterhaltung nicht sehr geeignet ist«, wird es Ende 1963 Hans-Joachim Kulenkampff sein, der nach den österreichischen Mißerfolgen Lou van Burgs und Maxi Böhms einmal monatlich die Life-Show des Hessischen Rundfunks »Einer wird gewinnen!« moderiert, wobei Kulenkampff mit seiner EWG-Sendungsankündigung auch die ernste Warnung verbindet, daß er sich »zum absolut allerletzten Mal aufs Quizparkett zu wagen beabsichtige«. Unterdessen klagt Gerd Bacher in einer STERN-Kolumne: »Österreich befindet sich seit Jahr und Tag in der Hand von Kleinbürgern, von unbedeutenden und von genialen. Die einzige Chance, sie zur Ordnung zu rufen, ihre Vorherrschaft zu beenden, heißt EWG. Das wissen sie und darum wehren sie sich.« Bacher gehört auch zu jenen Journalisten, die sich seit geraumer Zeit engagiert für ein Rundfunkvolksbegehren, für eine Befreiung von Radio und Fernsehen aus der Umklammerung des Parteiproporzes einsetzen.

Wider den Proporz

Die Aktion begann am 22. März 1963, einem Freitag, als Chefredakteur Hugo Portisch für den KURIER und unmittelbar nachfolgend die Grazer KLEINE ZEITUNG sowie die Wiener WOCHENPRESSE die Losung zu einer »Unterschriftenaktion gegen das Parteidiktat im Rundfunk« ausgaben. Am folgenden Morgen veröffentlichte der KURIER vorgedruckte Stimmzettel, auf denen man sich dagegen aussprechen konnte, »daß Rundfunk und Fernsehen der geplanten parteipolitischen Kontrolle unterworfen werden«. Mehr als 100.000 zustimmende Unterschriften

Hugo Portisch im Straßenkampf gegen den Rundfunk-Proporz

waren bereits nach zwei Tagen eingetroffen, innerhalb einer Woche konnten die Blätter auf 300.000 positive Protesterklärungen verweisen, und dies zu einer Zeit, in der die gesetzlich erforderlichen Durchführungsbestimmungen für ein Volksbegehren noch gar nicht vorhanden waren. Ausgangspunkt für derartige Unbotmäßigkeiten stellte das Arbeitsübereinkommen der beiden Koalitionspartner dar, mit dem die ÖVP zwei politische Aufpasser im Fernsehen, die SPÖ drei im Rundfunk erhalten sollte. Parteipolitische Beiträge sollten demnach innerhalb von vierzehn Tagen durch eine »Ausgleichssendung« kompensiert werden. »Rundfunk und Fernsehen«, so Gerd Bacher in seiner Juni-Kolumne 1964, »sind geradezu zum Symbol all dessen geworden, was sich die Großparteien in diesem Lande ungestraft herausnehmen dürfen.« Tatsächlich wurden am Rundfunk auch die Schwächen der seit 1945 regierenden Großen Koalition für die Öffentlichkeit deutlich sichtbar, deren historische Abgenütztheit und gerontokratische Neigung sich bereits bei den Bundespräsidentenwahlen im April 1963 angekündigt hatte, als der 72jährige Altbundeskanzler Julius Raab gegen den 73jährigen amtierenden Präsidenten Adolf Schärf ins Rennen geschickt wurde.

Am 1. Juli 1964 riefen schließlich zweiundfünfzig österreichische Zeitungen und Zeitschriften ihre Leser zu einem Volksbegehren aufgrund der unterdessen durch die Portisch-Aktion ermöglichten Durchführungsbestimmungen auf und forderten laut STERN die »Bestellung eines

Generalintendanten sowie die Bestellung von Intendanten und Direktoren, die in den letzten fünf Jahren keinerlei politisches Amt bekleidet haben durften« sowie eine »Strafbestimmung für jede Intervention oder parteiliche Einflußnahme« auf die Programmgestaltung, andernfalls sei ein Arrest bis zu einem Jahr auszusprechen. Am 12. Oktober 1964 steht fest, daß insgesamt über 830.000 Österreicher im ersten Volksbegehren der Zweiten Republik ihre Unterschrift abgegeben hatten. Die »Aktion Volksbegehren« und ihre Vertreter und Verfechter – unter ihnen etwa Hugo Portisch, Gerd Bacher, Günther Nenning, Hellmut Andics, Franz Kreuzer – hatten ihre Zielsetzung erreicht, den Nationalrat mit dem vorgelegten Gesetzentwurf für die Generalreform des Rundfunks zu beschäftigen. Kurz vor dem Volksentscheid, anläßlich eines gemeinsamen Abendessens im Wiener Restaurant Wegenstein, hatten die Proponenten laut STERN den feierlichen Schwur abgelegt, »für sich selbst keinen der solcherart freiwerdenden Posten anzutreten«. Am 9. März 1967, man zählt bereits über 800.000 Fernsehgeräte, wird dann Gerd Bacher mit dreizehn Pro- gegen neun sozialistische Kontrastimmen zum neuen Generalintendanten gewählt.

Die Banalität des Bösen

»Mir brauchen Se gar nix d'erzählen, weil i kenn das ... De Art von Geschäften kenn i schon, do ...« Mit diesen Worten betrat am Abend des 15. November 1961 eine Wienerische Figur den Bildschirm – geschaffen, besser: der Wirklichkeit entlehnt von Carl Merz und Helmut Qualtinger – und platzte wie eine Bombe in den Wohnzimmern der betroffenen Fernseher. Mit diesem Tag wird Qualtingers Darstellung des »Herrn Karl« zum Spiegel für die Abgründe der Gemütlichkeit, der dem österreichischen Wohlstandsbürger vorgehalten wird, und was er darin sieht, ist eine österreichische Lebensgeschichte des ewigen Sich-Richtens, die Erzählung eines kleinen Mannes in diesen großen Zeiten, der die Fährnisse der wankelmütigen Politik vom Sozialismus über die Heimwehr, dem Nationalsozialismus und die vier Besatzungsmächte erfolgreich zu überleben wußte, indem er seine ungebrochene Nicht-Identität flexibel den jeweiligen Machthabern und den gegebenen Zeitumständen anzupassen vermochte. Grillparzers Tugend des Verschweigens der eigenen Meinung, die selbstvollzogene Freisprechung von der jüngsten Vergangenheit wie im Film »1. April 2000«, der Satiriker Karl Kraus und seine gnadenlose österreichische Selbstdarstellung, Johann Nestroys illusionsloser Wortwitz, Ödön von Horváths böser Blick: Das alles fließt nun ein in die kleine Figur mit Hut und Hitlerbärtchen. Und dieser Herr Karl steht in einer langen Reihe von gemütlichen Wienern, die, einmal mit Umbruchszeiten konfrontiert und in diesen losgelassen, aus den Essenzen Wein, Weib und Gesang, Leben und Lebenlassen, schöne Leich und Witwentröstung, Türlschnappen und Trinkgeldnehmen, phrasenhafte Sentimentalität und biedermännische Selbstzufriedenheit die mehrheits-

Helmut Qualtingers Darstellung des »Herrn Karl« lotet die Abgründe der Gemütlichkeit aus.

fähige Banalität des Bösen zu beschwören wußten. Dies freilich in einem Lande, in dem man von alldem nichts wußte, nichts bereut und alles vergißt, außer den Fremdenverkehr.
»Die Österreicher haben eine makabre Art von Gemütlichkeit«, notierte Georg Biron über Helmut Qualtingers Betrachtungsweise der heimischen Seele. »Sie sehen sich gerne als galante, großartige, weitherzige Menschen, aber unter all dieser Oberfläche steckt Grauenvolles. Es ist kein Zufall, daß Hitler oder Eichmann Österreicher waren.« Der »Herr Karl«, warnte Hans Weigel in der vor der Sendung gesprochenen einführenden Rede, sei »ein kleiner Mann, der viele große Zeiten erlebt hat und der scheinbar ganz unzusammenhängend, ungeordnet, zufällig und beiläufig daherredet. Aber wie die Steine eines Mosaiks ergeben alle die Betrachtungen und Erinnerungen und Bekenntnisse schließlich ein Bild: das Bild eines Charakters, einer Lebenshaltung, zugleich das Bild der letzten Jahrzehnte – ein Stück Vergangenheit, ein Stück Gegenwart, ein Stück Österreich, ein Stück Welt.«
Ähnlich wie die »Smart-Export« ist jetzt auch der »Herr Karl« »semper et ubique«, immer und überall. War er vordem »ein der dichterischen Gestaltungskraft entsprungenes imaginäres Individuum«, bemerkte Fernsehdirektor Gerhard Freund in seinem leisen Versuch einer Rechtfertigung am 2. Dezember 1961 in der Zeitschrift HEUTE, »so hat er nun, nach den Reaktionen der Öffentlichkeit, geradezu Dokumentarwert erlangt«. Die Empörung auf das Fernsehspiel war tatsächlich eine so gewaltige wie allgemeine. In ganz Österreich griff Herr Karl erzürnt zur Feder. »Man hatte einem bestimmten Typus auf die Zehen steigen wollen«, resümierte Hans Weigel, »und eine ganze Nation schrie: Au!« Während ein demokratischer Politiker dem Fernsehdirektor zu einem Arbeitsaufenthalt in Sibirien verhelfen wollte – ein Wunsch, dem sich auch die Leserbriefschreiberin Brigitte Posselt, Wien XII, freudig anschloß –, urteilte ein weitgereister »hoher Funktionär der AUA« über die TV-Turbulenzen: »... kaum ist Gras über die Geschichte gewachsen, kommt so ein Kamel und frißt es wieder ab.« – »Man kann den Fernsehteilnehmern nicht so einfach über das Gesicht fahren«, mahnte Professor Rudolf Henz; M. Richter, Wien XIX, riet: »Nehmen Sie sich ein Beispiel an O. W. Fischer und Grace Kelly!« und Ernst M., Wien I, schlußfolgerte: »Wenn wir Wiener so schlecht wären, wie es der Herr Karl ist, dann wären wir wohl heute nicht so weit ...« Dem galt es nicht mehr viel hinzuzufügen. Außer der Stellungnahme der Diözesanführung der Katholischen Jugend vielleicht, die bei der Fernsehdirektion gegen die Sendung protestierte, und zwar mit dem merkwürdig berührenden Argument, der österreichischen Jugend sei in dieser Sendung politischer Opportunismus und moralische Grundsatzlosigkeit angepriesen worden. Die Katholische Jugend wende sich entschieden gegen den »Naturalismus« der Sendung und erkläre, »das gebotene Bild unseres Volkes entbehre jeder Hoffnung und sei von zerstörender politischer Wirkung«. Doch wer weiß, ob sich nicht auch dahinter einer der berüchtigten »practical jokes« Helmut Qualtingers verborgen hielt.

Weltabgewandter Antisemitismus

»I maan, schaun S', was ma uns da nachher vorg'worfen hat – des war ja alles ganz anders ... da war a Jud im Gemeindebau, a gewisser Tennenbaum ... sonst a netter Mensch ... da ham s' so Sachen gegen de Nazi g'schrieben g'habt auf de Trottoir ... und der Tennnenbaum hat des aufwischen müssen ... net er allan ... de andern Juden eh aa ... hab i ihm hing'führt, daß er's aufwischt ... und der Hausmaster hat zuag'schaut und hat g'lacht ... er war immer bei aner Hetz dabei ...« Und bei einer Hetz war Herr Karl auch in den sechziger Jahren gerne dabei. Anfang des Jahrzehnts hatte bereits der israelische Eichmann-Prozeß seine Schatten auf Österreich geworfen und einige Zeitungen und Zeitschriften, wie beispielsweise das HEUTE, dazu verleitet, von »nicht gerechtfertigtem Menschenraub« zu sprechen.
Zu eben dieser Zeit finden offenbar koordinierte Hakenkreuzschmieraktionen im ganzen Lande, und wenig später, wie die WELT AM MONTAG vom 4. Jänner 1960 tröstend vermeldet, »nun überall auf der Welt« statt, in New York, London, Berlin und in Klagenfurt. Eichmanns Gehilfen, Novak, Muhrer oder die Brüder Mauer, werden jetzt in Österreich angeklagt und ebenso wie die Südtirolattentäter von den Geschworenengerichten in erster Instanz zumeist freigesprochen. Im Jahre 1961 schlagen, wie der Historiker Bruce F. Pauley berichtet, Mitglieder des »Ringes Freiheitlicher Studenten« auf einen Amerikaner ein und

Antisemitische Schmieraktionen nun überall auf der Welt

GAK auf Malta 6:2 / Handball: Wien-Südschweden 12:9 / Helfort aus dem Cup ausgeschieden

Welt am Montag mit Sport

Peter-Kraus-Schlager als Selbstmordmotiv

„Ich bin ja so allein", waren die Abschiedsworte eines 20jährigen

Samstag gegen acht Uhr abend wurden Feuerwehr und Funkstreife zur Franzensbrücke gerufen, wo der 20jährige Spengler Peter Welling aus der Buchfeldgasse im achten Bezirk in den Donaukanal gesprungen war. Obwohl die Feuerwehr mit Booten und Grundleinen den Kanal absuchte, konnte die Leiche des Burschen, der vor den Augen von drei Freunden im Wasser untergegangen war, nicht mehr gefunden werden. wurde der Bursche von Pflegeeltern aufgezogen.

15jähriger sprang vom Eiffelturm

Vom zweiten Stockwerk des Eiffelturms ist gestern mittag ein etwa 15jähriger Bursch in die Tiefe gesprungen, dessen Identität noch nicht festgestellt werden konnte. Der Bursch war auf der Stelle tot.

Sie sangen Nazilieder im Fackelschein

„Nationalistischer Studentenbund" traf sich nachts im Park

Die Berliner Polizei hat in der Nacht zum Sonntag ein Treffen des „Nationalistischen Studentenbundes" im Glienicker Volkspark aufgelöst. Etwa 25 Studenten waren dort ohne polizeiliche Genehmigung zusammengekommen und hatten im Schein von Fackeln „Lieder nationalsozialistischen Charakters" gesungen. Die Studenten führten eine schwarz-weiß-rote Fahne mit dem Hakenkreuz bei sich.

Als die Polizei eintraf, löschten die Studenten die Fackeln und flüchteten. Neun Teilnehmer konnten zur Feststellung der Personalien für kurze Zeit festgenommen werden, unter ihnen auch der Anführer, der 21 Jahre alte Peter Bernau aus Berlin-Schöneberg.

● **DER BESORGNISERREGENDE GESUNDHEITSZUSTAND** des stellvertretenden Führers der britischen Labour Party, Bevan, hat sich etwas gebessert.

Antisemiten in London, Berlin, New York, Klagenfurt am Werk

Die antisemitischen Schmieraktionen haben weltweiten Umfang angenommen. Während die meisten britischen Zeitungen gestern erneut ihre Besorgnis über die Hakenkreuzschmierereien in Westdeutschland zum Ausdruck brachten, kam es in London während der Nacht zum Sonntag zu ähnlichen Ausschreitungen. Unbekannte Täter zertrümmerten die Fensterscheiben zweier jüdischer Gebäude in der britischen Hauptstadt und beschmierten die Häuser mit Hakenkreuzen. In einem der Gebäude ist die Redaktion der Zeitung „The Jewish Cronicle" untergebracht, das zweite Haus beherbergt den „Board of Deputies" britischer Juden.

Auch Berlin ist von antisemitischen Aktionen nicht verschont geblieben. Auf einer Litfassäule im Westberliner Bezirk Schmargendorf entdeckten Passanten die mit roter Farbe aufgemalte Schrift „Juden raus" und ein Hakenkreuz.

In Klagenfurt wurden am Samstag Hakenkreuzschmierereien festgestellt. Ein solches Zeichen wurde bei der Bundesgebäudeverwaltung in der Feldkirchner Straße auf den Gehsteig gemalt, zwei weitere in der Nähe davon auf ein Haustor und eines auf eine Holzplanke im Goethe-Park.

Antisemitische Inschriften sind in der Nacht zum Sonntag auch an den Wänden der Villa eines jüdischen Bankiers in Stockholm aufgetaucht. Ein Hakenkreuz und das Wort „morte" (Tod) wurde auf die Mauer des Hauses der israelischen Kultusgemeinde im Zentrum von Parma (Italien) geschmiert. In großen Buchstaben wurden die Worte „Jews go home" an die Mauern einer Synagoge in der Fifth Avenue in Manhattan (New York) gemalt. In Kopenhagen verteilte ein unbekannter Mann auf dem Rathausplatz hunderte antisemitische Flugzettel. Weitere antisemitische Schmierereien werden aus Nürnberg und Glasgow gemeldet.

Schweine fraßen ihren Züchter

In Mount Pleasant im amerikanischen Bundesstaat Michigan erlitt ein Dreiundsiebzigjähriger beim Schweinefüttern einen Herzanfall und stürzte in den Futtertrog. Er wurde daraufhin von den Tieren buchstäblich mit Haut und Haaren aufgefressen.

fordern ihn auf, das Land zu verlassen. Im Kärntner Wintersportort Mallnitz werden beim traditionellen Faschingsumzug auf einem Gefährt zwei karikierte Gestalten mitgeführt, deren Aufschrift lautet: »Wegen Armut von Eichmann verschont gebliebene Juden!« Eine daraufhin eingeleitete gerichtliche Untersuchung mußte eingestellt werden, da die Vorerhebung keinerlei Anhaltspunkte für eine NS-Wiederbetätigung nach den Paragraphen des Verbotsgesetzes ergibt. »Die legal gewordene Illegalität ist erschreckend verbreitet«, schreibt im April 1962 ARBEITER-ZEITUNG-Chefredakteur Oscar Pollak in der Monatsschrift DIE ZUKUNFT und meint damit den Koalitionspartner ÖVP. Doch zwei Jahre später werden rund um die Absetzung Franz Olahs durch den SPÖ-Parteivorstand antisemitische Äußerungen unter dessen Anhängern laut, und auch der ehemalige ÖGB-Chef und Ex-Innenminister selbst bedient sich derer während der turbulenten Wahlwerbung des Jahres 1966. Im Zuge dieses Wahlkampfes nennt dann der ÖVP-Abgeordnete Alois Scheibenreif, Obmann des Bauernbundes und Präsident der niederösterreichischen Landwirtschaftskammer, den damaligen Außenminister Bruno Kreisky einen »Saujuden«. Was wieder, von der parlamentarischen Immunität einmal abgesehen, nach österreichischem Strafgesetz nicht unbedingt ehrenrührig ist, müßte doch der Beleidigte auf dem Wege einer Privatklage den Nachweis erst erbringen, daß im Falle einer allgemeinen Verächtlichmachung, wie beispielsweise »Saujud« oder »Kameltreiber«, ihn diese Äußerungen persönlich betreffen.

Das »Anderle von Rinn«, das, nach getreu überliefertem Volksglauben, Juden vor rund 500 Jahren in Tirol rituell ermordet haben sollen, wird weiterhin in Form von alljährlichen Prozessionen und regem Devotionalienhandel gefeiert. Zwar wurde der »Judenstein« auf Geheiß Roms entfernt, doch Gottfried Schöpf, Pfarrer und Autor eines »Volksbuches« über die Ermordung des dreijährigen Andreas Oxner im Jahre 1462, zugleich katechetischer Lehrer in der Gemeinde, vergibt im Religionsunterricht weiterhin Aufsatzthemen wie »Das selige Anderle von Rinn«. »Angst und Haß«, bemerkt dazu der STERN, »– das sind die beiden Gefühle, die der Kult um den ›Anderl von Rinn‹ in den Kindern wachruft.«

Das Hitler-Geburtshaus in Braunau bringt dem »von den Strahlen deutschen Märtyrertums vergoldeten Innstädtchen, bayerisch dem Blute, österreichisch dem Staate nach«, wie es sein berühmtester Sohn in dem einst weitverbreiteten Werk »Mein Kampf« beschrieb, allein 1964 63.000 Übernachtungen ein. Fräulein Zenzi Pommer, die Besitzerin des Geburtshauses, denkt unterdessen an einen Verkauf, etwa an Neckermann – »wenn er kein Jude ist«.

Otto Kowalek, Ex-Kohlenträger mit dunkler Vergangenheit und nach Eigenaussage nunmehr Arbeiterdichter, verkehrt jetzt gemeinsam mit Helmut Qualtinger, den Dramatikern Fritz Hochwälder und Ulrich Becher, den Fernsehleuten Erich Neuberg und Teddy Podgorski, Schauspielern, Malern, Musikern, Karikaturisten und Schnorrern im Club Gutruf in der Wiener Milchgasse. Und wie der Gesellschaftskolumnist Adabei im STERN berichtet, wird Kowaleks unverwechselbare und leicht derangierte Gestalt des öfteren auch im Troß des Monsignore Otto Mauer gesichtet, der mehrmals in diesen Tagen zu Kulturveranstaltungen nach Graz reist, wo er sich erwartungsgemäß die Gegnerschaft dortiger deutsch-nationaler Kunstbetrachter einhandelt. »Jedes Mal«, so schildert Arbeiterdichter Kowalek seinen individuellen antifaschistischen Kampf, »wenn in der Versammlung einer alte Naziideologien verzapft hat, bin i aufg'standen und hab' laut in den Saal gerufen: ›Als ehemaliger Parteigenosse kann ich die Ausführungen meines Herrn Vorredners nur wärmstens unterstreichen.‹ Des hätt'st erlebn müassn, wie sie die gift ham.«

Am 10. Juni 1965 berichtete DIE PRESSE in einem Beitrag über die akademische Jugend: »So facettenreich das Bild dieser Jugend auch sein mag, ein Gemeinsames verbindet sie. Das Gemeinsame ist ein latenter Antisemitismus ...« Doch die Jungen, schreibt in diesem Zusammenhang Leopold Spira, »bezogen ihren Antisemitismus von den Alten, auch von ihren Lehrern«. 1945 waren nach Angaben des Historikers Dieter Stiefel mehr als zwei Drittel aller Hochschullehrer Nationalsozialisten gewesen, die jedoch spätestens mit den Amnestiegesetzen von 1952 und 1957 wieder in Amt und Würden gelangt waren. Einer von ihnen war Taras Borodajkewycz, ebenso wie Josef Klaus oder Ernst Marboe einst Mitakteur des »Volksdeutschen Arbeitskreises österreichischer Katholiken«, seit Jänner 1934 Mitglied der illegalen NSDAP und, laut parteiamtlichen Mitteilungen, SD-Vertrauensmann; 1943 an die deutsche Universität nach Prag berufen, lehrte er ab 1954 an der Hochschule für Welthandel in Wien Sozial- und Wirtschaftsgeschichte. Borodajkewycz, dem auch gute Beziehungen zu ÖVP-Politikern nachgesagt wurden, hielt ab 1961 Vorlesungen über deutsche und österreichische Zeitgeschichte. Durch seine darin wiederholt vorgebrachten nationalsozialistischen und antisemitischen Äußerungen fiel er selbst an dieser Anstalt allmählich auf. In der Bonner Zeitschrift DAS PARLAMENT legte er wenig später seine Meinung über den »Anschluß«, die »Befreiung« und die »österreichische Nation« dar, wobei er sich gegen jede Art einer »Herauslösung Österreichs aus dem Deutschtum« wandte: »Zu den unerfreulichsten Überresten des an Gesinnungs- und Würdelosigkeit reichen Jahres 1945 gehört das Geflunker von der österreichischen Nation«, stand dort zu lesen. »Hier«, in Deutschland, »brachten die Nachkriegsjahre das makabre Erlebnis der Umerziehung, bei uns in Österreich den charakterlosen Versuch der Entdeutschung seiner Geschichte, das Bemühen, in liebesdienerischer Unterwürfigkeit gegenüber den Besatzungsmächten eine eigene österreichische Nation zu kreieren.«

Mit dieser Meinung steht ein Deutschnationaler wie Borodajkewycz im Jahre 1965 nicht allein da, und er wird mit derartigem auch seine Nachfolger finden. Am 23. März lädt Borodajkewycz zu einer Pressekonferenz in der Hochschule für Welthandel ein, worin der Professor laut STERN-Mitschrift gegenüber Studenten ausführt: »Man werfe den alten Nazis immer vor, daß sie ihre Vergangenheit ableugnen, wohlan, er bekenne sich zu ihr. – Tosender Beifall.

Die Juden wiederum seien immer gekränkt, wenn man großen Gelehrten ihre Herkunft aus dem Judentum nicht zugestehe. Wohlan: der jüdische Gelehrte Kelsen, von dem die österreichische Verfassung stamme; Karl Marx, dessen Geisteshaltung nur aus seinem Rabbinertum erklärlich sei. – Tosender Beifall.

Die ARBEITER-ZEITUNG habe einen Prozeß gegen ihn geführt. Wer habe sie vor Gericht vertreten? Der Doktor Rosenzweig! – Brüllendes Gelächter.«

Auf eine sozialistische parlamentarische Anfrage vom 20. Jänner antwortet ÖVP-Unterrichtsminister Piffl, er würde Borodajkewycz auch dann nicht vom Dienst suspendieren, wenn er dazu in der Lage wäre. Am 26. März demonstrieren aufgebrachte Studenten vor der Hochschule für Welthandel, wobei die Polizei gegen diese vorgeht und Borodajkewycz-Anhänger beschützt. Drei Tage später kommt es vor der Oper zu zwei größeren Kundgebungen, eine für und eine gegen Borodajkewycz, kommt es zu »Heil«-Rufen bei seinen nächsten Vorlesungen, werden KURIER und NEUES ÖSTERREICH auf Betreiben des Professors beschlagnahmt und wird eine Vorerhebung nach dem NS-Gesetz durch die Staatsanwaltschaft eingeleitet. Am 31. März schließlich erfolgt eine Massenkundgebung, auf die Borodajkewycz-Anhänger mit Ketten und Stahlruten reagieren; im Verlauf dieser Auseinandersetzungen wird der Pensionist, Widerstandskämpfer und einstige KZ-Insasse Ernst Kirchweger vor dem Hotel Sacher schwer verletzt. Kirchweger stirbt am 2. April als erstes politisches Opfer der Zweiten Republik. Am Tag seines Todes beauftragen die Nationalratsabgeordneten von ÖVP und SPÖ die Bundesregierung, antisemitische und antiösterreichische Tendenzen künftighin strenger zu kontrollieren – die FPÖ-Abgeordneten verlassen vor der Abstimmung die Sitzung. 250.000 Personen nehmen am 8. April, dem Tag der Beisetzung Kirchwegers, an einem Schweigemarsch über die Ringstraße teil. Auch der sozialistische Präsidentschaftskandidat Franz Jonas findet sich ein, nicht aber sein ÖVP-Gegenkandidat Alfons Gorbach. Borodajkewycz selbst wird dann 1966 zwangsweise in den Ruhestand versetzt.

Am Freitag, den 9. April 1965, 20.15 Uhr, wird Fritz Hochwälders Provinz-»Komödie« um einen ehemaligen KZ-Kommandanten, »Der Himbeerpflücker«, mit Helmut Qualtinger gesendet, im Februar 1963 war bereits unter der Regie von Michael Kehlmann die TV-Produktion »Der Bockerer« von Ulrich Becher und Peter Preses mit Fritz Muliar in der Titelrolle ausgestrahlt worden. Am 6. März 1966 feiert Heinar Kipphardts Eichmann-Stück »Joel Brand« am Wiener Volkstheater seine Premiere, während eben an diesem Tag in Salzburg die Brüder Johann und Wilhelm Mauer als Eichmann-Helfer wegen »Befehlsnotstand« freigesprochen werden. Im Zuge der Borodajkewycz-Auseinandersetzungen kann der »Ring Freiheitlicher Studenten« seinen Stimmanteil von 26 auf 30 Prozent erhöhen. Am 1. Juli 1966 wird der gerichtsnotorische Südtirolkämpfer Norbert Burger, eine Woche vor der beschlossenen Rundfunkreform, seine Nationaldemokratische Partei (NDP) gründen. Mit dem beginnenden Wahlkampf für die Nationalratswahlen 1966, der zu einer Radikalisierung der Bevölkerung und schließlich zu einer absoluten Mehrheit der ÖVP sowie zum Ende der Großen Koalition führen wird, beschäftigt sich am 4. März Barbara Coudenhove-Kalergi im NEUEN ÖSTERREICH, wo sie zur mentalen Lage der Wähler feststellt: »Die sonst so ruhigen Österreicher neigen in diesem Wahlkampf nicht nur zu hitzigen Diskussionen, sie greifen auch mit Stinkbomben, Klappmessern und Stahlruten in die Auseinandersetzung ein. In manchen Wahlversammlungen wird plötzlich das Abgründige im Herrn Karl sichtbar, vom Antiintellektualismus bis zum Antisemitismus. Schlecht informiert, unruhig, gereizt und verängstigt, reagiert ein der Politik entwöhnter Bürger oft primitiv und bösartig.«

Die Königin ist amüsiert: Die Beatles werden gesellschaftsfähig.

Beatles, Bond & Co.

Ein Markt für Markenartikel

Im März 1964 – die ersten Skinheads erscheinen auf den Straßen New Yorks, die Wählscheiben der amerikanischen Telefone werden durch Drucktasten ersetzt, in Miami Beach besiegt im Kampf um die Weltmeisterschaft im Schwergewicht Cassius Clay Titelverteidiger Sonny Liston, in Vietnam kämpfen 16.000 US-Soldaten für die Stabilität der Saigoner Militärregierung, und Coca-Cola bringt die Familienflasche auf den Markt – in diesem März 1964 drängen in den Vereinigten Staaten Tausende jugendliche Menschen in die Konzertsäle, um vier junge englische Musiker zu erleben: die Beatles. Aus der Masse der rund 5.000 Amateurgruppen zwischen London und Liverpool waren sie hergekommen, jetzt brechen sie alle Rekorde und stellen eben Amerika auf den Kopf. Dort erreichten ihre Schallplatten in den vergangenen drei Monaten einen Umsatz von 35 Millionen Schilling, sie rangieren damit als erfolgreichste Musikgruppe der Welt noch vor Elvis Presley und Fats Domino. In den USA belegen sie im Frühjahr 1964 in der Hitparade die Plätze 1, 2 und 3, in England nur 1 und 3. Die Beatles, errechnet Liverpools Lord Mayor MacMillian, haben allein im Monat Februar »mehr für unsere Außenhandelsbilanz getan als die gesamte britische Autoindustrie«. Die Geschichte der Gruppe aus der Stadt an der Mersey-Mündung ist bereits im Frühjahr 1964 vollbepackt mit Superlativen, »obwohl«, wie der STERN am 1. März prophezeit, »ziemlich sicher scheint, daß in gut einem Jahr kein Mensch mehr von den singenden und musizierenden Zauberkünstlern sprechen wird«.

Yeah! Yeah! Yeah!

Begonnen hatte es um 1961. Da trat in Liverpool und danach in Hamburg eine Band auf in Stiefeln, schwarzen Lederjacken und zurückgekämmten Haaren und imitierte Elvis-Presley-Rhythmen. Ein Jahr später entdeckte sie Brian Epstein, steckte sie in Anzüge, kämmte ihr Haar ins Gesicht und verpaßte ihnen so ein neues Image, das bald weltweit Begeisterung hervorrufen und allerorten nachgeahmt werden sollte. Im Herbst 1962 landeten die Beatles bereits mit »Love Me Do« und »P. S. I love You« in der Hitparade. Presse, Rundfunk und Fernsehen begleiteten ab nun jeden Auftritt von John Lennon, Paul McCartney, George Harrison und Ringo Starr. »Die Beatles-Manie war perfekt«, schreibt L. Fischmann in seinen »Geschichten von der Rockmusik«, eine »weltweite Welle der Begeisterung unter der Jugend, die sich bis heute nicht annähernd wiederholte.« Doch es sind keine Rock-'n'-Roll-Exzesse vergangener Tage, in denen sich jugendliche Wut sprachlos manifestierte. Aus den aggressiven Rockern der fünfziger Jahre mit ihren Lederjacken und langen Koteletten sind vielmehr die gemäßigteren »Mods« von 1964 geworden, und statt Saxophon und Trompete sorgt nun die Instrumentalisierung mit Melodie-, Rhythmus- und Baßgitarre sowie Schlagzeug für einen neuen, weicheren Sound.
Die Band selbst ist es, auf die sich jetzt die Aufregung konzentriert. »Kaum hob sich der Vorhang«, schildert der STERN im Jänner 1964 einen Beatles-Auftritt im Londo-

Gratis-Vorpremiere des Beatles-Films »Yeah, Yeah, Yeah ...« im Wiener Kosmos-Kino

ner Finsbury-Park-Kino, »setzten spitze, schrille, langgezogene Mädchenschreie ein«, die bis »zum letzten Beatles-Takt« anhielten, »erzeugt von entzückten, hingerissenen, unruhig auf ihren Sitzen rutschenden halben Kindern.« Über die Ausmaße des Beatles-Kultes gibt es zwangsläufig Tausende Nachrichten, und die Menschheit teilt sich in zwei sich heftig bekämpfende Lager: Während die Londoner Friseurinnung etwa den von unzähligen Jugendlichen nachgeahmten Haarstil »augenfeindlich und unhygienisch« nennt, begrüßt die Schneiderinnung die durch die Beatles erfolgte »Belebung der Herrenmode«. Es gibt Beatles-Perücken, Beatles-Jacken, Beatles-Hosen, Beatles-Posters, Beatles-Kalender und natürlich Beatles-Schallplatten. Seit Oktober 1962 wurden davon 5,5 Millionen verkauft, ein Rekord, den es bisher noch nicht zu verzeichnen galt. Und modern unter den englischen Jugendlichen werden jetzt, neben Haschisch, »pep-pills«, Aufputschpillen wie Pervitin (»Purple Heart«), mit denen sie zu den Ostertagen die Seebäder an der Kanalküste unsicher machen. Wenig später wird es dann Lysergsäurediäthylamid sein, dem man als LSD psychedelische, bewußtseinserweiternde Eigenschaften zuschreibt. Donovan wird mit seinem Song »Candy Man« darauf anspielen, daß Zucker die Intensität der Halluzination reguliert und die Bilder des Grauens vertreibt. Die Erwachsenenwelt war von alldem wenig amüsiert. »In Fachkreisen bezeichnet man die Beatles als unbegabtes und am gräßlichsten anzusehendes und -hörendes Rock and Roll versauendes Quartett«, urteilte der STERN ähnlich wie später im Rundfunk Gerhard Bronner, und in Leserbriefen hieß es: »Die Menschheit verblödet. Wenn sie sich so etwas wie diese vier Schreihälse gefallen läßt und sie noch dazu akklamiert, scheint ihr wirklich nicht mehr zu helfen zu sein. Sigrun Blasl, Salzburg.« Franz Hohenau aus Wien wieder meinte bekümmert: »Das Schlimmste ist nur, daß für so etwas auch noch der Rundfunk Reklame macht, indem er das Zeug durch den Äther in alle Heime schickt.« Doch gab sich der heimische Hörfunk diesbezüglich – zumindest bis zur Gründung von Ö 3 am 1. Oktober 1967 und dessen Zitrusfrüchte verteilenden Musicbox-Moderator André Heller – ohnehin reserviert. Lediglich Eva Maria Kaisers Hitparade ließ mitunter verstohlen Beat-Musik ertönen. Die Beatles-Klänge kamen vor allem viá Radio Free Europe und dem Sender Luxemburg nach Österreich, wo sich die Beatles-Fans auf die Ankunft der vier Pilzköpfe vorzubereiten begannen.

Am 15. März 1965 war es dann soweit: Am Salzburger Flughafen landeten die Beatles. Sie wurden von einigen tausend Jugendlichen frenetisch begrüßt und von Presse, Rundfunk und Fernsehen interviewt. »Keine hochdekorierten Staatsmänner, keine anerkannten Festspielkünstler, nicht einmal erfolgreiche Sportler«, betrauerte die SALZBURGER VOLKSZEITUNG den Untergang traditioneller Repräsentationskultur, »konnten in den letzten Jahren ein solches Entree für sich buchen.« Nachdem John Lennon auf eine Journalistenfrage nach Mozart-Kenntnissen die saloppe Antwort: »Wie geht es ihm?« formulierte, fuhren die Beatles zu Außenaufnahmen ihres zweiten Filmes nach Obertauern weiter. Eingedenk der damit verbundenen Fremdenverkehrswerbung gaben sich auch die heimischen Blätter erstmals moderat. So schrieb die Österreich-Ausgabe des STERN: »Sie sind das erfolgreichste Naturwunder des 20. Jahrhunderts. Schamanen einer Teenager-Generation. Sie brachten eine Welle ins Rollen, die in kurzer Zeit, von Liverpool ausgehend, Europa, Amerika und die ganze Welt überschwemmte. Die ›Beat-Welle‹.«

Im Herbst 1965 sind es dann die Rolling Stones, die fünf

Die Rolling Stones spielen 1965 in der Wiener Stadthalle.

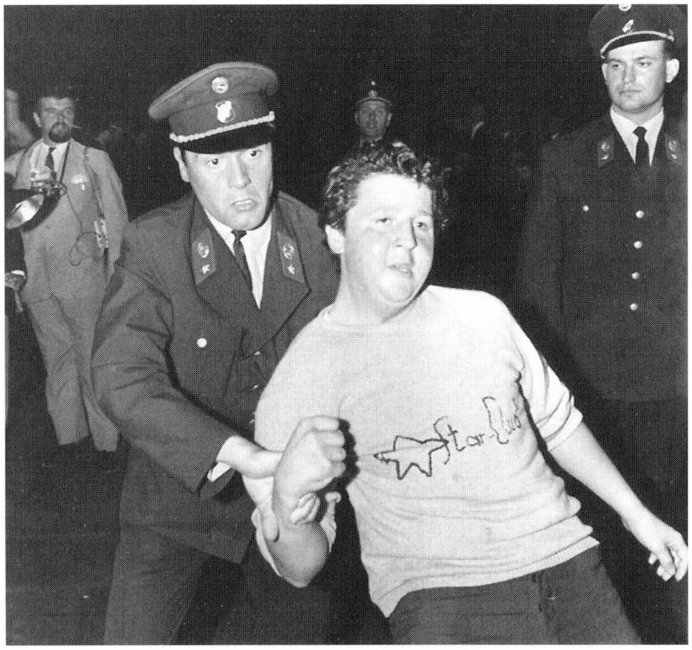

»Wir schimpfen ja auch nicht über euren Mozart«

Udo Jürgens: Sieg mit »Merci Chérie« 1966

Musiker aus dem Londoner Vorort Richmond, die in der Wiener Stadthalle auftreten und sich mit ihren schulterlangen Haaren, gestilt von ihrem Manager Andrew Oldham, vom zahmen Bild der Beatles abheben und deutlich, oftmals von Polizeieinsätzen begleitet, revolutionärere Klänge anstimmen. »Schreien, quietschen. Trampeln, zittern«, urteilen ein wenig expressionistisch die Zeitungen über die Reaktionen der 12.000 Jugendlichen in der ausverkauften Stadthalle: »Mick Jagger, Schrecken aller Teenager-Mütter und Ruin der Friseure von Wien bis Liverpool, hechelt in sein Mikrophon, schluckt es, spuckt es wieder aus. Die Texte sind blödsinnig bis ordinär.« Eine Kritik, die nicht unwidersprochen bleibt. So antwortet Maria F. aus Hinterstoder: »Ich würde dem Reporter dringend raten, sich mal besser über die Rolling Stones und deren Herkunft zu erkundigen. Und was die Musik betrifft, laßt sie uns doch, sie gefällt uns. Wir schimpfen ja auch nicht über euren Mozart und Bach.« Und Maria B. aus Wien sekundiert: »Sind Sie wirklich schon zu alt, um das zu verstehen?« Anfang 1966 werden die Stones aus 134 englischen Beat-Gruppen zu den Top-Stars des Jahres gewählt; Bob Dylan, die »Kreuzung zwischen einem Chorknaben und einem Beatnik«, wie ihn die NEW YORK TIMES porträtierte, wird mit dem Vietnam-Lied »Masters of War« zum Idol der protestierenden studentischen Jugend Amerikas, ebenso wie seine Freundin Joan Baez. Er tritt vor 74.000 Jugendlichen beim Newport-Festival auf und verkauft sechs Millionen Platten seiner Protestsongs, während Udo Jürgen Bockelmann als Udo Jürgens Österreich am 15. März 1966 beim Grand Prix d'Eurovision de la Chanson in Luxemburg mit dem Titel »Merci Chérie« siegreich vertritt.

Twiggy-Enterprises Ltd & Co.

Mit den Beatles fing es an. Sie waren es, die Anfang der sechziger Jahre als globaler Kommunikator einer neuen Jugendbewegung wirkten, Englisch zur weltweiten linqua franca, zum Code für die interkulturelle Kommunikation der Jugendlichen machten, und wenn sie auch Mitte des Jahrzehnts hoffähig geworden waren und sich das britische Königshaus über sie amüsiert zeigte, veränderte sich mit ihnen bald weltweit das Erscheinungsbild der Menschen und Städte. »Swinging London«, häufig jetzt via Autostop vom Festland aus erreichbar, wird zum Zentrum einer neuen Jugendmode und zum Ort der Vielfalt kultureller Erscheinungsformen. Die technischen Vehikel der Massenkultur wie Rundfunk, Film und Fernsehen tragen das ihre zur Verbreitung bei. Jeden Freitag um 18.08 Uhr sitzen rund zwölf Millionen Briten vor den TV-Geräten und konsumieren die Sendung »Ready Steady Go« aus den Londoner Wembley-Studios, in der Jugendliche mit knielangen Bermuda-Shorts oder kurzen Röcken mit aufgenähten Mustern auftreten, mit Union-Jack-Jacken des Gitarristen

Ende der fünfziger Jahre fand man sie erstmals entlang der Ausfallsstraßen Wiens: die Autostopper.

Der Minirock als Ausdruck jugendlicher Subkultur wird bald von Modeschöpfern vermarktet.

der Gruppe »The Who«, mit geblümten Hemden, bemalten Blue Jeans samt selbstverfertigten Löchern, alten Militärjacken oder Samtanzügen. Diese selbstgeschaffene subkulturelle Jugendmode im Fernsehen wird nun von Boutiquenbesitzern und Modeschöpfern nachgeahmt. Der Pariser Couturier André Courréges etwa wird daraus den Minirock kreieren und so den Blick von der Hutmode ablenken, die moderne Herrenhose wird über dem Knie eng und nach unten hin weit angepriesen werden. Die Londoner Filiale des Pariser Modehauses Christian Dior bietet im Herbst 1966 Miniröcke an, die erst 20 Zentimeter über dem Knie beginnen, und eine »Britische Gesellschaft zum Schutz des Minirockes« wird gegründet. Großbritanniens bestbezahltes Fotomodell heißt Lesley Hornby, alias Twiggy, sieht laut Gert Fröbe aus »wie Jayne Mansfield nach Abzug der Steuern« und läßt ihre eigene Kollektion, bestehend aus Twiggy-Kleidern, gleichnamigen Wimpern, Hüten, Schuhen und Kosmetika durch die »Twiggy-Enterprises Ltd« vertreiben.

Im gleichen Maße, in dem eine von unten kommende Jugendmode ihren Siegeszug antrat, nutzte die Pariser Haute Couture ihr Markenprestige, um ihre Prêt-à-porter-Produkte direkt auf den Massenmarkt zu bringen. Erstmals 1965, so Eric Hobsbawm, produzierte die französische Da menmodenindustrie mehr Hosen als Kleider: Die boomende Mode- und Kosmetikindustrie reagierte in den sechziger Jahren prompt auf den neuen Jugendmarkt.

Mitte 1965 etwa geben britische Mädchen zwischen 15

Ein Mädchen namens Twiggy verführte zahllose Teenager zu einer harten Sie sollten wissen:

GEFÄHRLICHES IDOL für junge Mädchen wurde das Starmodell Twiggy, hier mit seinem Manager Justin de Villeneuve

Allzu schlank ist ungesund

In Ascot von der königlichen Tribüne verwiesen: Jayne im Hosenanzug (links). Das Minikleid (rechts) wurde zugelassen

Twiggy wird zur Mode-Norm.

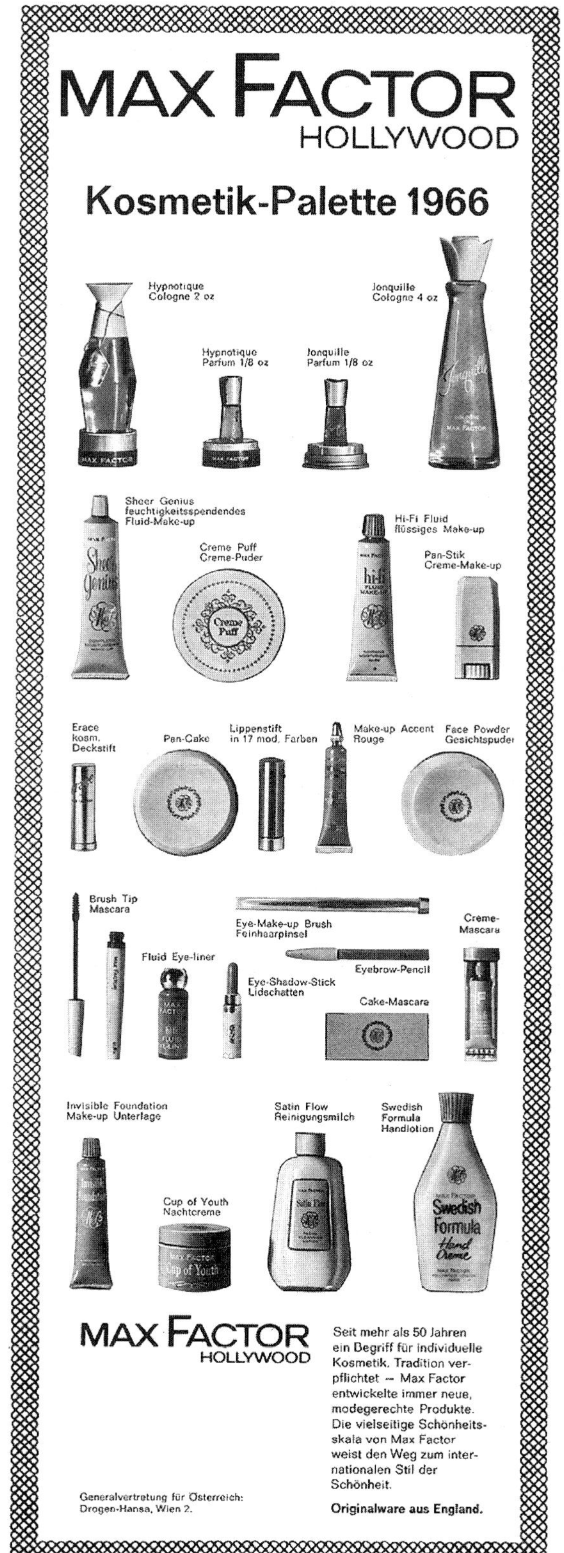

und 19 Jahren jede Woche umgerechnet 360 Millionen Schilling für Kleidung aus, im gleichen Zeitraum verzeichnet Frankreichs Teenager-Industrie über fünf Millionen Kunden, die im Durchschnitt monatlich über ein Budget von 5,4 Milliarden Schilling verfügen. Jugendliche kaufen 42 Prozent aller Schallplatten, 57 Prozent aller Motorräder und 29 Prozent aller Kosmetika. Die Mode wird, nach einem Wort des deutschen Soziologen René König, zum Schrittmacher des sozialen Wandels. Und während sich die Luxusartikel verbilligen und der Markt sich auch einkommensschwächeren Schichten nicht weiter verschließt, bezieht die Konsumindustrie ihre Gewinne immer stärker aus rasch wechselnden Modezyklen und dem schnellen Verkauf von Massenartikeln für den kurzfristigen Verbrauch. Ganz neu ist derartiges allerdings nicht. Bereits in den dreißiger Jahren hatte Georges Simenon in »Maigrets Memoiren« notiert: »Die Haare der Frauen waren kurz, ihre Kleider auch. Und die Männer trugen spitze Schuhe und enge Hosen. Ich weiß, das erklärt nichts. Aber es gehört zu dem ganzen Bild.«

»In«- und »out«-Spiele werden nun unter den englischen Jugendlichen beliebt, und die Jugendbewegung wird insgesamt Träger einer kulturellen Alltagsrevolution, einer urbanen und radikalen Veränderung der Lebensstile, auch wenn sich in Österreich noch Stimmen zur Jugendfrage regen, die, wie in einem Leserbrief an den STERN vom 14. November 1965, fordern: »Erstickt diese schmutzige Brut arbeitsscheuer Elemente, bevor sie die Oberhand gewinnt...« Doch die Zeiten ändern sich, wie es in Bob Dylans Song bezeichnenderweise heißt. René König warnt jetzt, man dürfe der heutigen Jugend, »obwohl gesellschaftlich und religiös nur schwer akzeptierbar«, eine »gewisse Achtung nicht versagen«, und der Hamburger Psychologe Peter R. Hofstätter gibt zu bedenken, daß die »öffentliche Meinung« gegenüber dem neuen Lebensstil der Jugendlichen »leichtfertig und von oftmals verletzender Selbstsicherheit« sei.

Das Ende der Avantgarde

Markennamen von Konsumgütern signalisieren als Codes der jugendlichen Modernität, daß man mit ihnen den Lebensstil erwerben könne, den sie symbolisieren und versprechen. So durfte es nicht verwundern, daß sich in Amerika, der ersten Heimat der Konsumindustrie, bereits in den fünfziger Jahren eine Art warenästhetischer Verpackungsrealismus, die »Pop-art«, entwickelte, die ihre Zeit damit verbrachte, »die visuellen Hinterlassenschaften des amerikanischen Kommerzes so exakt wie möglich wiederzugeben: Suppendosen, Fahnen, Coca-Cola-Flaschen, Marilyn Monroe« (Eric Hobsbawm). Andy Warhol beispielsweise brachte es zustande, mit den Symbolen und Ikonen des Massenkonsums nicht nur die materiellen, sondern auch die ästhetischen Bedürfnisse abzudecken, und leitete mit seiner erfolgreichen Deckungsgleichheit von Kunst und Markt (»Die wahre Kunst ist die Ware Kunst«) das Ende des Avantgardebegriffes ein.

Hervorgegangen war dieser aus der autonomen, bürgerlichen Kultur des 19. Jahrhunderts. Bedroht von einer auf-

MARILYN MONROE 1955 USA

kommenden populären Kulturindustrie hatte sich die autonome Kultur zur esoterischen bis avantgardistischen Kunst hin stilisiert, und hierzulande etwa mit Adolf Loos und Karl Kraus eine deutliche Trennung von Kunst und Gebrauchsgütern, von Urne und Nachttopf (Karl Kraus), Avantgarde und Warenästhetik vollzogen. Um den Preis allerdings, die behauptete Machtübernahme niemals durchführen zu müssen und im elfenbeinernen Turm lediglich einer ausgewählt eingeweihten Minderheit dienen zu dürfen. Avantgardistisch war um die Jahrhundertwende schlechthin die Kunst der Moderne geworden, doch die Kulturindustrie der zwanziger und dreißiger und die der nachkommenden fünfziger und sechziger Jahre verfolgt längst keinerlei partikulare Interessen mehr, für sie ist das Gesamte und Globale von Bedeutung. Darin liegt eine gewisse egalitäre Haltung, die wieder durch Schnellebigkeit und Bedeutungswandel von Markenartikeln dynamisierbar, aber auch hinterfragbar wird. Die Subkultur übernimmt nun effektiver die Rolle der Avantgarde, und »Underground« nennt sich jetzt alles, was oftmals recht oberflächig Produkte der Kulturindustrie vermarktet. Der Konsumgütermarkt erfährt so seine demokratische Verbreiterung und exklusive Einengung gleichermaßen, seine horizontale wie vertikale Ausweitung und Diversifikation.
Wie Paris zuvor als Kunstmarkt wird London bald als Kulturzentrum von New York abgelöst. Andy Warhol ist laut STERN im Winter 1966 wieder »in« in Greenwich-Village, an der Südspitze von Manhattan, wo einst Edgar Allan Poe, Henry James oder Eugee O'Neill wirkten. Kurzzeitig von Pop-art-Rivalen wie Rauschenberg und Lichtenstein verdrängt, stellt Warhol eine reisende Musiker- und Schaustellertruppe zusammen, die er »Velvet Underground« nennt, und dreht mehrere Underground-Filme, die man in der 41. Straße, gleich hinter dem Times Square, sehen kann. Der Hollywood-Stil, das Leitfossil der Fünfziger, ist kitschig und kommerziell geworden, folglich »out«, und der einzige »in«-Schauspieler ist ein toter Schauspieler: Humphrey Bogart. Denn der 1957 verstorbene Bogart war ein moderner Held, Hollywoods historische Breitwandfilme paßten nicht zu ihm, schon eher sein ewiger Trenchcoat, die Uniform des einsamen Verlierers. Ähnlich wie James Dean wird er zu einen der späten Mythen der Massenkultur, fünf Biographien über ihn erscheinen in den letzten Monaten des Jahres 1966 auf dem Markt, und »Casablanca« ist das Kernstück des Bogart-Kults. Ein Satz aus dem Streifen ist unterdessen zum klassischen amerikanischen Konsumzitat geworden: »Play it again, Sam.«
»In« ist aber auch Batman, Held einer Fernsehserie, die nach STERN zweimal wöchentlich 30 Millionen Amerikaner vor die Bildschirme lockt. Batman verkörpert das Gute in seiner banalsten Form: er kann fliegen, besiegt das Böse mit seiner bloßen Faust und wird doch von der Konsumindustrie bis auf den letzten Blutstropfen ausgesaugt. Rund tausend verschiedene Fledermausmann-Artikel bietet der Markt an, vom Batman-Kostüm bis zur kompletten Batman-Ausrüstung aus Plastik. 1966 werden die Amerikaner an die zwölf Milliarden Schilling für derartige Artikel ausgeben. Danach wird Batman »out« sein, disqualifiziert wegen seines nicht weiter steigerbaren Übererfolges. Und mit ihm Superman, jener Comic-Held, der als Hauptperson des neuesten Broadway-Musicals zur Zeit noch die Theaterkassen füllt.
Es sind jene Jahre, in denen auch hierzulande zahlreiche bildende Künstler den Habitus des publikumsfeindlichen Avantgardisten abzuwerfen beginnen, die Keller verlassen und die Redaktionen aufsuchen, und in denen sich der Markt langsam mit Kunst als neuem Investitionsobjekt anfreundet. Wiens führender Surrealist, er nennt sich zur Zeit »Leherb der Erste«, beklagt gegenüber den Zeitungen, daß sein Œuvre als offizieller Beitrag Österreichs zur Biennale in Venedig vom Unterrichtsministerium zurückgezogen wurde, und Hermann Nitsch inszeniert in der Galerie »Junge Generation« die Schlachtung eines Lammes als »Ausdruck zeitgenössischen Kulturschaffens«. Nitsch sorgt in einem an die Presse versandten Manifest diesbezüglich für Klarheit und erläutert unmißverständlich, die Lammzerteilung sei »durchgeführte symbolhandlung für das urexzeßerlebnis (extatischer endpunkt der abreaktionsorgiastik.) Die sinnlich reale sadomasochistische situation der zerfleischung ist identisch mit einem extremen triebdurchbruch.« Was bei Leserbriefschreiber Ottokar Richter aus Wien eine Reihe von Fragen aufwirft: »Darf bei uns denn jeder hergehen und mit den niedrigsten Instinkten primitive Spekulation treiben? Kunst mit Kulturschande gleichsetzen – und das eine ganze Weile –, ehe man ihm sein schmutziges Handwerk legt?« Im November 1964 eröffnet der 34jährige Phantastische Realist Ernst Fuchs, gemeinsam mit Werken von Hutter, Hausner und

Ich, das Genie

Ueber die Maus gestolpert?

Als das Unterrichtsministerium in einer lapidaren 10-Zeilen-Aussendung Österreichs Teilnahme an der Biennale von Venedig, der größten internationalen Ausstellung moderner Kunst, abpfiff, als ob es sich dabei um die Schließung einer Greißlerei handelte, war dieses Interview bereits durch die Setzmaschinen gegangen.

Als dieses Interview gemacht wurde, da hatte der Wiener Surrealist Leherb, mit bürgerlichem Namen Helmuth Leherbauer, noch als einer der beiden Vertreter Österreichs für Venedig gegolten. Der inzwischen zum Juror gewordene Regierungskommissär für die Biennale von Venedig, Dr. Wilhelm Mracek vom Museum für Angewandte Kunst, hatte ihn nominiert. Dr. Heinrich Drimmel, der Vorgänger des jetzigen Unterrichtsministers, war darüber voll informiert und billigte die Nominierung des jungen Wieners, dessen Bilder unter anderem in der Albertina, Wien, im Historischen Museum der Stadt Wien, im County Museum Los Angeles, dem Kunstmuseum Düsseldorf, in der Bibliotheque Nationale Paris, in Brüssel, Frankfurt, Antwerpen und in den privaten Sammlungen von Jean Cocteau, Andre Breton, Paris, G. J. Nellens, Brüssel, G. E. Issanchou und anderen großen Kollektionären zu finden sind.

Als der Wiener Leherb für Venedig nominiert wurde, gab es Stimmen gegen ihn. Vor allem wegen seiner Lebensauffassung und seiner ungewöhnlichen Art, sich in der Öffentlichkeit zu zeigen. Aber es bedurfte eines neuen Ministers, um diesen Mann über die weißen Mäuse stolpern zu lassen und dafür im Blitzverfahren den 70jährigen Maler Herbert Boeckl zu nominieren.

Zugegeben, Leherbs Art aufzutreten und zu denken, mag nicht nach jedermanns Geschmack sein. Aber das hätte man sich auch schon früher überlegen können, als die Museumsexperten, Dr. Oberhammer vom Kunsthistorischen Museum und später Dr. Mracek, Leherb nominierten.

Als dieses Leherb-Interview gemacht wurde, lautete die erste Frage noch, ob man durch Reklame nach Venedig zur Biennale kommen könne. Inzwischen muß die Fragestellung wohl anders lauten. Nämlich: Kommt man durch Reklame nicht nach Venedig?

Lehmden, seine Ausstellung »Zebra«. Maler Leherb tauft laut Adabei im STERN seine beiden Mäuse auf die Namen »Paul« und »Pierre«, was wieder seiner ausgestopften Taube »Cynthia« mißfällt, und Friedrich Hundertwasser verzeichnet im darauffolgenden Frühjahr im Wiener Dorotheum eine Preisexplosion bei seinen Werken.

Nach dem »Strohkoffer«, der »Marietta-Bar«, dem »Adebar« und »Tunnel« verkehren Wiens Künstler nun vor allem im Café Hawelka, wo Torberg, Weigel und H. C. Artmann friedlich beisammensitzen und Paul Wittgenstein, der Neffe Ludwigs und Freund Thomas Bernhards, dem Ober Franz in den Finger beißt. Blut fließt aber nicht nur in Galerien und Kaffehäusern, sondern auch auf der Leinwand. Allein im Herbst 1965 verkauft der Goldmann-Verlag 24.000 Taschenbuchausgaben der eben verfilmten Kriminalromane von Edgar Wallace, der mit seinen insgesamt 39 Millionen Bänden zum meistgelesenen Autor in deutscher Sprache aufsteigt, da es »unmöglich ist, von ihm nicht gefesselt zu sein«. Ein Erfolg, der den ehemaligen »Presse«-Eigentümer, »Express«- und »Pressehaus«-Gründer Fritz Molden veranlaßt, unter die Verleger zu gehen. Im Jänner 1966 übergibt Maler Leherb sein »Großes Zeitzer-

Der deutsche Film entdeckt Edgar Wallace.

störungs-Manifest« den aufhorchenden Zeitungen, demgegenüber er zu diesem Anlaß kundtut, daß er 57 Stunden am Tage arbeite; im Juli inszeniert der Mäuse- und Taubenliebhaber im Scotch-Dancing seine »Komödie mit Akt«, bei der Hunde unerwünscht sind. Im Sommer desselben Jahres vermeldet Karl Löbl besorgt massenkulturelle Trends aus Salzburg: »Der Festspiel-Habitué von gestern ist dem Touristen gewichen. Salzburg ist Bestandteil des Fahrplans internationaler Reisebüros geworden.« Wenige Jahre später werden dann lokale Blätter irritiert die Frage stellen: »Jedermann für jedermann?« Wolfgang Hutters Ölbild »Fliegende Köpfe« erreicht im März 1967 im Dorotheum den Schätzwert von 70.000 Schilling, Surrealist Leherb bezeichnet sich gegenüber der Presse als »schmutziges Genie«, und ein »Happening« in der katholischen Studentenverbindung »Austria«, veranstaltet von den Künstlern Mühl, Wiener, Kalb, Nitsch und Rühm, ruft ein Großaufgebot der Polizei auf den Plan. Dabei hatte der Abend recht friedlich begonnen. Mühl und Nitsch brachten ihr obligates Lamm mit, einige Darsteller beschlossen, sich zu entkleiden, und in einer »Materialvernichtungsaktion« beschoß man das Publikum mit Semmelknödeln. Daraufhin bekam jedoch Mitakteur Kurt Kalb Streit mit dem Publikum, das eben, die engen Grenzen von künstlerischer Originalität und simpler Reproduktion mißachtend, daranging, das Happening in Eigenregie fortzuführen. Schließlich sorgten neun Funkstreifen- und Staatspolizeiautos sowie drei Einsatzkommandowagen mit Polizeihunden und stahlhelmbewährten Männern, daß das Kunstwerk nicht unvollendet blieb. »ich schreibe für die kommenden klugscheisser«, wird dann wenige Jahre später Oswald Wiener in seinem Werk »Die Verbesserung von Mitteleuropa« sein Tun begründen, »um das milieu dieser ära komplett zu machen.«

Entblößt protestiert unterdessen Maler Hundertwasser in der Münchner Galerie Hartmann und in einem Wiener Studentenheim gegen die funktionelle Architektur. Der Mensch habe drei Hüllen, sagt er, seine Haut, seine Kleidung und seine Häuser. Weil Kleidung und Häuser der Vermassung zum Opfer gefallen seien, protestiere er nunmehr nackt dagegen. Hundertwassers Haut und bunte Kleidung sind unterdessen bereits vielerorten bekannt, zu seinen Häusern zählt etwa ein Atelier am Wiener Graben, ein Palazzo in Venedig, ein Landhaus in der Normandie, eine Sägemühle im Waldviertel sowie ein mobiles Heim auf einem 12-Tonnen-Fischerboot. Zwei Sekretäre und ein Manager sorgen dafür, daß seine Bilder in den großen Museen der Welt aufgehängt werden und daß die Rothschilds, Gunter Sachs oder Peggy Guggenheim zu ihren Käufern zählen. Frankreichs Premierminister Pompidou hat sich, wie der STERN vermutet, unterdessen von einem seiner Hundertwasser-Gemälden getrennt und mit dem Erlös sein Landhaus im Département Lot ausbezahlt. Eine »Gesellschaft der Freunde des Malers Hundertwasser« sorgt für die Produktvermarktung des Künstlers, und auf der Rückseite seiner Gemälde steht zu lesen: »Jeder Eigentümer dieses Gemäldes, besonders wenn es den Besitzer wechselt, muß sich dem Urheber Herrn Hundertwasser bekannt machen,

Materialvernichtungsaktion im Wiener Porrhaus 1967 mit Brus, Mühl & Co.

in Wien, Venedig oder sonstwie.« Den Preis wieder kann man dem Format entnehmen: »12 Paysage« bedeutet 12 Punkte Landschaft, ein Hundertwasser-Punkt in der Größe eines Schulheftes kostet Anfang 1968 rund 6.500 Schilling. Begonnen hatte der spiralenförmige Weg nach oben, nach dreimonatigem Kunststudium, im Jahre 1951 mit der Ausstellung »Das gute Bild für jeden«, wenig später löst im Wiener Art-Club sein Bild »Europäer, der sich seinen Schnurbart hält«, Pressefehden aus. »Kein Mann in Europa«, schreibt damals entrüstet, wenngleich orthographisch richtig, eine Leserin der WELTPRESSE, »trägt einen so langen dünnen Schnurrbart.« 1957 nimmt Hundertwasser eine bekannte Pariser Galerie unter Vertrag, ab 1959 unterrichtet er an der Hamburger Kunsthochschule und seit der Biennale 1962 in Venedig gilt er als einer der teuersten und gesuchtesten Maler Österreichs. »Manche betteln fünf bis zehn Jahre« um ein Bild, erklärt Hundertwasser im März 1968 dem STERN, wo er künftigen Käufern auch Ratschläge erteilt, wie: »Die Geschicktesten überzeugen mich mit anderen Dingen als Geld. Ein Galeriebesitzer half mir, mich von meiner Frau zu befreien, Yuku, der Japanerin. Dafür gab ich ihm fünf Bilder. Später brach ich bei ihm ein, um sie (gemeint: die Bilder) wieder zu stehlen. Einen Tag lang saß ich in Untersuchungshaft.« Doch wo war unterdessen Yuku, die Japanerin, verblieben, in Wien, Venedig oder sonstwo?

Private Laster als öffentliche Tugenden

Wie Hundertwassers buntfarbene Spiralen als »Symbol naiver Magie« zum Markenzeichen des Künstlers, zur eigenen Handschrift geworden waren, die die individuellen Kunstgriffe des Künstlers am Markt erkennbar, unterscheidbar und verwertbar machen sollten, begannen die Werbefachleute verstärkt auf Markenluxusartikel als Symbol eines individuellen, distinguierenden Lebensstils zu setzen. Auf dem Boden der Entfaltung einer universellen und normierenden Jugendkultur »profitiert die Werbung für Luxusgegenstände systematisch davon«, wie Pierre Bourdieu erkannte, »daß ein bestimmtes Produkt assoziativ mit einer sozialen Gruppe in Zusammenhang gebracht wird«. Das Streben nach gesellschaftlicher Unterscheidung wird zum Motor des Wandels in Kunst, Mode und Lebensweise. Damit sind jedoch weniger die rund zwei Millionen ASVG-Pensionisten des Jahres 1966 mit ihrem Durchschnittseinkommen von etwa 1.000 Schilling gemeint, über die Journalisten Jahre zuvor bereits besorgt gefragt hatten: »Wer wird in einem Jahrzehnt unsere Renten bezahlen?« Angesprochen werden hiermit vielmehr jene rund zehntausend Österreicher, die mehr als eine Million an Vermögen besitzen, jenes eine Prozent der Steuerpflichtigen, das 20 Prozent des Gesamteinkommens bezieht. Unter diesen 10.711 Österreichern gelten laut »Personen-Kompaß« die Mautner Markhofs als die reichsten. Fritz Klenner, dem Generaldirektor der Bank für Arbeit

»Es muß nicht immer Kaviar sein ...«

und Wirtschaft, wieder wird mit seinen vierundzwanzig verschiedenen Funktionen und Aufsichtsratsposten ein Monatseinkommen von 160.000 Schilling nachgesagt. Mit 60.000 Schilling Monatslohn nimmt sich Nationalbankpräsident Kamitz dagegen relativ bescheiden aus, auch Bundeskanzler Josef Klaus muß monatlich mit steuerfreien 24.000 Schilling sein Auslangen finden. 131 Personen verfügen im Österreich des Jahres 1966 über fünf Millionen Schilling als Vermögenseigentümer, darunter 37 Großgrundbesitzer und 36 Industrielle. 1967 wird dann eine Wiener Wohnreform den illegalen Ablösen der Hausherren unwiderruflich den Garaus machen. Seit Inkrafttreten des Gesetzes sind es dann nur noch durchschnittlich 150.000 Schilling, für die man unter der Hand in Meidling eine Zwei-Zimmer-Wohnung erhält, während man dafür in Margareten 160.000 und im Bezirk Landstraße 180.000 Schilling Ablöse bezahlen muß.

Im Zeichen stark differenzierter Einkommensverhältnisse werden jetzt, gleich Mandevilles »Bienenfabel«, private Laster in öffentliche Tugenden umgemünzt. Bereits Anfang 1965 verzeichnen die Zeitungen 30 Rolls-Royce-Fahrer in Österreich, unter ihnen Curd Jürgens, Herbert von Karajan und Julius Meinl. Modezar Fred Adlmüller bevorzugt laut Adabei einen 347.000 Schilling teuren Aston Martin DB 5, der Wiener Designer Serge Kirchhofer alias Udo Proksch einen Ford Lincoln-Continental um 350.000 und einen militärfarbenen Jeep um 80.000 Schilling, Peter Weck fährt einen Maserati 3500 GTI für 268.000 Schilling und Wiens erster Surrealist Leherb einen Citroën ID, dessen Karosserie für 18.000 Schilling goldfarben umgespritzt wurde.

Harold Robbins Werk »Die Playboys« wird zum Roman der Saison, und die österreichische Ausgabe derselben trifft sich jetzt im »Scotch«, im »Gerstner«, in der »Eden-Bar« oder gleich im von Thomas »Tomy« Hörbiger, Alfred »Prinz Alfi« Windischgraetz und Nikolaus »Graf Nicki« Czernin gegründeten »Playboy«.

»Es muß nicht immer Kaviar sein«, betitelte Johannes Mario Simmel 1960 seinen Roman samt Rezeptsammlung. Adabei, gewissenhafter Chronist und Seismograph der besseren Gesellschaft, geht dann bereits »Bis zur bitteren Neige« und berichtet im Sommer 1965 über die sprunghafte Nachfrage nach geräucherten Japan-Austern, gekochten Wachteleiern, Haifischflossensuppe, Froschschenkel und gerösteten Seidenraupen (12 Schilling die Dose). Känguruhschwanzsuppe, tiefgekühlte Schnecken oder gegrillte Grashüpfer (28 Schilling die Dose) zählen ohnedies bereits zu den geläufigeren Bestandteilen der täglichen Brotzeit. »Wenn's geräuchert oder geröstet ist«, schwört der Chef von Gutrufs »English House«, »kann man alles essen, sogar Kellerasseln« und meint, »die Leut' suchen heut schon das Extreme. Krabben oder Krebse sind eine Selbstverständlichkeit. Kaviar gehört zum Alltag. Heut muß man ihnen schon Küchenschaben bieten, daß an Gusto kriegen.« Das 1870 gegründete Spezialgeschäft Johann Schönbichler in der Wiener Wollzeile führt möglicherweise auch derartiges und erzielt große Erfolge mit gebratenen Klapperschlangen (50 Schilling pro Kilogramm), Krokodilteilen (240 Schilling) oder gekochtem Elefantenfleisch um 460 Schilling. Schönbichler vertröstend: »Wir kriegen die gebratenen Klapper-

schlangen bestimmt wieder, dazu Bonbons, die mit Ameisen und Bienen gefüllt sind, und Seidenraupen und Heuschrecken in Schokolade.«

Vance Packards »Geheime Verführer« werden nun allerorten sichtbar, selbst auf dem sonntäglichen Fußballplatz. Im Sommer 1966 sorgt Manfred Mautner Markhof, der Präsident des unglücklich agierenden Fußballclubs Schwechat, seit kurzem mit der Wiener Austria liiert, dafür, daß seine Spieler wacker das Emblem des hauseigenen Bieres auf dem Leiberl tragen. Und während man dem Sponsor-losen Verein Simmering die Fußballdressen und Tornetze pfändet, verpflichten sich die Fußballer des FC Wacker, künftighin ihre Haut mit der Aufschrift eines Hautcreme-Erzeugnisses teuer auf dem Markt zu verkaufen.

Latente Wünsche des Konsumenten und unbewußte Bedürfnisse des Verbrauchers werden in vielfältiger Form von der Werbung geweckt und stimuliert, deren Logik wieder auf die Manifestierung sozialer Unterschiede gerichtet ist. Die aus Deutschland kommenden bunten Illustrierten sorgen in ihren Anzeigen dafür, daß diesbezüglich kein Verbraucherwunsch offenbleibt. Dort werden jetzt beispielsweise neben HiFi-Stereoanlagen, Super-8-Kameras, Tiefkühlprodukte und heiße Urlaube im Club Méditerranée angeboten. Und das biedere Eigenheim Österreich hatte sich, dank Integration in den Weltmarkt, unterdessen internationalisiert und ist mit seinen Auslagen für ausländische Markenwaren zum Filialbetrieb globaler Modetrends geworden.

Der bekannteste Geheimagent der Welt

007: Lizenz zum Luxus

Seit James Bond in heimischen Kinos Dr. No jagt, Liebesgrüße aus Moskau versendet und Goldfinger auf goldige Weise Bond-Gefährtinnen ins Jenseits verschickt, weiß auch der einfache Zuseher aus der ersten Reihe über die führenden Luxus-Produkte Bescheid. Wenn Sean Connery sich mit »Gestatten, mein Name ist Bond. James Bond« von der Leinwand herab dem Publikum zuwendet, ist sich dieses spätestens seit 1965 auch hierzulande gewiß, daß es ein armes Gemüts- und reiches Sexualleben in spesenreichem Luxusinterieur aus den Londoner Pinewood-Studios erwartet. Der Mann, der, mit Smoking als Dienstanzug und mit der Lizenz zum Töten ausgestattet, in einer internationalen Welt aus modischer Eleganz und technischem Triumph liebt und tötet, verkörpert stets die Macht des Guten, die Kraft der Jugend und die Faszination exklusiver Markenartikel. Ähnlich wie Sean Connery versucht der amerikanische TV-Darsteller George Nader mit der Verkörperung des G-Man Jerry Cotton im Frühjahr 1965 eine Blitzkarriere zu starten. Der erste Streifen »Schüsse aus dem Geigenkasten« wird soeben in Hamburg abgedreht, doch bleibt Jerry Cotton mit seinem Fünfziger-Jahre-Haarschnitt und dem roten Jaguar E aus zweiter Hand stets der arme Verwandte, der zudem an der deutschen Art der Beschwörung amerikanischer Authentizität notwendigerweise scheitern muß.

Ungleich den übrigen Geheimagenten, deren Überlebens-

G-Man Jerry Cotton: der arme Bruder von James Bond

chancen eher in der Anonymität, in der Anpassung bestehen dürften, opfert 007 tapfer seine eigene Sicherheit, um dem Publikum bereitwillig als öffentliche Identifikationsfigur und Werbeträger zur Verfügung zu stehen. James Bond wird zum weithin bekanntesten Geheimagenten der westlichen Welt, und jeder weiß, daß ausschließlich die zur rechten Zeit genossenen Markenprodukte für sein Wohlbehagen sorgen. Der fiktive Bond bezieht seinen Kaffee und seine Zigaretten von den durchaus real existierenden Firmen De Bry oder Morland aus der Londoner Grosvenor Street, benutzt ein eloxiertes Ronson-Feuerzeug und stellt anhand einer Rolex Oyser Perpetual fest, daß es langsam Zeit sei für den abendlichen Drink, den berühmten trockenen Martini aus drei Maß Gordon's Gin, einem Maß Getreide-Wodka und einem halben Maß Kina Lillet. Geschüttelt, nicht gerührt! Als Gefährt bevorzugt er ebenso wie sein Ebenbild Fred Adlmüller einen Aston Martin DB 5, vom getreuen Waffenmeister Q mit Peilanlage, Maschinengewehren, ausfahrbarem Kugelschutz, Messern in den Radnaben und anderem aufgerüstet.

Diesem Product Placement des Geheimagenten im Dienste Ihrer Majestät entspricht Bond als Werbewand in eigener Sache. 1965 stellen in Großbritannien drei Fabriken unter dem Etikett 007 Schuhe, Wodka und Golfausrüstung her, Kinderbekleidung wird mit dem Aufdruck 003$^1/_2$ versehen; 3.500 Läden bieten in Frankreich reichhaltige Auswahl an Bond-Artikeln: 007-Pyjamas, -Anzüge und -Krawatten; die Pariser Galerie Lafayette wieder richtet eine spezielle Bond-Boutique ein, in der goldbemalte Mannequins 007-Kleidung und -Schmuck vorführen. Während der erste 007-Film »Dr. No« 143 Millionen Schilling einspielte, brachten »Liebesgrüße aus Moskau« 364 und »Goldfinger«, der eben im Herbst 1964 in London anläuft, in den ersten Monaten bereits 84,5 Millionen ein. Flemings Bücher erreichen zum Zeitpunkt seines Todes im August 1964 eine Auflage von 15 Millionen und werden in siebenundzwanzig Sprachen übersetzt, und von allen Markenartikeln kassieren die Erben einen 5-Prozent-Anteil. Das US-Seifensyndikat Colgate-Palmolive erwirbt die Weltrechte für ein 007-Eau-de-toilette und wirbt mit Sean Connery ausgerechnet für Haarwasser. Auf der Spielwarenmesse in Nürnberg wird ein Aston-Martin-Modell aus »Goldfinger« ausgestellt und ein James-Bond-Baukasten vorgeführt, der neben Kamera und Fernglas eine automatische Plastikpistole und andere Lizenzen zum Töten enthält. Wenig später bringt Seiko eine Reihe von Digitaluhren auf den Markt, wie sie Roger Moore auch im Film verwendet – Sein und Schein, Realität und Fiktion geraten allmählich außer Kontrolle und verlieren sich in einer Art virtuellen Wirklichkeit.

Dies läßt sich in gewisser Beziehung auch von Bonds literarischem Schöpfer Ian Fleming sagen. Zwar bringt der Autor in die Figur des Geheimagenten einige seiner eigenen geheimen Vorlieben samt Geheimdienstvorleben mit ein, doch schuf er die Figur des James Bond 1952 vor allem, um sich von seiner Hochzeit mit Lady Rothermere zu erholen. Ian Fleming war kein James Bond. Bei der Beschreibung von Luxusartikeln ließ er sich von Freunden beraten, und jährlich lieferte er pünktlich einen Roman ab, wild entschlossen, wie ihn der Verleger George Weidenfeld schildert, als erfolgreicher Autor und nicht als Ehemann der außergewöhnlichen Ann Rothermere in die Geschichte einzugehen. Was seine weltweite Anerkennung anbelangt, hat er sein Ziel erreicht, doch zog er sich bald aus der Gesellschaft seiner dominanten Frau und deren intellektuellen Freunde zurück, da er nicht zu Unrecht den Eindruck hatte, diese betrachteten ihn als rein kommerziellen Schriftsteller und verachteten sowohl seine Arbeit wie seine mittelständischen Angewohnheiten. Und so schuf er sich seine eigene Abenteuerwelt mit einem stets siegreichen Helden im Mittelpunkt, voll exotischem Zauber, exklusiver Lebensart und einer verständnisvollen Miss Moneypenny.

Monopolisierende Markennamen

Am 5. Februar 1967 erscheint auf Seite 9 der Illustrierten STERN erstmals in einer ganzseitigen farbigen Anzeige die Aufforderung: »Vergessen Sie einfach das Wort Banane! Merken Sie sich Chiquita!« Die United Fruit Company hatte die Banane damit zum Markenartikel gemacht und 1967 allein in Deutschland 900.000 Tonnen davon verkauft. An die Stelle des Namens der Südfrucht war ein gesetzlich geschütztes Warensymbol getreten, das ebenso Monopolcharakter beanspruchte, wie zahlreiche andere, weltweit beworbene geschützte Firmenzeichen. Die Verpackung ist es nun, die, wie Wolfgang Fritz Haug in seiner »Kritik der Warenästhetik« betont, das Erscheinungsbild von Inhalt und Gebrauchswert der jeweiligen Ware trennt, wobei letzterer verlorenzugehen scheint. Die Ideologie des geplanten und erwerbbaren Glücks wird bei derartigen ästhetischen Innovationen gleich mitgeliefert. Hatten bisher die Produzenten, ausgehend von den Produktivitätssteigerungen im Österreich der fünfziger Jahre, den langfristigen Charakter ihrer Produkte stets hervorzuheben gewußt, so soll nunmehr eine Verminderung des Gebrauchswertes zwecks Dynamisierung des Verkaufs mittels Verschönerung erreicht werden.

»Die Technik setzte bei der Ästhetik der Ware an«, schreibt Haug, durch »periodische Neuinszenierung des Erscheinens der Ware verkürzt sie die Gebrauchsdauer der in der Konsumsphäre gerade fungierenden Exemplare der betreffenden Warenart.« Die großen Schallplattenkonzerne bewerben nun neue Kassetten anstatt altmodischer Langspielplatten, die Mode entwirft schnell wechselnde, international standardisierte Normen, und auch die Möbelindustrie paßt sich landauf, landab dem aktuellen jugendlichen Trend an, der allein auf eine rasche Veralterung des Vorhandenen abzielt.

Begonnen hatte dies mit der Propagierung der amerikanischen Verpackungsideologie in den fünfziger Jahren, danach war mit Hilfe von Selbstbedienungsläden und Großkaufhäusern Einkaufen zum impulsiven Erlebnis geworden, und schließlich wurde die Jugend mit ihren innovativen Formen und Stilen in den Dienst der raschen Verwertung gestellt. Agfa entwickelt jetzt mit Jeans-Stoff überzogene Kameras, Kosmetikartikel mit jugendlichem und sexbetontem Image verzeichnen Rekordumsätze. Rasch aufeinanderfolgende Warengenerationen und Produktfamilien verschmelzen zu Landschaften einer jugendlichen Lebensart. Nicht mehr das einzelne Produkt gilt es

zu bewerben, sondern ein ganzes Ensemble samt einheitlichem Design. Und während im TV mit »Wünsch dir was« die Kandidatenfamilien als modern, aufgeschlossen und jugendlich vorgestellt werden, deren größte Übereinstimmung den Sieg erst ermöglicht, wird der harmonische Zusammenklang auch in der Warenwelt spürbar. Bauknecht weiß wie immer, was Frauen wünschen, und bietet genormte Haushaltsgeräte und »Komplett-Küchen«-Landschaften »aus einer Hand« an, ebenso wie dies die westdeutsche Firma Braun mit ihren unverwechselbaren Design-Produkten tut. »Zur Darstellung des eigenen Lebensstils« tritt im Frühjahr 1969, laut STERN, die moderne Möbelindustrie an, die Firma Musterring beispielsweise appelliert an den Käufer, man möge »nicht sein ganzes Leben zwischen den gleichen Möbel verbringen«. Nach einer Umfrage des Möbelproduzenten geht dieser, von der Branche als naturgegeben ausgewiesene Trend zur kombinierbaren Einheit hin, da etwa der Hochzeitsbrauch, »die Wohnung des jungen Paares einzurichten, kaum mehr geübt wird«. Zugleich macht man sich Gedanken über einen zeitgemäßen Wohnstil und über das Problem, wie Massenproduktion und Verbrauch bei langlebigen Möbeln aufeinander abgestimmt werden könnten. Ein Fabrikant, in dessen Betrieb alle vier Minuten eine fertige Schrankwand vom Fließband läuft, denkt sich die Lösung des Problems so: »Von der Qualität her hält so ein Stück natürlich Jahrzehnte, aber wir bringen ja immer neue Modelle mit neuen Ideen. Die Leute würden sie noch lieber kaufen, wenn wir ihnen die alten Stücke abnähmen, meinetwegen gegen einen Preisnachschlag. Man müßte dann nur noch eine Maschine bauen, die die alten Möbel zerkleinert und aus dem Holz wieder Spanplatten für die Fabrikation neuer Möbel macht.« – »Ein neuer Stil, der unserer Epoche entspricht«, kommentiert derartige Recyclingvorstellungen die Illustrierte, »kann sich an dieser Einstellung nicht entwickeln. Unsere schnellebige Zeit bringt es nur noch zu vorübergehenden Moden. Wir werden damit leben müssen.«

Sexistische Sechziger?

Die Erotisierung der Umwelt

Vieles wird jetzt Mitte der sechziger Jahre besser. Und daß die Sexualmoral unterdessen schlechter wird, ist ein untrügliches Zeichen dafür, daß vieles besser geworden ist. Im Herbst 1962 bekennen sich zwar 95,8 Prozent der Österreicher zum Christentum, doch ist gleichzeitig eine Verkindlichung wie Vergreisung der Kirchenbesucher festzustellen. Tritt die aktive Bevölkerung zwischen 21 und 65 Jahren im kirchlichen Leben immer weniger in Erscheinung, erstreckt sich zugleich die religiöse Praxis insgesamt nur mehr auf einige soziale Schichten. Diese Veränderung macht auch vor dem Lande nicht halt. Wie auf einer Tagung österreichischer Priester zum Thema »Seelsorger auf dem Dorf« hervorgeht, wird die derzeitige Lage als recht drastisch empfunden und vom Referenten Dr. Martin Stur eindrucksvoll geschildert: »Die Erweiterung des Gesichtskreises durch Presse, Rundfunk, Fernsehen und Verkehr macht aus dem heutigen Menschen im Dorf einen in der Form nie dagewesenen Typ. Vor allem reißt ihn die sich überstürzende Entwicklung aus der umgrenzten Heimat, lehrt ihn die Lebensformen der Welt, das ist die internationale Mode. Der technische Fortschritt läßt ihn die bisherige Lebens- und Berufsform als überholt begreifen – und bringt ihn in die Gefahr, nirgends mehr Geheimnis, keusche Verhüllung und Grenzen des Begehrens zu erleben, obwohl es diese Dinge auch weiter geben wird.« Nach Generationen »einfacher, schlichter und gläubig tiefer Menschen«, fährt der Autor warnend ob der Folgen derartiger mentaler Veränderungen auf dem Lande fort,

»Nach Generationen einfacher, schlichter und gläubig tiefer Menschen will eine Zeit hochkommen mit oberflächlichen, dreisten, begehrlichen Menschen.«

»will eine Zeit hochkommen mit oberflächlichen, dreisten, begehrlichen Menschen. Die heutige Bauernjugend ist in ihrem geistigen Profil dadurch gekennzeichnet: Technisch, wenn auch nicht allseitig, doch im eigenen Berufsleben durchaus versiert, altklug, den Eltern schon nach dem Schulaustritt ungesund entwachsen, lüstern nach allem, was die städtische Reklame anbietet; daneben für Besinnung, Beherrschung, schlichte, aber echte Lebenswerte schwer ansprechbar.«
Zwar liegt der dörfliche Kirchenbesuch mit 34,5 Prozent noch deutlich höher als in der Stadt (Wien: 19,5 Prozent), doch sieht auch der jüngste österreichische Katholikentag vom 1. und 2. Juni 1962 im modernen Fortschritt eine entscheidende Gefahrenquelle für das kirchliche Leben im ländlichen Raum. Der Innsbrucker Theologe Karl Rahner gelangt dabei zur grundsätzlichen Frage des Glaubens in

der späten Moderne: »Wenn wir uns geistesgeschichtlich und sozialgeschichtlich vergegenwärtigen, in welchem Umbruch der Zeiten wir stehen, müssen wir dann nicht fürchten, daß wir in dieser Zeitenwende noch weniger nachkommen als die Kirche zur Zeit der Verwandlung der feudalen Gesellschaft des 18. Jahrhunderts in die bürgerlich-liberale Gesellschaft des 19. Jahrhunderts oder zur Zeit des Heraufkommens der Arbeiterschaft als der neuen Klasse?« Während die Mitgliedszahlen der Sekten in Österreich eine steigende Tendenz aufweisen, sollen nun in der katholischen Kirche sogenannte Arbeiterpriester, eingedenk Rahners Worte, die Teilung zwischen kirchlichem Glauben und Arbeits- wie Lebenswelt mildern. Arbeiterpriester ebensowenig wie Exorzisten werden in der Folge den seelenschwindenden Exodus verhindern können, und dafür gibt es höchst irdische Gründe.

Paulinische Leibfeindlichkeit ...

Was sich da an der barocken römisch-katholischen Amtskirche stößt, ist, laut STERN-Serie »Kirche in Österreich«, vor allem eine geänderte Moralvorstellung breiter Schichten der Bevölkerung. »Severissime prohibet«, es ist strengstens verboten: Mit diesen Worten beginnt jener Teil des kirchlichen Gesetzbuches, der die Mischehe zwischen römisch-katholischen Christen und Andersgläubigen behandelt. Der 1917 kodifizierte Corpus Iuris Canonici gilt 1962 nach wie vor als sittliches Gebot für die Katholiken der ganzen Welt, unbeeindruckt davon begnügt sich unterdessen jedes fünfte Brautpaar in Österreich damit, lediglich von einem Standesbeamten getraut zu werden. Während religiöse Motive bei der Partnerschaft keine statistisch relevante Rolle mehr spielen, die Zahl der Scheidungen und außerehelichen Beziehungen weiter zunimmt, versucht das Episkopat mit moralischen Traktaten an den Kirchentüren dem hedonistischen Trend entgegenzusteuern. »Ist Küssen erlaubt?« fragt eines davon und gelangt zur Ansicht, daß ebendieses zwischen Braut und Bräutigam nicht statthaft sei, »wenn es die sinnliche Lust und das sexuelle Begehren erwecken würde«. Desgleichen muß der »Lippenkuß« strikt »der Ehe vorbehalten bleiben«. Denn: Ist der katholische Mensch »groß geworden« und »denkt ans Freien«, muß »er sich besonders vorsehen«.

Derartige Paulinische Leibfeindlichkeit wird nun immer häufiger von kirchlichen Stellen gegen die Moral der Moderne eingesetzt. Nach der gültigen katholischen Moraltheologie zerfällt nämlich der menschliche Körper anatomisch in ehrbare, weniger ehrbare und unehrbare Teile. Ehrbart sind: Gesicht, Hände und Füße; weniger ehrbar: Brust, Rücken, Arme und Schenkel und unehrbar schließlich Geschlechtsteile und Partien, die ihnen sehr nahe sind. Die Konsequenzen daraus folgen auf den ehrbaren Fuß und lauten, daß der Katholik, der sich nackt ansieht, eine läßliche Sünde begeht, tut er dies länger, eine Todsünde. Dies bedeutet wieder: Wenn er nach dem Anblick seiner selbst stirbt, ohne diesen langen Blick bereut zu haben, kann er in die Hölle kommen. Doch an die glauben im Frühjahr 1969 laut Gallup-Umfrage ohnedies nur noch 26 Prozent der Österreicher.

Je höher der Lebensstandard eines Volkes, je größer der materielle Wohlstand, faßt Gallup seine Untersuchung zusammen, umso seltener sind Glaube und Frömmigkeit anzutreffen. Demzufolge glauben zwar noch 85 Prozent aller Österreicher an die Existenz Gottes und nehmen damit hinter Griechenland den zweiten Platz in der Rangliste der europäischen Gläubigkeit ein, doch das kanonische Bekenntnis geht langsam durch stete Säkularisierung der Umwelt zum Teufel; lediglich 23 Prozent glauben noch an ebendiesen, während rund 30 Prozent regelmäßig die Gottesdienste besuchen. Viele Österreicher sind somit nicht mehr bereit, jene katechetischen Vorstellungen zu übernehmen, die ihnen der Religionsunterricht vermittelt hatte. Sie abstrahieren Gott mehr und mehr von irdischen Vorstellungen. So glauben 73 Prozent der Österreicher nicht an eine Auferstehung des Fleisches und liegen damit im europäischen Trend: Je höher der Lebensstandard, desto geringer wird der Anteil der Bevölkerung, der noch an den alten religiösen Begriffen festhält.

Materieller Wohlstand scheint auch maßgebend zu sein für die Auffassung, die man sich von der Moral macht. Zwar sind in Österreich nur neun Prozent der Ansicht, daß es mit der Moral aufwärts gehe, doch halten 78 Prozent aller Befragten eine Mischehe zwischen Katholiken und Protestanten, 51 Prozent eine zwischen Christen und Juden und 39 Prozent zwischen Inländern und Farbigen für durchaus akzeptabel. Österreich ist damit erstmals in der oberen Hälfte der europäischen Toleranzskala anzutreffen. Demnach sind vor allem Niederländer und Briten des Jahres 1969 anfällig für religiöse und rassische Vorurteile, am wenigsten gegen andersfarbige und -gläubige Menschen eingestellt sind etwa die Schweden. Und von dort gelangen, beginnend 1963 mit Ingmar Bergmanns »Das Schweigen«, die ersten erotischen Filme nach Österreich.

»Unser Zeitalter ist die Epoche der technischen Perfektion«, formulierte im November 1962 der STERN, die »Maschine hat die Allgewalt des Mannes zerbrochen und die Frau davon befreit, seine Untertanin zu sein. Die Gleichberechtigung der Geschlechter schuf auch das gleiche Recht auf Liebe. Wir haben für den Aufbruch der enthemmten Gefühle auch ein neues Wort geprägt: Sex.« Die ganze Welt scheint nunmehr von Libertinismus und Gleichberechtigung beherrscht. Nein! Nicht die ganze Welt. Ein kleines Land im Herzen Europas wagt es immer noch, erfolgreich Widerstand zu leisten.

Im Mai 1964 leben rund 3,8 Millionen Frauen in Österreich, um eine halbe Million mehr als Männer. Ein Drittel aller Berufstätigen ist weiblichen Geschlechts, und mit dessen Gleichberechtigung ist es hierzulande nicht weit her. 90 Prozent aller Friseurlehrlinge sind nach wie vor Mädchen, mehr als zwei Drittel der in der Billiglohnbranche »Hotel- und Gastbetriebe« Beschäftigten sind Frauen. »Gute Ausbildung gibt den Frauen gleiche Chancen« heißt es von der Arbeitgeberseite her, die in Inseraten Kfz-Mechaniker (»Es ist ein wahrhaft männlicher Beruf«), männliche Bankbeamte (»hat seinen Platz im Mittelpunkt der Wirtschaft«) oder Bundesheer-Offiziere sucht – unter denen es mittlerweile, nebstbei sei's vermerkt, neun Drei-Sterne-Generäle und Sektionschefs sowie 64 Brigadiere, Generalmajore und Ministerialräte gibt, die wieder über 22.883 zumeist männliche Dienstposten im Rahmen der Landesverteidigung kommandieren. Erneut liegt ein Gesetzentwurf im Parlament vor, der den Frauen mehr Rechte verschaffen soll, doch dort gibt es unter den 165 Abgeordneten zur Zeit lediglich neun Frauen. Wie Hellmut Andics für den STERN recherchierte, verfügt in diesem Zeitraum im Wiener Stadtsenat nur eine einzige Frau über Sitz und Stimme, immerhin um eine mehr als am Wiener Straflandesgericht. Der Oberste Gerichtshof der Republik weist auf Leitungsebene ebensowenig ein weibliches Mitglied auf wie der Verfassungs-, der Verwaltungsgerichtshof oder die Bundesregierung selbst.

Quotenregelung nur im Heimatfilm?

1964 sind es auch schon wieder 153 Jahre her, daß der Mann per ABGB als Haupt der Familie eingesetzt wurde. In dieser Eigenschaft steht ihm das Recht zu, das Hauswesen zu leiten und, »soweit es die häusliche Ordnung erfordert, die von ihm geschaffenen Maßregeln sowohl selbst zu befolgen, als befolgen zu machen«, was das häusliche Einsperren der Frau mit einschließt. »Die Aktion der Frauen hat immer nur symbolischen Charakter gehabt, sie haben nur erreicht, was die Männer ihnen zugestanden haben«, schrieb illusionslos Simone de Beauvoir in ihrem Buch »Das andere Geschlecht« 1949, im deutschsprachigen Buchhandel seit 1951 erhältlich, während zehn Jahre später auf dem Österreichischen Juristentag Universitätsprofessor Franz Bidlinsky über den Gleichheitsgrundsatz laut nachdenkt und schlußfolgert: »Der geringere Wert der Frauenarbeit durch Frauen- und Mutterschutz würde geringere Lohnsätze rechtfertigen.« Im Juni 1965 wird dann der bekannte Psychiater Hans Hoff die Tatsache, daß sich die Zahl der bei ihm eingelieferten weiblichen Alkoholiker vervielfacht hatte, auf die »emanzipierte Frau unserer Zeit« zurückführen, die es auch auf diesem Gebiet dem Manne »gleichzutun versuche«.

In ebendiesem Geist wurde 1968 eine Regierungsvorlage erarbeitet, die den Begriff der Ehestörung wieder einführen möchte, der, so Generalprokurator Dr. Franz Pallin gegenüber dem STERN, »in der ganzen Welt nicht seinesgleichen hat. Es gibt ihn in keiner Strafrechtsordnung unseres Kulturkreises.« Und diese kulturelle Einmaligkeit war legistisch gewissenhaft ausgearbeitet worden. Paragraph 525 beispielsweise, der alle Verstöße »gegen die häusliche Zucht« unter Strafe stellt, ist so angelegt, daß darin etwa auch die »tätige Verletzung schuldiger Ehrerbietung« der Dienstleute gegenüber ihrer Herrschaft noch mit Strafe bedroht wird. Engelbert Dollfuß' Worte auf dem Wiener Trabrennplatz vom 11. September 1933, worin er die gesellschaftliche Harmonie zwischen den mittelalterlichen Ständen pries, in der »der Arbeiter gegen seinen Herrn nicht aufstand«, waren nicht ungehört verhallt. Die ÖVP-Alleinregierung Klaus möchte nun Ehestörung in allen »treueverletzenden sexuellen Handlungen«, außer dem intimen Verkehr, der unter den strengeren Ehebruchsparagraphen fällt, dingfest machen, etwa Küssen beim Heurigen, sofern eine »erotische Grundlage« vorhanden sei. Die Strafrechtsreform sieht ferner härteres Vorgehen gegen Abtreibung und Homosexualität unter Erwachsenen vor sowie weitere Strafverschärfungen auf dem Gebiet des Sexual- und Familienrechtes. Laut Motivenbericht der Regierungsvorlage basierte der Reformvorschlag vor allem auf den Vorstellungen der Österreichischen Bischofskonferenz, deren oberster weltlicher Chef, Papst Paul VI., eben im Juli 1968 in seiner auf die Antibabypille zielenden Enzyklika »Humanae vitae« den rund 600 Millionen Katholiken in aller Welt jeden Gebrauch von Empfängnisverhütungsmitteln untersagt.

Der 1963 gewählte Papst Pius VI. verbietet 1968 aus tiefster Überzeugung die Antibaby-Pille.

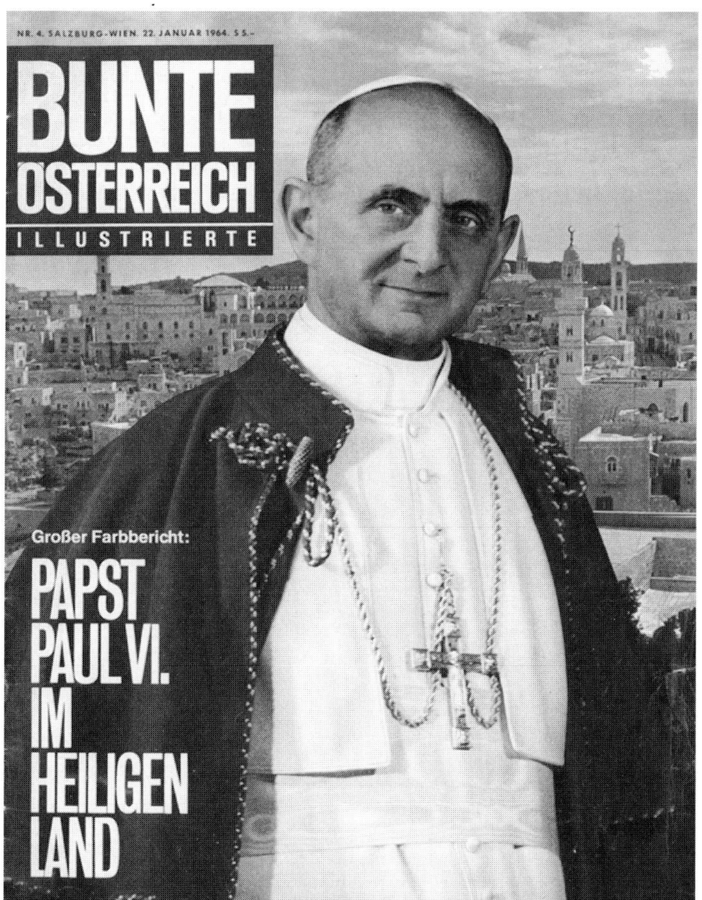

... und Recht auf Liebe

Das vom STERN postulierte Recht auf Liebe wieder bezieht sich auf die seit zwei Jahren in Österreich erhältliche Antibabypille. Für den Soziologen eine Waffe gegen die drohende Bevölkerungsexplosion, für den Sozialmediziner eine gegen die Abtreibungswelle mit ihren geschätzten 140.000 Fällen pro Jahr und für den Apotheker mit 48,70 Schilling im Monat pro Kundin eine zusätzliche Einkommensquelle, ist sie für den Moraltheologen eine mehr als bedenkliche Angelegenheit im Sinne des Prädeterminismus geworden; und man meint auch mehr die moralischen als die physischen Gefahren, wenn es um die zehn Jahre alte Erfindung des amerikanischen Biologen Gregory Pincus geht.

Anfang 1966 nehmen weltweit über acht Millionen Frauen die Antibabypille, die Sexualität von Zeugung trennt und,

Ansehen erlaubt - anfassen verboten

Die Schwedenmädchen Ulla und Lena ließen ihre Hüllen fallen und machten Karriere

so ihre Kritiker, den vor- und außerehelichen Verkehr als neue Sittennorm postuliert. In Deutschland möchten 29 Prozent der verheirateten Frauen keine Kinder, und nach einer Studie der Marplan-Forschungsgesellschaft im Auftrag der drei größten Pillenerzeuger befürchten 81 Prozent der Männer, daß eine Frau, die die Pille nimmt, sich ihrem Partner gegenüber »freier fühlt«; 52 Prozent aller Männer äußern den Verdacht, daß die Pille »zum ausschweifenden Leben verleite«. Frauen wieder betrachten die Antibabypille als »bequemes« (67 Prozent) und »befreiendes« (54 Prozent) Verhütungsmittel, das ein wahrer »Segen« sei (43 Prozent) und »durch die Krankenkasse bezahlt werden sollte« (53 Prozent). »Die Rasanz unserer Zeit überrennt uns ältere Leute«, heißt es in einem Leserbrief von Elsa Krug, Wien, an den STERN im Juni 1966. »Die Pille wird die ganze falsche Moral, die sich um das Problem eines nichtgewollten Kindes aufgebaut hat, über den Haufen werfen. Man soll nicht sagen: Die heutige Jugend! Man soll vielmehr in sich gehen und einsichtsvoll zugeben, wie froh wir gewesen wären, hätten wir in unserer Jugend die Antibabypille gehabt.« – »Was der Bauer nicht kennt, frißt er nicht, heißt ein altes Sprichwort«, erinnert die Leserin Herta Wohlzogen an vormoderne Speisegebote. »Und daraus ist wohl auch die Angst der meisten Menschen vor der unbekannten Pille abzuleiten. Ich bin jedenfalls begeistert. Denn jetzt können Familien richtig gelebt und nicht nur geplant werden.« Eine Meinung, die nicht unwidersprochen bleibt und bei manchem die bange Frage aufwerfen sollte, wohin derartige Moral wohl führen wird. »Wohin wird es führen«, so fragt Maria Glanz aus Salzburg, »wenn alle Mädchen Antibabypillen schlucken und keinerlei Angst mehr vor den Folgen haben müssen? Bisher hat zumindest die Angst vor einem unehelichen Kind die Moral halbwegs aufrechterhalten. Aber was wird jetzt geschehen? Ein Sodom und Gomorrha ist diese Welt. Man soll sich nicht wundern, wenn Kriege über uns hereinbrechen.« In »Sodome et Gomorrhe« wieder schrieb lange zuvor Marcel Proust, die Zukunft der Menschheit hänge von der absoluten Trennung beider Geschlechter ab, Mann und Frau müßten ihre eigenen Wege gehen. Doch selbst davon ist in den sechziger Jahren wenig zu spüren, die traditionellen Formen, die nach wie vor die Gesellschaft strukturieren, sind lediglich erschüttert, nicht beseitigt.

Im Sommer 1967 führt es rund 150.000 junge Deutsche und Österreicher mit dem Schlafsack in das liberale Schweden, friedlich und der Liebe wegen. Und die Zeichen der neuen Sexualmoral finden sich jetzt allerorten: in Kaufhäusern, auf Bühnen und Kinoleinwänden, auf den Seiten der Illustrierten, mit Aubrey-Beardsley-Zeichnungen

Volksbildh. 4, 6, 8: Scotland Yard jagt Dr. Mabuse
Sonntag: Tu das nicht, Angelika (ab 12)
Montag: Wiener G'schichten*

⑥ Apollo 3, 3/46, 1/29. **das große** 7. Woche
LIEBESSPIEL

la pratique de jeux de l'amur

aus Frankreich – aus Paris!

Die Praxis der intim. Liebesspiele

von Dr. PIERRE DE ROUCHARD

EINE SENSATION! Dieses Buch können Sie nicht aus der Hand legen. Sie werden von der ersten bis zur letzten Seite gefesselt! Mehrere ganzseitige Abbildungen.

Verschlossener Versand nur an Erwachsene bei Altersangabe! Preis S 60.- inkl. Versand per Nachnahme.

Verlagsgesellschaft Wien VII, Gutenberggasse 1
Int. Prospekte gratis verlangen!

Ein großartiges Filmvergnügen, das Sie nicht versäumen dürfen!

EROTICA

Ein Film für Verheiratete, Verliebte und andere über 16!

Mit LILLI PALMER, NADJA TILLER, VITTORIO GASSMAN, BERNHARD WICKI, CATHERINE SPAAK u. v. a.

Täglich IMPERIAL I BAVARIA

und ab 5. Jänner auch HAYDN VI

Mehr vom Leben
OHNE RISIKO DURCH
erhöhten Schutz
MIT

„OLLA" GUMMIWAREN

HYGIENISCH IM FACHGESCHÄFT

Die Zeichen der neuen Sexualmoral finden sich jetzt allerorten …

auf Plakaten und mit dem freigegebenen Roman »Lady Chatterley« von D. H. Lawrence, der »Geschichte der O.« und der »Mutzenbacher« auch im Buchhandel. Im Mai 1964 bereits feiert das US-Magazin TIME eine neue Generation großer, schlanker Mädchen mit den magischen Durchschnittszahlen 90 – 60 – 90, wie sie nunmehr auch in dem James-Bond-Film »Thunderball« zu sehen sind: langbeinig, blond und etwas herb. Der spanische Regisseur Luis Buñuel dreht mit Jeanne Moreau »Tagebuch einer Kammerzofe«, Michelangelo Antonionis »Blow up« mit Vanessa Redgrave und David Hemmings kommt 1966 in die Kinos. Der amerikanische Modeschöpfer österreichischer Herkunft Rudolf Gernreich entwirft den Oben-ohne-Bikini samt Nude-Look aus transparentem Nylon, und Italiens Bademodenstar Emilio Marchese Pucci verspricht: »In zehn Jahren wird ein nackter Busen am Strand nichts Außergewöhnliches oder Skandalöses mehr an sich haben.« Der BH-lose »No Bra Look« setzt sich durch, für den die führenden Couturiers von Paris wie Jacques Heim und Yves Saint-Laurent ebenso schneidern wie die großen US-Kleiderfabriken. Und für Farb-TV-Geräte wirbt Sony mit zehn Nackten und einem Hund, der laut Statistik wieder für jeden zehnten Österreicher den besten Freund darstellt.

Heimatfilm ohne Dirndl

Der Wiener Prater ist 1966 zur 200-Jahr-Feier auch nicht mehr der alte, und inmitten von Toboggan, Autodrom, Go-Kart-Pisten und Spielautomaten führen die Besitzer des Prater-Wurstels jetzt nebenher ein Kino, in dem ebenso wie in Präuschers Panoptikum Sexfilme vorgeführt werden. Seit sich in Wiesbaden, wo mittels Synchronisation die Moral des deutschsprachigen Films festgelegt wird, im Herbst 1966 die Praxis deutlich gelockert hat und die dortige Freiwillige Selbstkontrolle von der Voraussetzung ausgeht, daß »die Darstellung von Nacktheit im Grunde nicht gegen die Sittlichkeit verstößt«, brechen nun auch für den traditionellen österreichischen Heimatfilm neue Zeiten an. Stilistisch wird man von einer Weiterentwicklung der »Sissi«-getränkten fünfziger Jahre des Wien-Filmes sprechen müssen, wenn etwa der im Juni 1966 abgedrehte neue Franz-Antel-Film »00 Sex am Wolfgangsee«, feine Parodie und Dirndl-loser Heimatfilm zugleich, folgendem Rezept folgt: Man nehme 1 bewährten Drehbuchschreiber (Kurt Nachmann), 1 bekannte österreichische Landschaft, 2 Miß Austria, 1 Miß Vienna, 4 Fotomodelle, 1 Eiskunstläufer (Hans-Jürgen Bäumler) und zum Drüberstreuen zahlreiche Publikumslieblinge wie Paul Löwinger, Franz Muxeneder, Oskar Sima und Trude Herr, mische alles gut durch, schneide und serviere es dem Publikum. Die animierende Wirkung des Antel-Filmes blieb folglich nicht aus: In diesem wie im wirklichen Leben heiraten anschließend die beiden Darsteller Waltraud Haas und Erwin Strahl, und wie der STERN verrät, geben sich beide nach der Hochzeitsfeier der Fernsehübertragung der Fußball-Weltmeisterschafts-Finalspiele hin.

Zuvor bereits war nach ähnlicher Anleitung der neue österreichische Film »Die Liebesquelle« unter Führung des Produzenten Karl Spiehs und seiner Gesellen Hans-Jürgen Bäumler und Ann Smyrner nach dem Buch von Kurt Nachmann in Bulgarien gedreht worden, doch ging es hierbei vor allem um die Beobachtung ethnologischen Lebens und Treibens in einem Dorf namens Jonkborn in der Schwedenmark, wo Landestracht und Kleiderordnung den weiblichen Einwohnern offenbar größte Bewegungsfreiheit vorschreiben. Cineastischer Höhepunkt des Novembers 1965 dürfte jedoch die Wiener Commerz-Filmproduktion »Geißel des Fleisches« gewesen sein, worin in einer feinfühlig-psychologischen Musikerstudie der Pianist Alexander Jablonsky, gespielt vom Salzburger Schauspieler Herbert Fux, immer wenn er nackte Mädchenbeine, entblößte Busen oder sinnliche Münder erblickt, mit dumpfem Ton den Klavierdeckel zuschlägt, um sexualmordend durch die Straßen Wiens zu eilen. Peter Alexander spielt unterdessen die Hauptrolle im Intercontinental-Film »Bel ami 66«, der jetzt, nach dem Willen der Verleihfirma, treffender »Pack den Playboy in den Schrank« heißen soll. Da sein garantiert jugendfreier Film »Die Lümmel von der ersten Bank« gut ankam, folgt ihm nun »Der Flegel von der letzten Bank«, dem sich dann »Zum Teufel mit der Penne« beigesellen wird. Der künstlerische Durchbruch des kostümsparenden Genres wird 1967 aber schließlich mit Franz Antels Film »Die Wirtin von der Lahn« erreicht werden, der lediglich noch von François Legrands Erfolg »Frau

Wirtin hat auch einen Grafen« übertroffen wird. Daß sie auch eine Nichte hat, wird der Regisseur Antel/Legrand erst im nächsten Film bekanntgeben. Dafür wird er wieder sein bewährtes Team Terry Torday, Hannelore Auer, Harald Leipnitz und Heinrich Schweiger vor die Kamera schicken. Und wer behauptet, daß 1969 der Sexfilm tot sei, hat vergessen, daß es noch einen Regisseur namens Franz Antel gibt, der eben in Tirol »Nackedie – Nackedu – Nackedei« abdreht.

In heimischen Kinos ist Jungfilmstar Uschi Glas in »Zur Sache, Schätzchen« zu sehen, und was da Sache ist, muß angesichts der einzigartig originellen Spielplangestaltung der deutschen und österreichischen Filmindustrie in der Saison 1968/69 nicht näher behandelt werden. Sex-Komödien wie »Unternehmen Engelchen« mit Gila von Weitershausen verzeichnen Großumsätze und lassen den Marktanteil der US-Verleiher, dank heimischer Sex-Filme, auf unter 40 Prozent schrumpfen, sodaß im Sommer 1968 in Deutschland vier neue Produktionsfirmen mit amerikanischem Kapital gegründet werden, um in den Genuß der Bonner Filmförderung zu gelangen; und ihre Projekte sprechen für sich: »Marquis de Sade« und »Kamasutra«. Die »Aufklärungswelle« rollt unterdessen weiter, Oswald Kolle, Regisseur des sexualpsychologisch bemerkenswerten Filmes »Helga« und sexualpsychologisch bemerkenswerter Besitzer eines 300-PS-starken ISO-Rivolta-Sportwagens, dreht seinen zweiten Kinoerfolg, dazu steht »Van de Velde – die vollkommene Ehe« vor der Tür, daneben üben sich Jungfilmer in Streifen für Erwachsene wie »Bübchen«, »Zuckerbrot und Peitsche« oder »Quartett im Bett«, letzterer von Ulrich Schamoni. Der Regisseur Rolf Thiele dreht in und um Salzburg eine »Betrachtung über den nackten Germanen im Wandel der Jahrhunderte«, betitelt »Komm, du mein liebstes Vögelein«, um, germanistisch gestimmt, mit »Grimms Märchen für lüsterne Pärchen« fortzusetzen. Das Grimmsche Wörterbuch außer acht lassend, nennt sich Thieles nächstes Werk »Komm nach Wien, ich zeig dir was« und zeigt in einer Einstellung einen jungen Mann aus Braunau, der mit der historisch wenig überzeugenden Devise »Mir ist keine gewachsen« in Wien eintrifft und sein Heil bei der erfahrenen Mitzi sucht, deren bürgerlicher Name nach Programmheft-Angabe Kitty Kino lautet. Horst Wendlandt, Produzent von Karl-May- und Edgar-Wallace-Filmen, geht mit »Mijanou, des Pfarrers schönes Töchterlein« ebenfalls ins Sex-Bett-Geschäft, Artur »Atze« Brauner finanziert »Erotik auf der Schulbank«, Michael Verhoeven dreht »Hoppe, hoppe Reiter« und »Paarungen« mit Mario Adorf. Österreichischerseits wird der heitere Reigen um »Bonifazius Kiesewetter«, der Vorstadt-Geschichte der »Mutzenbacherin« und den »Tolldreisten Geschichten des Herrn Balzac« mit Sieghardt Rupp erweitert, und Coca-Cola-Gegner und Almdudler-Erzeuger Erwin Klein schreibt den Trachtenpärchen-paarenden Text zu »Sanitätsgefreiter Neumann«.

Sexualität, statistisch gesehen

Sexualität wird, da sie nicht mehr zwangsläufig von der Empfängnis begleitet ist, zur Privatsache jenseits der Staatsgewalt, und Verhütung wie Abtreibung werden in Teilen Europas gleichermaßen legalisiert. »Lust ohne Reue«, dieser Werbeslogan einer Filterzigarettenfabrik kennzeichnet nach Ansicht des Hamburger Soziologen Helmut Schelsky »ohne Zweifel das allgemeine Wunschbild und weitgehend auch die Praxis des sexuellen Verkehrs in der modernen westlichen Zivilisation«. Wie zuvor in der Warenwelt eine Enthemmung von Konsumbedürfnissen erst stimuliert werden mußte, gerät nach Schelskys »Soziologie der Sexualität« nun auch das Liebesverhalten in »den Einfluß dieser vom Freizeitraum des modernen Daseins ausgehenden Konsumgewohnheiten und Verbraucherhaltungen« und erhält von dort »seine charakteristischste zeittypische Prägung«. Dieser Wandel sexueller Beziehungen überschreitet jetzt auch traditionelle soziale Beziehungen und ortsgebundene Interaktionszusammenhänge, ein Prozeß, den der englische Soziologe Anthony Giddens bemerkenswerterweise »Entbettung« nennen wird.

Die Sexualität habe sich demokratisiert, sei durch Aufklärungs- und Nacktwelle eine Massenbewegung geworden und habe die herkömmlichen moralischen Normen grundlegend verändert, hieß es Mitte der sechziger Jahre. Derartige Aussagen stützten sich vor allem auf positivistische Erkenntnisse, die zuvor in den USA gesammelt worden waren. 1948 veröffentlichte der Professor für Zoologie an der Universität Indiana, Alfred Charles Kinsey, seine Untersuchung über das sexuelle Verhalten des Mannes (»Sexual Behavior in the Human Male«). Kinsey, der zuvor über das Liebesleben der Gallwespe publiziert hatte, schuf nunmehr mit der stichhältigen Auswertung von rund 20.000 versandten Fragebögen, dank amerikanischem Pragmatismus & Puritanismus, einen landesweiten Bestseller, der bewirkte, daß die moralische zur statistischen Norm erhoben wurde. Demnach unterhielten laut STERN 83 Prozent aller amerikanischen Männer während der Ehe Beziehungen zu anderen Frauen, 90 Prozent verstießen zumindest einmal gegen den Sittenkodex in Sachen Sexualität. Davor wußte man zwar, daß das Geschlechtsleben vielerlei ethischen und juridischen Geboten unterworfen war und daß diese auch immer wieder durchbrochen wurden – wie viele dies taten, oder gar, welche Sexualtabus häufiger verletzt als befolgt wurden, wußte niemand. Seither jedoch lagen die männlichen Motive des woran, wofür, wozu, in welcher Absicht, womit, wodurch, woraus sichtbar und empirisch abgestützt auf dem Büchertisch, und die amerikanischen Frauenvereine ließen Dr. Kinsey hochleben. Zumindest bis zum 20. August 1953, an dem man ab 6 Uhr früh in allen amerikanischen Buchhandlungen um den Preis von 8 Dollar die Wahrheit über das weibliche Amerika auf 842 Buchseiten erfahren konnte. Wieder hatte Kinsey Tausende Fragebögen gesammelt und daraus die Tatsache abgeleitet, daß 50 Prozent aller US-Frauen bereits vor der Ehe Beziehungen zu Männern gehabt hatten, wobei es 26 Prozent auch in der Ehe nicht allzu genau nahmen; 25 Prozent ihre ersten Liebeserfahrungen vor dem 16. Lebensjahr machten und 91 Prozent der befragten

legt man nunmehr mit dem Modewort Party. Serge Kirchhofer alias Udo Proksch eröffnet das österreichische Partyzeitalter im November 1966 mit einem Fest für 200 Reiter und Mimen, auf der u. a. Ehefrau Erika Pluhar, Heinrich Schweiger, Susi Nicoletti, Helmut Qualtinger und Poldi Waraschitz gesehen werden. Was wieder Baron Hubert Pantz nicht ruhen läßt, bis er auf Schloß Enzesfeld eine Jagdparty für einige hundert exklusive Gäste organisiert hat, auf der u. a. der Herzog von Windsor, Christine Bourbon-Parma, Rudolf Nurejew, Johannes Hohenberg, Curd Jürgens und Poldi Waraschitz eingeladen werden. Eine Geburtstagsparty findet am 5. April 1968 auch zu Ehren des eben sechzig Jahre alt gewordenen Herbert von Karajan statt, auf der der Maestro vom bewährten Langzeitleiter des Wiener Burgtheaters, ehemaligen US-Kulturoffiziers und langjährigen Susi-Nicoletti-Ehemannes Ernst Haeusserman als Geschenk seine eigene Biographie überreicht erhält. In dem Werk läßt der Autor seinen Karajan in bescheidener Selbsterkenntnis sagen: »Was ich leiste, ist das absolut Beste, was man bringen kann.«

Die Partybewegung sinkt unterdessen auch ins Volk hinab, und da muß es nicht immer gleich das absolut Beste sein, das serviert wird. Die private Party »braucht nichts mit der klassischen Cocktailparty zu tun haben«, trösten die Lebensstil-Stilisten der Illustrierten, »die gegen 17 Uhr beginnt, um 20 Uhr endet – möglichst viele Menschen auf möglichst engem Raum und in 2 Händen 3 bis 4 Dinge balancieren und dabei noch Konversation nach allen Seiten hin betreiben.« Vergnügliche und fast ungezwungene Geselligkeit soll sie verströmen, schreibt nunmehr der gelockerte Gesellschaftskodex für Mittelschichten vor. Ob »Garten-, Grill-, Geburtstags-, Umzugs- oder Karriereparty«, günstig für Einladungen ist der Freitagabend, kann man doch »am Samstag ausschlafen«, ohne sich »das geruhsame Wochenende« zu zerstören. Neben zahlreichen Alkoholika empfiehlt die Party-Strategie »Fondue Moderne« oder ein kaltes Buffet als Ort der Begegnung und des Gespräches, das mit einer vorgeschriebenen Ellbogenfreiheit von mindestens 80 Zentimeter pro Person genügend Platz erfordert, und auf dem etwa Lachs und Kaviar aus der Tube, Weinbergschnecken aus der Dose, pikante Fertigaufstriche und servierbereite Schildkrötensuppe gereicht werden.

Angeboten wird derartiges etwa von dem 1967 auf eine

Vergnügliche und fast ungezwungene Geselligkeit soll die Party verströmen, schreibt nunmehr der gelockerte Gesellschaftskodex vor.

hundertjährige diesbezügliche Erfahrung zurückblickenden Nahrungsmittelkonzern Nestlé, vom Tomatensaft, Martini, Salzgebäck, Krabbencocktail, Suppen, gefüllte Artischockenböden, Salate, Gemüse, Beilagen, Saucen und Käse bis hin zum warmen Buffet. Über 214 Produktionsstätten verfügt die Firma auf allen fünf Kontinenten und beschäftigt in 36 Ländern nahezu 100.000 Menschen. In wissenschaftlicher Zusammenarbeit mit der Standard Oil Company versucht man derzeit mit der Produktion proteinhaltiger Nahrungsmittel dem akuten Mangel in den unterentwickelten Ländern entgegenzuwirken, und wie die Nachwirkungen von Nestlé-Babymilchprodukten in der Dritten Welt zeigen, ist dies dem Konzern, nach Ansicht seiner Kritiker, auf dem Gebiet des Bevölkerungsüberschusses schließlich auch gelungen.

Begleitet wird die neue Fertigproduktküche von äußerst zustimmenden Presseartikeln, in denen kulinarisch empfohlen wird, wie es eine Salzburger Leserin dem STERN-»Feinschmeckerjournal« gegenüber formuliert, »daß die moderne Hausfrau durchaus aus der Dose kochen kann,

Pfefferminz-Mix: Eiswürfel, 1 Löffel Zuckerlösung, 1 Löffel Zitronensaft, 1 Glas Gin, 2 gestoßene Pfefferminzblätter, Apfelmost

Auto-Mix: Im halb mit Eis gefüllten Mixbecher 1 Glas Erdbeersaft, 1 Ei, 1 Glas Milch oder Sahne schütteln und durchseihen

Durstlöscher: Den Saft einer Zitrone und einer halben Orange, ein Glas Rum, einen Spritzer Grenadine, etwas Zucker mit Eis gut mischen, ins Glas seihen, mit Soda spritzen, Kirsche einlegen

Kühle Getränke für heiße Partys

Das gute Wochenend Rezept

EISTEE MIT PFIRSICH: Als Grundlagen bereiten Sie einen starken schwarzen Tee, den Sie zuckern und abkühlen lassen. Damit füllen Sie große Gläser halbvoll. Dann geben Sie in jedes Glas einen Schuß Arrak und einen in Spalten geschnittenen Pfirsich. Darauf legen Sie einige Eiswürfel und zum Schluß noch eine Apfelsinen- oder Zitronenscheibe. Nicht sehr alkoholreich, aber erfrischend!

Wochenend 28

ohne deshalb eine schlechte Köchin zu sein. Man muß nur verstehen, den immer gleichen Dosenkonserven durch zusätzliche Gewürze einen anderen Geschmack und durch neue Zusammenstellungen ein anderes Gesicht zu geben.« Dies gelingt jetzt um so leichter, seit in den ersten Wochen des Frühjahrs 1967 rund 50 der 101 Lipizzaner des jugoslawischen Gestüts als Export-Salami – ideale Beute für jede Jagd- und Reitparty – angeboten werden.

Mohammed weiß Rat

Reisen nach Senegal, Kenia oder Fotosafaris in die Tierreservate Ostafrikas, bei »Touropa« im Sommer 1967 bereits ab 18.111 Schilling reservierbar, machen wieder eine dementsprechende Kamera-Ausrüstung notwendig. Asahi, Pentax, Eumig, Agfa oder Kodak stellen zu diesem Zweck eine neue »narrensichere« Super-8-Schmalfilmkamera her, und seither ist Filmen nicht nur leichter als Fotografieren, sondern, wie die Fotowerbung augenzwinkernd betont, »endlich auch etwas für Frauen« geworden. Daneben werden zahlreiche Fotoapparate samt Wechselobjektiven, Teleskopen und dazupassenden Fototaschen beworben, und je deutlicher der Trend zur vollautomatischen Universal-Kamera geht, desto behängter drängt der Fotoamateur ins Bild. Eine Video-Kamera ist in Vorbereitung, eine Polaroid-Sofortbildkamera erscheint auf dem Markt, und in der deutschen Gebrauchsanweisung für einen japanischen Apparat wird der hilfreiche Rat erteilt: »Die Kamera wird in die Richtung gehalten, in die man die Aufnahme machen will.«

Die mechanisierte Motivauszählung hat unterdessen ergeben, daß im Sommer 1967 jedes zweite Farbdia eine Landschaft zeigt, jedes zehnte Kinder, jedes zwanzigste ein Porträt und nur jedes tausendste ein Aktfoto darstellt. Die Sexwelle läuft eben erst zögernd an, während gleichzeitig eine japanische Auto-Invasion Europa überrollt, wobei die Söhne Nippons mit den Produkten Honda, Toyota, Mazda oder Nissan bei ihren Modellen erfolgreich auf amerikanische und europäische Nachahmungen verzichten und neue Ideen einbringen. Bald werden es ebenso Stereogeräte und Farbfernseher sein, mit denen sie den heimischen Markt aufbrechen werden.

Kreuzfahrten und Sporttauchen im Mittelmeer werden beliebt, der Städtetourismus nimmt zu, und im Sommer 1969 wird in Österreich erstmals mit Unterstützung des Land- und Forstwirtschaftsministeriums »Urlaub auf dem Bauernhof« angeboten, während in der heimischen Wintersaison ein neuer Nächtigungsrekord verbucht wird. Die Sommerurlaube verbringen die einkommensstarken Österreicher und Deutschen jedoch vor allem im Ausland, auf den Kanarischen Inseln, Mallorca, auf Süddalmatiens FKK-Stränden oder in konfortablen Holzhäusern mit Bad, WC und Küche im afrikanischen Busch, um aussterbende Tierarten mit eigenem Auge und Kamera zu beobachten. Das sieht dann nach STERN-Beilage »Reisen und Erholen« des Jahres 1969 folgendermaßen aus: »Jetzt, da sich die Verlockungen der bunten Reiseprospekte zu bewähren beginnen, schlägt die atemberaubende Überraschung rasch in emsiges Jagdfieber um. Bis etwa zur zehnten Herde bleiben die Elefanten noch begehrte Kameraob-

Das tanzende Schiff

Die bulgarische „Varna" kreuzt für deutsche Touristen zu günstigen Preisen

QUICK Sommerreise 1968

Sieben Tage kreuzte die „Varna" auf dem Mittelmeer. Mit QUICK erlebten die Urlauber ein Tanzfest auf hoher See

jekte. Dann erhebt sich der Wunsch nach Abwechslung. Der Sammeleifer des Touristen, der trainiert ist, auf Rundfahrten von Attraktion zu Attraktion geführt zu werden, bricht immer wieder durch: ›Mohammed, halt Ausschau. Wir wollen Löwen sehen!‹ Und Mohammed, durch viele Touren mit den Eigenarten der weißen Kamerajäger vertraut, weiß Rat. Unermüdlich spürt er auf, was an interessantem Getier in den verschiedenen Reservaten lebt. Flußpferde im Elisabeth-Park, Löwen in der Serengeti, Nashörner im Ngorongoro-Krater, Giraffen am Kilimandscharo, Zebras, Büffel, Kronenkraniche und Wasserböcke, und schließlich auch Leoparden …«

Wer sich derartige Reisen nicht leisten kann, investiert möglicherweise in ein seit kurzem auf den Markt befindliches Farb-TV-Gerät. Am 1. Jänner 1969 strahlt der ORF sein erstes Farbfernsehprogramm aus, und mit etwa vier bis sechs Stunden in der Woche können nun in den nächsten Jahren für einige Stunden Bunte Abende empfangen

personalien

Dr. Helmut Zilk, 41, heimischer TV-Chef, hat – so seine eigenen Worte – im letzten Jahr etliche graue Haare dazu- und sechs Kilo wegbekommen. Zilk liebt dennoch nach wie vor das Bunte; nicht nur im Programm, sondern auch in der Zimmerausstattung: An grauem Schreibtisch sitzt der Fernsehgewaltige über blauem Spannbelag, sitzt vornehmlich in orangenen Sesseln und läßt sich TV farbig vorflimmern. Er ist, seinen eigenen Worten zufolge, eine farbigere Persönlichkeit geworden.

Johannes XXIII., 1963 verstorbener Papst, wurde postum zum Wunderheiler. Als eine Statue des Heiligen Vaters in Wroclaw (früher Breslau) enthüllt wurde, schrie plötzlich ein Krüppel auf, warf seine Krücken fort und konnte wieder laufen. Die Statue war gegen den Widerstand der katholischen Kirche Polens von der kommunistischen Partei aufgestellt worden. Das Argument der Kirche für ihren Protest: Es gehe nicht an, daß die KP katholischer sei als die Katholiken.

2. PROGRAMM

19.00 **New York City Ballet**
19.30 **ORF heute abend**
19.35 **Industrielandschaft**
Der Raum Kapfenberg
20.06 **Sport**
20.10 **Kurznachrichten und Wetter**
20.15 **New Orleans – Bourbon Street**
Die Zielscheibe
Kriminalfilm

21.00 Frank-Sinatra-Show
„A man and his music" mit Ella Fitzgerald, Antonio Carlos Jobim u. a.

Frank Sinatra, wie ihn seine Bewunderer kennen: Mikrofon, konzentriert, charmant, gelassen

21.50 **Zeit im Bild**
22.20 **Kultur – aktuell**
22.40 **Sendeschluß**

19.00 **Asiatische Miniaturen**
Die Erben des Dschingis-Khan
Dschingis Khans Nachfahren sind seßhaft geworden. Als Bauern, Teppichknüpfer, Hirten und Händler leben sie heute im Hindukusch, an der afghanisch-russischen Grenze
19.30 **ORF heute abend**
19.35 **Sahara** (5)
Petrol und Pisten
20.06 **Sport**
20.10 **Kurznachrichten und Wetter**

20.15 Lady von Schanghai
Abenteuerfilm mit Rita Hayworth, Orson Welles, Everette Sloane

Orson Welles spielt in der „Lady" einen unbekümmerten Abenteurer: Gefahr in Verzug

21.35 **Zeit im Bild**

werden. Die Entwicklung des Farbfernsehens ist von Anbeginn an eng mit der in Westdeutschland verbunden, und der sichtbarste Unterschied zu Schwarzweiß-Zeiten ist vor allem am Gerät ablesbar: Farbfernseher haben einen Bedienungsknopf mehr, den Farbsättigungsregler. Auch sind die Geräte etwas breiter, tiefer und mit 48 bis 55 Kilogramm ein wenig schwerer; sie kosten um die 25.000 Schilling. Die blonde Kunststudentin Eva Maria Klinger soll nun in Kürze von Österreichs Farbbildschirmen lächeln, der zornrote »Horizonte«-Chef Heinz Brantl wiederum, unterdessen von TV-Programmdirektor Helmut Zilk gefeuert, wird anschließend von STERN-Reporter Carl Michael Belcredi interviewt, dem er unter anderem anvertraut: »Die Vorgangsweise gegen mich beweist, daß beim Fernsehen faschistischer Meinungsterror herrscht.« Blaugrüne Gesichter sind es vorerst, die auf den Bildschirmen vor nebelverhangenen Hintergründen agieren, doch stellen letztere Kinderkrankheiten des Programms dar und sind bald graue Theorie. Die Werbung wird immerhin bereits gestochen scharf ausgestrahlt, Unterhaltungsprogramme werden immer häufiger von Deutschland übernommen, und Kinofilme im Fernsehen sind nun international austauschbar geworden. Dank deutschem PAL- und französischem Secam-System blickt man optimistisch in die Zukunft, genauer besehen auf das Jahr 1968, das Jahr der aktuellen Olympia-Farbübertragungen der Winterspiele von Grenoble und der im Sommer aus Mexiko. Im Herbst 1969 zählt man demzufolge bereits 25.000 Farbfernsehgeräte in Österreich, die wieder seit neuestem vorausblickend mit sechs bis sieben Programmwahltasten ausgerüstet sind, »Longlive-Konzeption« und »Zukunftssicherung« garantieren, und auch dem unkomplizierten

Gemüt den Zugang nicht verwehren möchten: »Jede Komplikation bei der Bedienung eines TV-Gerätes«, so heißt es in einer Werbeaussendung über automatische Geräteregulierung, »führt vor allem bei Frauen zu Unsicherheit dem Gerät gegenüber und damit zu Verstimmungen.« Derartige Erfahrungswerte männlicher Domestizierungmacht korrespondieren neuerdings auch mit den Eindrücken der Besucher des Musicals »My fair Lady«, das eben im Theater an der Wien mit Gaby Jacoby als Eliza Doolittle und Josef Meinrad als Professor Higgins vorgeführt wird.

Erinnerungen an die Zukunft

Im März 1968 erhoffen sich mit ihrer Beat-Show im österreichischen Fernsehen die bisherigen Mauerblümchen des Pop-Geschäftes, die »Wallflowers«, in naher Zukunft den endgültigen Durchbruch. Der Zukunftsforscher Robert Jungk rät Fünfjährigen, sehr früh Chinesisch zu lernen, »denn in fünfzehn Jahren werden die Chinesen in der Welt eine große Rolle spielen«, und der Schweizer Hotelier Erich von Däniken veröffentlicht im Düsseldorfer Econ-Verlag seine »Erinnerungen an die Zukunft«. Dänikens zentrale These lautet, daß vor Jahrtausenden intelligente Wesen aus dem Weltraum auf der Erde gelandet seien und die irdische Rasse und deren eigentümliche Zivilisation entwickelt hätten. Somit verwundert es nicht weiter, daß im Februar 1969 der verschuldete Hotelier und erfolgreiche Autor von den Nachkommen der Außerirdischen auf dem Flughafen Schwechat verhaftet wird und in der hierorts praktizierten Untersuchungshaft das übliche Rede- und Besuchsverbot erhält. In Wien, wo das Übernachten in Eisenbahnwaggons auf dem Wiener Südbahnhof 1969 acht Tage Arrest wegen Vagabundage einbringt, verarbeitet Däniken seine diesbezüglichen Erfahrungen mit terrestrischen Zivilisationserscheinungen in der Niederschrift mit dem wehmütigen Titel »Zurück zu den Sternen«. Er wird davon im Herbst rund 300.000 Exemplare verkaufen.

»Die Menschheit«, schwärmte der STERN in ungewöhnlich Eichendorffschen Höhenflügen über das Apollo-11-Projekt, »entthronte die Mondgöttin und entkleidete den stillen Gefährten der Nacht die Romantik.« Am Montag, den 21. Juli 1969, um 03.57 Uhr, hatte das Weltraumzeitalter begonnen. Der erste Mensch, der amerikanische Astronaut Neil Armstrong, setzte seinen linken Fuß auf den Erdtrabanten, und Hunderte Millionen Menschen konnten im Fernsehen diesen Schritt verfolgen und die in alle Welt gefunkten Worte vernehmen: »Ein kleiner Schritt

für einen Menschen, ein Riesensprung für die Menschheit.« Ein »kleiner Schritt«, prophezeite die Illustrierte, »dessen Ende vermutlich bei den Planeten, vielleicht sogar jenseits des Sonnensystems, liegen wird«. Österreichs Beitrag zur Apollo-11-Mission bestand in einem Happening am Wiener Hof, veranstaltet von der Designer-Gruppe Haus-Rucker & Co. mit Wienerherzen aus Plastik und einer stilechten, mit Kratern verzierten Mond-Marzipantorte.

Die erfolgreiche Mondlandung hatte auch den Futurologen wieder neuen Mut gegeben, und das Jahrzehnt verabschiedete sich mit einem glücksversprechenden Ausblick auf das Jahr 2000. Bis dahin, so die Zukunftsforscher, werde sich das Gesicht der Erde radikal verändert haben: Wir werden mit hundert Jahren noch so jung sein wie heute mit dreißig, Menschen werden in Brutanlagen gezüchtet werden und 3.500 Meter tief im Atlantik Erz abbauen. Die Stadt der Zukunft wieder wird aus einem Kreis hoher Türme bestehen und, wie der US-Raumfahrtkonzern McDonnell verspricht, alles aufnehmen, was zur modernen Großstadt dazugehört. Schnupfen und Grippe werden dank implantiertem Interferon für immer abgeschafft, und die Menschheit wird mittels Kernfusion das Feuer der Sonne vom Himmel holen und somit aller Energiesorgen ledig sein.

Während der Energievertreiber Esso in seiner Werbestrategie die »Neuen Europäer« ansprechen möchte – »Das sind anspruchsvolle Reisende. Mit freien, unverbrauchten Ansichten über ihr Leben, von dem sie mehr verlangen« –, zieht es im Nachsommern 1969 rund 200.000 junge Menschen, per Autostop und mit gerollten Schlafsäcken unter dem Arm, mit gecharterten Flugzeugen, Fahrrädern, Harley Davidson oder 2CV nach der englischen Insel Wight, wo im September Europas erstes Massenfestival stattfindet. 72 Stunden Rock, Blues und Folksongs mit Bob Dylan, Julie Driscoll, Jane Fonda, den Blind Faiths, The Who, mit den Stones und den Beatles machen deutlich, daß das Wort von »One World – One Music«, einer Welt und einer Musik, dank weltweiter Vernetzung durch Radio und Fernsehen in jeder Hinsicht Wirklichkeit geworden war und daß diese Sprache einheitlichen Regeln folgt und diese Welt beschreibt. Die Insel Wight wie zuvor schon Woodstock sind zu Symbolen eines neuen jugendlichen Lebensstils geworden: Inmitten von Imbißzelten, Kunstausstellungen, Filmvorführungen, Anti-Kriegs-Demonstrationen, Schmuck-, Kleider- und Plattenständen bieten Makrobiotik-Anhänger nach dem Vorbild John Lennons braunen Reis und gekochtes Gemüse an. Die Jugend entdeckt das Landleben, es gibt keine Vergewaltigung und keinen Diebstahl, und lediglich zwei trächtige Kühe kalben vor Schreck verfrüht auf einer nahegelegenen Weide. »In Woodstock«, schreibt das US-Nachrichtenmagazin TIME, »wurde der einzigartige Gemeinschaftssinn unter Jugendlichen offensichtlich. Sie leben in dem Gefühl, eine besondere Gruppe von Menschen zu sein, die den Begriff ›uns‹ gegen den Begriff ›die anderen‹ stellt.«

»was besteht, ist veraltet«

Die Jugend hat mit diesem Wir-Gefühl am Ende des Jahrzehnts Besitz von der Erde ergriffen, die Träume nehmen

konkrete Gestalt an, und Jugendlichkeit wird zum Raster der Bilder vom erfolgreich und glücklich Erscheinenden. »Ein Stück Jugend-Subkultur«, schreibt Wolfgang Fritz Haug über die rasche Kommerzialisierung dieses Lebensgefühls, »lieferte den ästhetischen Fundus, aus dem die Konfektionsindustrie schöpfte, um vermittels einer neuen Warengeneration die ökonomische Krise zu überwinden.« Und was die Konsumindustrie bald allerorten propagierte, war Jugendlichkeit als Bestandteil des neuen standardisierten Erscheinungsbildes vom geplanten Glück. Die ästhetische Veralterung des Vorhandenen fällt mit verjüngendem Rationalisierungsschub und technologischen Neuerungen ebenso zusammen, wie derartige Innovationsbewegungen mit der Ausbildungszeit von Heranwachsenden. »achtung«, wird Oswald Wiener warnend formulieren, »was besteht, ist veraltet.« Und ähnlich schon wie in Mao Tse-tungs jugendbewegter Kulturrevolution wird die neue Generation zum Träger von Mobilität, Modernität und kultureller Homogenität. Der allgemeinen Orientierung auf Jugendlichkeit in der Arbeits- und Warenwelt, dem nun festgelegten Standard jugendlicher Erscheinung wieder konnte bald kaum noch ein Erwachsener entgehen, ohne im Produktionsprozeß als unwiderruflich »alt« und »verbraucht« zu gelten. Dieser Prozeß verringerte gleichzeitig die soziale Distanz und schuf eine Konvergenz der Lebensstile, bereitete aber auch Übergänge vom Protest gegen die alte Ordnung zur Furcht vor dem, was die neue mit sich bringen könnte, vor.

»Erfolgreiche rechnen genau – auch mit Kalorien« oder »Männer von heute achten auf ihre Erscheinung« wirbt etwa die Süßstoffirma Natren, und die Herbstmode 1969 steht ganz im Zeichen breiter Krawatten, bunter Kleidung sowie Mini-, Midi- und Maxikleidung für alle. Der graue Anzug, so verfügt die Bekleidungsindustrie, ist »out«, gegen die »langweilige Architektur« wird jetzt ebenso Stellung bezogen, wie ein neuer Einrichtungsstil mit Sitzmöbel aus Plexiglas beworben wird, »der unserer Epoche entspricht«, während Wasa-Knäckebrot wieder gesundes und jugendhaftes Leben verspricht. Die Folge ist ein universell sich ausbreitender Zwang der Menschen und ihres Interieurs zur Verjüngerung. Ein Problem, das dann die siebziger Jahre bestimmen wird.

Am Vorabend des alten Jahrzehnts hatten verdinglichte Moderne und der Mythos des Fortschritts ihre zwanzigjährige Reise erfolgreich beendet, die Lebensstile radikal verändert und die Globalisierung der Lebenswelten weiter vorangetrieben. Sie hatten auf ihrem langen Weg den Unterschied zwischen Volks- und Hochkulturen zurückgelassen und eine einigermaßen anonyme, individualistische Massengesellschaft geschaffen, in der ein relativ gleicher Zugang zu einer gemeinsamen Kultur vorherrscht, schon deshalb, weil eine wachstumsorientierte Konsumindustrie, die abhängig ist von steter Innovation, ihre kulturelle Situation, wie der Sozialanthropologe Ernest Gellner festhält, »nicht ernstlich von einem doktrinären Glauben abhängig machen (kann), der schnell veraltet und häufig lächerlich wird«.

»Sie gehen ab, indem sie die Leichen wegtragen«, schließt »Hamlet«. Doch ebendies wird man von den beiden Jahrzehnten mit ihrem ungebrochenen Willen zur radikalen Umwertung aller Werte ohne Rücksicht auf Verluste nicht behaupten dürfen. Was immer die Zukunft bringen mochte: Die Tatsache, daß der beschleunigten Moderne eine egalitäre Tendenz eigen war, bedeutete nicht, daß damit auch alle sozialen Widersprüche ausgeräumt und alle diesbezüglichen Konflikte ausgetragen waren. Kurzum, die Geschichte ist noch nicht beendet, doch das ist eine andere Geschichte.

Bemerkenswert an diesem unumkehrbaren Prozeß der Umgestaltung von nunmehr endgültig verlorenen Lebenswelten bleibt jedoch vor allem die Geschwindigkeit, mit der dies alles geschah. Das fiel bereits den damaligen Zeitgenossen auf: »Im Raketentempo hat uns das letzte Jahrzehnt mitgerissen durch Höhen und Tiefen, Wunder und Schrecken, wie sie nur Menschen dem Menschen zu bereiten imstande sind«, formuliert der STERN im Dezember 1969 und schließt seinen Rückblick auf das dynamische Jahrzehnt mit den Worten: »Wir sehen, wie der erste Mensch seinen Fuß auf den Mond setzte, und bekamen den Kennedy-Mord in Zeitlupe vorgeführt. Vietnam-Greuel, Afrika-Massaker, Minirock, Beatles-Musik, Sexwelle, Aufklärung, Herztransplantation – nichts blieb uns erspart und auf nichts mußten wir verzichten. Was für ein Jahrzehnt!«

Die Nacht der Nächte in New York: Mondfest im Central Park

Nachwort

Konrad Köstlin

Unsere Welt ist gezeichnet durch eine Fülle von Gegenständen und Werten, die ganz ausdrücklich als ein »Früher« aus der Vergangenheit in unsere Gegenwart hineinragen. Wir leben in einer Gleichzeitigkeit des Ungleichzeitigen, in der alle Phasen der Geschichte reproduzierbar sind; sie können abgerufen werden. Dabei haben wir uns vor allem auf die ästhetischen Konturen der jüngsten Vergangenheit eingelassen – auf dem Feld der Mode, der Musik, des Interieurs. Für das ästhetisch-dekorative Accessoire des Jugendstils wie für das der fünfziger Jahre gibt es längst Spezialgeschäfte.

Die Beschränkung auf die ästhetischen Konturen der Epochen und die ästhetisierende Verklärung der fünfziger Jahre blendet die Gestehungskosten dieses Designs aus: die rigide Erziehung mit ihrer prüden Moral, die dumpfe Stimmung der Wagenburg, der »kalte Krieg« wie der eben erst vergangene Zweite Weltkrieg, die Trümmer in den Städten, die letzten Heimkehrer, die Regression der Frauenrolle etc. sind keine Themen. Um diesen Zusammenhang geht es aber, denn das »schräge« Dekor, an das wir heute denken, stand im Gegensatz zur geistigen Restauration jener Jahre, trug vielleicht sogar dazu bei, sie erträglich zu machen. Wer nur die modisch-ästhetischen Konturen – Vespa, Bill Haley und Elvis Presley, Petticoat und Nierentisch – jener Zeit wiederbelebt, dem können die fünfziger Jahre sympathisch werden.

Die langen fünfziger Jahre reichen weit in die sechziger Jahre. Sie wirken weiter, werden umgedeutet und umerzählt von denen, die damals die prägenden Eindrücke für ihr Leben empfingen. Das sind die, die heute Einfluß haben. Also kann ihre Zeit auch nicht schlecht gewesen sein. So werden die Fünfziger neu gedeutet: in der Rede von der guten Zeit, der Zeit des nationalen Triumphes und des Staatsvertrags, der Zeit, in der man begann, sich einig und österreichisch zu werden, der Zeit, in der der Proporz als Teilung in die schwarze und rote Reichshälfte funktioniere. Damit sind die fünfziger und sechziger Jahre nicht wirklich vergangen, sondern leben mitsamt ihren wiederaufgewärmten Werten in unserem Alltag weiter, oft befördert von der Faszination und der Eindeutigkeit des Designs, die sich von der Vieldeutigkeit der Zeit abheben. Denn faszinierend ist die – aus heutiger Sicht – stilistische Homogenität der fünfziger Jahre, die uns als Kontrastprogramm zur Gegenwart erscheint, allemal.

Die Rede von der Wegwerfgesellschaft scheint offenbar für die Erinnerungskultur nicht zuzutreffen. Denn eigentlich leben wir in einer Sammlergesellschaft, die zur Aufhebe- und Aufwärmgesellschaft geworden ist. Verläßlich taucht verloren Geglaubtes wieder auf, modisch verwertet, leicht verfremdet, aber doch deutlich die Vergangenheit zitierend. Die Archive muß man schon gar nicht mehr bemühen, irgend jemand hat es aufgehoben, gesammelt. Das Musealisieren hat die Grenzen des Museums längst verlassen.

Man muß deshalb heute nicht sehr alt werden, um sich und sein Leben im Museum wie in einem gemeinsamen Fotoalbum wiederzufinden. Unsere eigene Lebensgeschichte ist zum Markenartikel geworden, und ihre Skalierungen meinen kurze Zeitabschnitte, die uns aber zu Epochen werden: die Fünfziger, Sechziger, Siebziger, Achtziger und selbst die Neunziger sind bereits im Museum zu besichtigen. Es ist unser Leben, das wir nun selbst in »Epochen« skalieren, um ihm damit eine Ordnung zu geben. Unsere privat musealisierte und der Erinnerungskultur und den Jubiläen überantwortete Geschichte rückt uns auf den Pelz. Sie droht uns einzuholen, manchmal scheint sie uns zu überholen.

Diese Kultur der Erinnerung trägt freilich auch dazu bei, unser eigenes Gedächtnis zu überlagern oder außer Kraft zu setzen. Die fünfziger Jahre verlassen dabei ihre Wirklichkeit und unsere Erfahrung und nähern sich immer mehr den Bildern dieser öffentlichen Erinnerung an. Informationen, die an dieser öffentlichen und längst kanonisierten Erinnerung kritisch Maß nehmen, sind also hilfreich.

Wien, im Juli 1996

Literaturhinweise

ACHLEITNER, Friedrich, Wiederaufbau in Wien, Innere Stadt. Ein Stück lokale Architekturgeschichte wird besichtigt. In: Waechter-Böhm, Liesbeth (Hg.), Wien 1945 davor / danach, a.a.O.

ALBRICH, Thomas u.a. (Hg.), Österreich in den Fünfzigern. Innsbruck-Wien 1995

ARIÉS, Philippe und Georges DUBY (Hg.), Geschichte des privaten Lebens. 5. Bd.: Vom Ersten Weltkrieg zur Gegenwart. Hg. v. Antoine PROST und Gérard VINCENT. Frankfurt / Main 1993

BANDEL, Hannelore (Redaktion), 60 Jahre kommunaler Wohnbau. Wien 1983

BANDHAUER-SCHÖFFMANN, Irene und Ela HORNUNG, Von der Erbswurst zum Hawaii-Schnitzel. Geschlechtsspezifische Auswirkungen von Hungerkrise und »Freßwelle«. In: Albrich u.a. (Hg.), Österreich in den Fünfzigern, a.a.O.

BARTHES, Roland, Mythen des Alltags. Frankfurt / Main 1964

BAUER, Ingrid: Frauen, Männer, Beziehungen ... Sozialgeschichte der Geschlechterverhältnisse in der Zweiten Republik. In: Burger, Johann und Elisabeth Morawek (Hg.), 1945 / 1995, a.a.O.

BEAUVOIR, Simone de, Das andere Geschlecht, Hamburg 1951

BECHER, Ursula A. J., Geschichte des modernen Lebensstils. Essen – Wohnen – Freizeit – Reisen. München 1990

BECK, Ulrich, Risikogesellschaft. Auf dem Weg in eine andere Moderne. Frankfurt / Main 1985

BELL, Daniel, Die kulturellen Widersprüche des Kapitalismus. Frankfurt-New York 1991

BISCHOF, Günter, »Austria looks to the West«. Kommunistische Putschgefahr, geheime Wiederbewaffnung und Westorientierung am Anfang der fünfziger Jahre. In: Albrich u.a. (Hg.), Österreich in den Fünfzigern, a.a.O.

BLAKE, George, No Other Choice. London 1990

BLOCH, Ernst, Freiheit und Ordnung. Abriß der Sozialutopien. Reinbek 1969

BOGNER, Dieter, Verlust der Mitte. Kunst und Kunstrezeption im Österreich der fünfziger Jahre. In: Jagschitz, Gerhard und Klaus Dieter Mulley (Hg.), Die »wilden« fünfziger Jahre, a.a.O.

BONGARD, Willi, Fetische des Konsums. Portraits klassischer Markenartikel. Hamburg 1964

BOTZ, Gerhard und Albert MÜLLER, Differenz und Identität. Zur Konstruktion der Zweiten Republik. In: Burger, Johann und Elisabeth Morawek (Hg.), 1945 / 1995, a.a.O.

BOURDIEU, Pierre, Die feinen Unterschiede. Kritik der gesellschaftlichen Urteilskraft. Frankfurt / Main 1982

BURGER, Johann und Elisabeth MORAWEK (Hg.), 1945 / 1995. Entwicklungslinien der Zweiten Republik. Wien 1995

BUTSCHEK, Felix, Vom Nachzügler zum Spitzenreiter. Die ökonomische Entwicklung der Zweiten Republik. In: Burger, Johann und Elisabeth Morawek (Hg.), 1945 / 1995, a.a.O.

DENSCHER, Bernhard (Redaktion), Tagebuch der Straße. Geschichte in Plakaten. Hg. von der Wiener Stadt- und Landesbibliothek. Ausstellungskatalog. Wien 1981

DENSCHER, Bernhard, Rauchende Schlote, zufriedene Menschen. Mythen der Industriekultur. In: Roman Sandgruber u.a. (Schriftleitung), Magie der Industrie. Leben und Arbeiten im Fabrikszeitalter. Katalog der NÖ. Landesausstellung. Wien 1989

DODERER, Heimito v., Tangenten. Aus dem Tagebuch eines Schriftstellers 1940–1950. Hg. v. Heinrich Vormweg. München 1968

ELMAYER, Willy, Gutes Benehmen wieder gefragt. Wien 1957

ERBACHER, Brigitte (Hg.), Qualtingers beste Satiren. Vom Travnicek zum Herrn Karl. Frankfurt / Main 1975

ERGERT, Viktor, 50 Jahre Rundfunk in Österreich. Band III: 1955–1967. Salzburg 1977

FISCHER-KOWALSKI, Marina und Elisabeth WIESBAUER, »Früchterln« und was sie fruchten. Zur Jugendkultur in den fünfziger Jahren. In: Jagschitz, Gerhard und Klaus Dieter Mulley (Hg.), Die »wilden« fünfziger Jahre, a.a.O.

FISCHMANN, L., Rocksplitter. Geschichten von der Rockmusik. Wien 1990

FLECK, Robert, Avantgarde in Wien. Die Geschichte der Galerie nächst St. Stephan. Wien 1954–1982. Wien 1983

FREUND, Michael, Fensterreinigung durch Ultraschallwellen in der Alwegbahn nach Hütteldorf? Erinnerungen an Fortschrittsideologie und Zukunftsgläubigkeit in den fünfziger Jahren. In: Jagschitz, Gerhard und Klaus Dieter Mulley (Hg.), Die »wilden« fünfziger Jahre, a.a.O.

FRITZ, Walter, Kino in Österreich 1945–1983. Film zwischen Kommerz und Avantgarde. Wien 1984

FRY, Stephen, Der Lügner. München 1996

GELLNER, Ernest, Nationalismus und Moderne. Berlin 1991

GERSTL, Elfriede, Unter einem Hut, Wien 1993

GIDDENS, Anthony, Konsequenzen der Moderne. Frankfurt / Main 1995

GIEDION, Sigfried, Die Herrschaft der Mechanisierung. Ein Beitrag zur anonymen Geschichte. Hamburg 1994

HANISCH, Ernst, Der lange Schatten des Staates. Österreichische Gesellschaftsgeschichte im 20. Jahrhundert. Österreichische Geschichte 1890–1990. Wien 1994

HAUG, Wolfgang Fritz, Kritik der Warenästhetik. Frankfurt / Main 1971

HAUSER, Arnold, Soziologie der Kunst. München 1974

HOBSBAWM, Eric, Das Zeitalter der Extreme. Weltgeschichte des 20. Jahrhunderts. München-Wien 1995

HOFBAUER, Hannes, Westwärts. Österreichs Wirtschaft im Wiederaufbau. Wien 1992

HUEMER, Peter, Die Angst vor der Freiheit. Ratschläge für Tisch und Bett: Anstandsbücher und Aufklärungsbroschüren als Spiegel des Jahrzehnts. In: Jagschitz, Gerhard und Klaus Dieter Mulley (Hg.), Die »wilden« fünfziger Jahre, a.a.O.

INTERNATIONALES STUDIENZENTRUM (Hg.), Ich und Uncle Sam. Wien 1956

JAGSCHITZ, Gerhard und Klaus Dieter MULLEY (Hg.), Die »wilden« fünfziger Jahre. Gesellschaft, Formen und Gefühle eines Jahrzehnts in Österreich. St. Pölten-Wien 1985

JOHANN, Ernst und Jörg JUNKER, Deutsche Kulturgeschichte der letzten hundert Jahre. München 1970

KAISER, Hans und Wilfried NÖBAUER, Geschichte der Mathematik. Wien-München 1984

KEHLMANN, Michael und Georg BIRON, Der Qualtinger. Ein Porträt. Wien 1987

KERSCHBAUMER, Gert und Karl MÜLLER, Begnadet für das Schöne. Der rot-weiß-rote Kulturkampf gegen die Moderne. Wien 1992

KOS, Wolfgang, Eigenheim Österreich. Zu Politik, Kultur und Alltag nach 1945. Wien 1994

KRAUSS, Werner, Das Schauspiel meines Lebens. Einem Freund erzählt. Hg. von Hans Weigel. Stuttgart 1958

KUDRNOFSKY, Wolfgang, Vom Dritten Reich zum Dritten Mann. Helmut Qualtingers Welt der vierziger Jahre. Wien-München-Zürich 1973

MANDEVILLE, Bernard de, Die Bienenfabel. Frankfurt / Main 1968

MENASSE, Robert, Das Land ohne Eigenschaften. Essay zur österreichischen Identität. Wien 1992

MENASSE, Robert, Die große Synthese. Bemerkungen zur Produktion des Neuen Österreich. In: Waechter-Böhm, Liesbeth (Hg.), Wien 1945 davor / danach, a.a.O.

MENASSE, Robert, Die sozialpartnerschaftliche Ästhetik. Essays zum österreichischen Geist. Wien 1990

MIKETTA, Hubert, Das Brevier des Herrn. Stuttgart 1956

MITSCHERLICH, Alexander, Auf dem Weg zur vaterlosen Gesellschaft. Ideen zur Sozialpsychologie. München 1963

MITSCHERLICH, Alexander, Die Unwirtlichkeit unserer Städte. Anstiftung zum Unfrieden. Frankfurt / Main 1965

MITSCHERLICH, Alexander, Ein Leben für die Psychoanalyse. Anmerkungen zu meiner Zeit. Frankfurt / Main 1984

MUCHOW, Hans Heinrich, Sexualreife und Sozialstruktur der Jugend. Reinbek 1959

NIERHAUS, Irene, Kunst-am-Bau im Wiener kommunalen Wohnbau der fünfziger Jahre. Wien-Köln-Weimar 1993

PALM, Kurt, Vom Boykott zur Anerkennung. Brecht und Österreich. Wien-München 1983

PAULEY, Bruce F., Eine Geschichte des österreichischen Antisemitismus. Von der Ausgrenzung zur Auslöschung. Wien 1993

PELINKA, Anton, Konkordanzdemokratie am Ende? Zur neuen Unübersichtlichkeit der politischen Kultur Österreichs. In: Burger, Johann und Elisabeth Morawek (Hg.), 1945 / 1995, a.a.O.

PETSCHAR; Hans und Georg SCHMID, Erinnerung & Vision. Die Legitimation Österreichs in Bildern. Eine semiohistorische Analyse der Austria Wochenschau 1949–1960. Graz 1990

PFOSER, Alfred, Literatur und Austromarxismus. Wien 1980

PFOSER, Alfred und Gerhard RENNER, »Ein Toter führt uns an!« Anmerkungen zur kulturellen Situation im Austrofaschismus. In: Tálos, Emmerich und Wolfgang Neugebauer (Hg.), »Austrofaschismus«. Beiträge über Politik, Ökonomie und Kultur 1934–1938. Wien 1984

PORTISCH, Hugo und Sepp RIFF, Österreich II. Der lange Weg zur Freiheit. Wien 1986

PRSKAWETZ, Walter, Der Traum von der Freiheit. Auto und Motorisierung in den fünfziger Jahren. In: Jagschitz, Gerhard und Klaus Dieter Mulley (Hg.), Die »wilden« fünfziger Jahre, a.a.O.

QUALTINGER, Helmut, s. Enbacher, Brigitte (Hg.), Qualtingers beste Satiren, a.a.O.

RATHKOLB, Oliver, Die Entwicklung der US-Besatzungspolitik zum Instrument des Kalten Krieges. In: Friedrich Stadler (Hg.), Kontinuität und Bruch, a.a.O.

RAUCHENSTEINER, Manfried; Die Zwei. Die Große Koalition in Österreich 1945–1966. Wien 1987

RAUCHENSTEINER, Manfried, Der Sonderfall. Die Besatzungszeit in Österreich 1945 bis 1955. Graz-Wien-Köln 1979

RAUCHENSTEINER, Manfried, Spätherbst 1956. Die Neutralität auf dem Prüfstand. Wien 1981

RIESER, Susanne E., Bonbonfarbene Leinwände. Filmische Strategien zur Rekonstruktion der österreichischen Nation. In: Albrich, Thomas u.a. (Hg.), Österreich in den Fünfzigern, a.a.O.

RIESMAN, David, Die einsame Masse. Eine Untersuchung der Wandlungen des amerikanischen Charakters. Reinbek 1958

SANDGRUBER, Roman, Ökonomie und Politik. Österreichische Wirtschaftsgeschichte vom Mittelalter bis zur Gegenwart. Wien 1995

SANDGRUBER, Roman, Vom Hunger zum Massenkonsum. In: Jagschitz, Gerhard und Klaus Dieter Mulley (Hg.), Die »wilden« fünfziger Jahre, a.a.O.

SCHELSKY, Helmut, Die skeptische Generation. Eine Soziologie der deutschen Jugend. Düsseldorf-Köln 1957

SCHELSKY, Helmut, Soziologie der Sexualität. Über die Beziehungen zwischen Geschlecht, Moral und Gesellschaft. Reinbek 1955

SCHMATZ, Ferdinand, Sinn & Sinne. Wiener Gruppe, Wiener Aktionismus und andere Wegbereiter. Wien 1992

SIEDER, Reinhard, Sozialgeschichte der Familie. Frankfurt/Main 1987

SIMENON, Georges, Maigrets Memoiren. Köln-Berlin 1963

SPIRA, Leopold, Feindbild »Jud'«. 100 Jahre politischer Antisemitismus in Österreich. Wien-München 1981

STADLER, Friedrich (Hg.), Kontinuität und Bruch 1938–1945–1955. Beiträge zur österreichischen Kultur- und Wissenschaftsgeschichte. Wien-München 1988

STADTCHRONIK WIEN. Wien-München 1986

STIEFEL, Dieter, Entnazifizierung in Österreich. Wien-München-Zürich 1981

STOURZH, Gerald, Geschichte des Staatsvertrages 1945–1955. Österreichs Weg zur Neutralität. Graz-Wien-Köln 1980

THURNER, Erika, Die stabile Innenseite der Politik. Geschlechterbeziehung und Rollenverhalten. In: Albrich, Thomas u.a. (Hg.), Österreich in den Fünfzigern, a.a.O.

TWERASER, Kurt K., Marshallplan, Sozialpartnerschaft und Produktivität in Österreich. In: Albrich, Thomas u.a. (Hg.), Österreich in den Fünfzigern, a.a.O.

WAECHTER-BÖHM, Liesbeth (Hg.), Wien 1945 davor / danach. Wien 1985

WAGNLEITNER, Reinhold, Coca-Colonisation und Kalter Krieg. Die Kulturmission der USA in Österreich nach dem Zweiten Weltkrieg. Wien 1991

WALTER, Klaus-Peter, Das James-Bond-Buch. Frankfurt-Berlin 1995

WEBER, Fritz, Der Kalte Krieg in der SPÖ 1945–1950. Wien 1986

WEIDENFELD, George, Von Menschen und Zeiten. Die Autobiographie. Wien-München 1995

WIENER, Oswald, Die Verbesserung von Mitteleuropa, Roman. Reinbek 1969

WODAK, Ruth, Herrschaft durch Sprache? Sprachwandel als Symbol und Ausdruck des gesellschaftlichen Wandels. In: Waechter-Böhm, Liesbeth (Hg.), Wien 1945 davor / danach, a.a.O.

ZIAK, Karl (Red.), Wiedergeburt einer Weltstadt. Wien 1945–1965. Wien-München 1965

Quellen

DER ABEND
ARBEITER-ZEITUNG
AUSTRO-MOTOR. Die Zeitschrift für Weltmotorwesen
DAS BLATT DER HAUSFRAU
BRAVO
GROSSE ÖSTERREICH-ILLUSTRIERTE
HEUTE
HOBBY. Das Magazin der Technik
ILLUSTRIERTER FILM-KURIER
MAGNUM. Die Zeitschrift für das moderne Leben
NEUES ÖSTERREICH
DIE PRESSE
STERN. Österreich-Ausgabe
WELT AM MONTAG
WELTPRESSE
WIENER BILDERWOCHE
WIENER ILLUSTRIERTE
WIENER KURIER

Abbildungsverzeichnis